THÉATRE COMPLET

DE

EUGÈNE LABICHE

IX

ÉMILE COLIN. — IMPRIMERIE DE LAGNY

THÉATRE COMPLET

DE

EUGÈNE LABICHE

AVEC UNE PRÉFACE

PAR

ÉMILE AUGIER

IX

DOIT-ON LE DIRE
LES NOCES DE BOUCHENCŒUR — LA STATION CHAMPBAUDET
LE POINT DE MIRE

PARIS

CALMANN LÉVY, ÉDITEUR

ANCIENNE MAISON MICHEL LÉVY FRÈRES

3, RUE AUBER, 3

1892

Droits de reproduction et de traduction réservés

DOIT-ON LE DIRE ?

COMÉDIE

EN TROIS ACTES

Représentée pour la première fois, à Paris, sur le théâtre du Palais-Royal, le 20 décembre 1872.

COLLABORATEUR : M. ALFRED DURU

PERSONNAGES

                                    ACTEURS
                           qui ont créé les rôles

MUSEROLLE.   MM. Gil-Pérès.
LE MARQUIS INÈS DE PAPAGUANOS.   Brasseur.
GARGARET.   Hyacinthe.
ALBERT FRAGIL.   Priston.
DUPAILLON.   Calvin.
MAITRE LE BARROIS, notaire.   Pellerin.
BLANCHE.   Mmes Julia Baron.
LUCIE.   Linda.
JULIETTE, femme de chambre.   Denain.
BAPTISTE, domestique.   MM. Maillard.
JEAN, domestique.   Rhéal.
DOMINIQUE, garçon de magasin.   Ferdinand.

Le premier acte se passe à Paris, chez le marquis; le second, à Bondy, chez Gargaret le troisième, à Paris, chez Gargaret.

DOIT-ON LE DIRE?

ACTE PREMIER.

Un petit salon chez le marquis. — Porte au fond. — Portes à droite et à gauche dans le pan coupé. — Deux autres portes latérales. — A gauche, une cheminée; à droite, une table avec tout ce qu'il faut pour écrire; près de la cheminée, un porte-cannes. — A droite et à gauche de la porte du fond, deux petites consoles.

SCÈNE PREMIÈRE.

BLANCHE, puis DUPAILLON.

Au lever du rideau, Blanche parlant à la cantonade par la porte du pan coupé de gauche.

BLANCHE, à la cantonade

Oui, mon ami... habillez-vous et revenez bien vite pour la signature du contrat... (Redescendant en scène.) J'ai cru qu'il ne s'en irait pas. (Frappant à la porte de droite.) Monsieur Dupaillon!

DUPAILLON, *paraissant.*

Est-il parti?

BLANCHE.

Oui; mais vous finirez par me compromettre... Si le marquis vous avait surpris... il est très-jaloux.

DUPAILLON.

J'avais un prétexte. Après le petit incendie qui a eu lieu hier ici, il était tout naturel que je vinsse prendre de vos nouvelles. (D'un air soupçonneux.) C'est singulier!... j'avais cru reconnaître la voix de M. Crapote.

BLANCHE.

Vous le voyez partout... est-ce que vous en seriez jaloux?

DUPAILLON.

J'en aurais peut-être le droit: je suis plus ancien que lui, son supérieur en grade... je suis chancelier et il n'est que vice-chancelier... Néanmoins le marquis a trouvé à propos de le décorer et je ne le suis pas... Je ne sais quels services exceptionnels il a pu rendre...

BLANCHE.

Vous êtes un ingrat... Sachez, monsieur Dupaillon, que j'aime à honorer les personnes qui me témoignent quelque sympathie... et, aujourd'hui même, il serait possible que le marquis rendît justice à votre mérite..

DUPAILLON.

Vraiment? oh! vous êtes adorable!

Il lui embrasse la main.

BLANCHE.

Partez! si l'on vous surprenait...

DUPAILLON.

J'obéis... et pourtant j'ai encore tant de choses à vous dire... Je vous écrirai! Je vous reverrai à la mairie.

BLANCHE.

Oui, allez! allez! (Dupaillon disparaît par le fond.) Enfin il est parti.

SCÈNE II.

BLANCHE, LUCIE puis GARGARET.

LUCIE, entrant par le pan coupé de droite.

Bonjour, ma tante.

BLANCHE.

Comme tu es belle!... Eh bien, commences-tu à t'habituer un peu à M. Gargaret, ton prétendu?

LUCIE, soupirant.

Pas beaucoup; c'est M. Albert que j'aurais voulu épouser!

BLANCHE.

Encore M. Albert... un je ne sais qui

LUCIE, vivement.

Mais c'est le neveu de mademoiselle Bodin, ma maîtresse de pension... nous avions tous les quinze jours de petites soirées... avec des gâteaux... il n'en manquait pas une.

BLANCHE.

Cela prouve qu'il est gourmand, voilà tout... Et c'est à la suite de ces réunions qu'il s'est cru autorisé à écrire à ton oncle pour lui demander ta main.

LUCIE.

Dame, puisqu'il m'aime.

BLANCHE.

Ton oncle a refusé de le voir... et il a bien fait. Un petit commis aux assurances, sans position, sans fortune, tandis que Gargaret... un avenir magnifique!... fabricant de bougies... C'est lui qui a inventé les fameuses bougies de l'*aurore boréale*.

LUCIE.

Le mariage n'est pas une affaire d'argent.

BLANCHE.

Mais, si tu veux de l'amour, Gargaret est loin d'être insensible ; rappelle-toi ce qu'il a dit à ton oncle dans un jour d'amertume : « Marquis, si votre nièce me refuse, je monte en haut des tours Notre-Dame, et je saute... »

LUCIE.

Aussi, à cette pensée, j'ai consenti tout de suite.

BLANCHE.

Et tu as bien fait. (A part.) Ça nous prend toujours, ces histoires-là.

UN DOMESTIQUE, annonçant.

M. Gargaret.

LUCIE.

Oh! je ne veux pas le voir!

Elle remonte et se trouve en face de Gargaret qui entre.

GARGARET, saluant.

Mademoiselle... Belle tante... (A Lucie, comme récitant une leçon.) Il approche enfin, ce moment tant désiré... ce moment...

Il lui offre un bouquet qu'elle refuse.

LUCIE, le saluant.

Pardon..., je vais achever ma toilette.

Elle sort.

SCÈNE III.

BLANCHE, GARGARET, puis LE MARQUIS, puis JULIETTE.

GARGARET, offrant le bouquet à Blanche.

Puisqu'elle n'en veut pas... On dirait qu'elle me fuit.

BLANCHE.

Un peu d'émotion... Vous comprenez, une jeune fille.

GARGARET.

Nous avons tous passé par là!... moi, la première fois que j'ai serré la main d'une femme, mon cœur battait... Il me semblait que je frappais à la porte d'un dentiste... (Changeant de ton.) Mais comprenez-vous mon premier témoin qui n'arrive pas?

BLANCHE.

D'où vient-il?

GARGARET.

Il vient des Ardennes.

On entend tousser violemment au dehors.

BLANCHE.

Ah! j'entends le marquis.

GARGARET.

Je reconnais sa quinte.

Le marquis entre par le fond.

LE MARQUIS, toussant toujours.

Gargaret, bonjour! bonjour Gargaret!

GARGARET.

Ah! vous avez là un mauvais rhume.

BLANCHE.

Vous devriez voir votre médecin, mon ami.

LE MARQUIS.

Mon médecin est un âne... il me soigne pour un asthme... (Avec colère.) Un asthme!... C'est un cure-dents que j'ai avalé il y a quatre ans... il m'est resté dans le pharynx... Quand le temps change, il remue, et ça me fait tousser.

GARGARET, admirant les décorations du marquis.

Ah! mon compliment... toute cette petite quincaillerie vous va très-bien.

LE MARQUIS.

Ces distinctions m'ont été offertes par l'État de Mosquitos, mon pays natal...

Il tousse.

BLANCHE.

Non! ne parlez pas!

LE MARQUIS.

Si! je veux parler... En échange des services exceptionnels que je lui ai rendus.

GARGARET.

Ah! quels services?

LE MARQUIS.

J'ai découvert sous le 87me degré de longitude ouest.. une montagne de guano... Immédiatement je fus nommé commodore et créé marquis y Fuentès de Papaguanos.

GARGARET.

Pour ça?

LE MARQUIS

Comment, pour ça! Malheureux, sais-tu ce que c'est que le guano?

GARGARET.

Parbleu!

LE MARQUIS.

Eh bien, dis-le!

GARGARET,

Le guano, c'est...

Il s'arrête.

BLANCHE.

J'espère bien qu'il n'osera pas le dire.

GARGARET.

Pourquoi ça?... Le guano, ce sont des inconvenances d'oiseaux... qu'on réduit en poudre pour l'agriculture

LE MARQUIS.

J'aime cette définition... Mais il ne suffit pas de découvrir une montagne de guano, il faut savoir l'exploiter

Il tousse.

BLANCHE.

Mon ami, ne parlez pas.

LE MARQUIS.

Si, je veux parler!... c'est mon cure-dents. Je présentai à mon gouvernement un projet, un plan et un prospectus... Immédiatement je fus nommé ambassadeur.

GARGARET.

Bigre! on avance vite dans le guano.

LE MARQUIS.

J'obtins en outre le privilége d'accorder certaines distinctions aux nobles cœurs qui font prospérer l'entreprise...

GARGARET.

Des décorations!... vous en avez beaucoup dans votre pays?

LE MARQUIS.

Nous en avons quarante-deux... sans compter celle de la grande Pivoine jaune, que j'ai seul le droit d'infliger.

GARGARET.

Ah! vous avez le droit...? ce cher oncle!

LE MARQUIS.

Elle coûte cinquante francs.

GARGARET.

Ça suffit. (A part.) J'y renonce!...

JULIETTE, paraissant au fond.

On apporte une dépêche pour M. Gargaret.

GARGARET.

De mon premier témoin sans doute... J'y cours. (A part.) Cinquante francs pour une pivoine... merci!

Il sort par le fond.

SCÈNE IV.

LE MARQUIS, BLANCHE.

LE MARQUIS.

Est-on venu de l'Assurance, pour constater les dégâts de l'incendie?

ACTE PREMIER

BLANCHE.

Pas encore.

LE MARQUIS.

Voilà trois ans que je lui donne dix francs, à cette Compagnie, il est bien juste qu'elle m'en paye cinq cents

BLANCHE.

Mon ami, vous nous ferez tous griller avec vos maudits cigares... heureusement qu'hier tout le monde a rivalisé de zèle...

LE MARQUIS.

Oui... surtout M. Dupaillon, mon premier chancelier... il s'est conduit comme un vrai pompier.

BLANCHE, d'un air indifférent.

Aussi n'avez-vous pas parlé de lui offrir une récompense?... la croix de Mosquitos, par exemple.

LE MARQUIS.

La croix de Mosquitos? comme vous y allez!... je sais bien que ça rapporte cinquante francs à mon gouvernement, dont dix francs pour moi... Tiens! ça me fait penser que M. Crapote, mon vice-chancelier, que vous m'avez fait décorer le mois dernier... je ne sais pas trop pourquoi... ne m'a pas encore payé; c'est un petit sauteur!

BLANCHE.

M. Dupaillon est un homme sérieux, lui, et puis il vous aime bien.

LE MARQUIS.

Je le sais.

BLANCHE.

Hier encore, dans un salon, un petit monsieur chauve disait en parlant de vous : « C'est un commodore de carton! »

LE MARQUIS.

Saprelotte !

BLANCHE.

Il lui a sauté à la gorge et lui a dit : « Sachez que le commodore a coulé plus de vaisseaux que vous n'avez de cheveux sur la tête ! »

LE MARQUIS, rayonnant.

Ah ! il a dit ça ? A la bonne heure ! Voilà des titres ! voilà ce que j'appelle des titres ! et, à la mairie, je lui réserve une surprise...

BLANCHE.

Je vous prie de constater que je ne vous influence pas.

LE MARQUIS.

On l'essayerait en vain... Je suis un homme de fer.

Il est pris d'une quinte.

BLANCHE.

Voyons, calmez-vous... homme de fer !

LE MARQUIS.

Blanche, vous ne m'embrassez pas ce matin.

BLANCHE.

Non... laissez-moi ; depuis hier, vous sentez le brûlé, vous sentez l'incendie.

LE MARQUIS.

L'incendie... je voudrais l'allumer l'incendie ! (Il la lutine.) Je voudrais l'allumer.

Il tousse.

SCÈNE V.

Les Mêmes, un Domestique, LE BARROIS,
puis LUCIE, puis GARGARET.

UN DOMESTIQUE, annonçant.

Maître Le Barrois.

BLANCHE.

Ah! le notaire.

LE BARROIS, venant du fond.

Madame... Commodore...

Ils se donnent la main.

LUCIE, entrant en toilette de mariée par le fond, de droite

Me voici... suis-je bien, ma tante?

BLANCHE.

Charmante!... la couronne un peu moins de côté

LE MARQUIS.

Eh bien, commençons-nous?

LE BARROIS.

Mais il nous manque le prétendu.

LE MARQUIS.

On s'en passera... il signera après

Gargaret paraît

TOUS.

Ah! le voilà!

GARGARET.

Je vous demande pardon... c'est une dépêche qui m'a

retardé... mon premier témoin ne sera ici que dans une heure.

LE MARQUIS

Si vous croyez que nous allons l'attendre !

GARGARET.

Ce n'est pas sa faute... Tenez, voilà sa dépêche. (Lisant.) « Train de bestiaux barrer route... retard d'une heure. »

LE MARQUIS.

Qu'est-ce que c'est que ce témoin-là ?

GARGARET.

C'est un homme du monde qui a eu des malheurs dans son ménage ; alors il s'est retiré dans une forêt.

LE MARQUIS.

Eh bien, qu'il y reste !

GARGARET.

Oh ! non ! il ne manquerait pas d'assister à mon mariage pour tout l'or du monde. Je lui ai rendu un de ces services...

LE MARQUIS.

Quel service ?

GARGARET.

On ne peut pas le dire !

LE MARQUIS, au notaire.

Mais, sacrebleu ! nous ne commençons donc pas ?

Le notaire s'est placé à la table.

LE BARROIS.

Je vous attends, commodore, veuillez vous asseoir. (Tout le monde s'assoit.) Je commence. (Lisant.) « Par-devant maître Le Barrois et son collègue... »

LE MARQUIS.

Pardon!... combien ça durera-t-il, votre petite élucubration?

LE BARROIS.

Oh! vingt minutes au plus

LE MARQUIS.

Très-bien. (Tirant sa montre.) Midi moins vingt; à midi, je romps les rangs!... continuez.

LE BARROIS, lisant.

« Par-devant maître Le Barrois et son collègue, ont comparu : Denis Gargaret, fabricant de bougies... d'une part... »

SCÈNE VI

Les Mêmes, JULIETTE, puis ALBERT FRAGIL

JULIETTE, entrant par le fond.

Monsieur, il y a là un jeune homme...

LE MARQUIS.

Je n'y suis pas.

JULIETTE.

Il vient pour l'incendie.

LE MARQUIS, se levant vivement.

Ah! c'est différent... Qu'il entre... (Au notaire.) Vous permettez?... c'est l'affaire d'une seconde.

ALBERT entre par le fond; il a une petite canne à la main et porte une serviette en cuir noir.

Mesdames...

LUCIE, à part, vivement.

M. Albert!

ALBERT, au marquis.

Je suis envoyé par la Compagnie pour constater les dégâts; mais, si je vous dérange...

LE MARQUIS.

Du tout!.. nous signons tout simplement le contrat de ma nièce... voilà le mari.

ALBERT.

Ah! (Regardant Gargaret.) Il y a beaucoup de sinistres cette année... l'année est malheureuse.

GARGARET, à part, descendant à gauche.

Pourquoi me dit-il ça?

ALBERT, bas et vivement, à Lucie.

J'ai voulu vous revoir encore une fois.

LUCIE, de même.

Chut!... on nous regarde.

ALBERT, de même.

Ne craignez rien!... je ne vous connais pas.

BLANCHE, lui indiquant la porte pan coupé gauche.

C'est par ici... veuillez entrer.

ALBERT.

Avec plaisir. (Passant près de Gargaret.) Oh! oui, l'année est malheureuse!

Il entre, suivi de Juliette.

GARGARET, à part.

Pourquoi me dit-il ça?

SCÈNE VII.

LES MÊMES, hors ALBERT et JULIETTE.

BLANCHE, à part.

Il est bien, ce jeune homme.

LE MARQUIS.

Voyons, continuons.

Tout le monde se replace.

LE BARROIS, lisant, à table

« Par-devant maître Le Barrois et son collègue... »

LE MARQUIS.

Comment, vous recommencez?

BLANCHE.

On pourrait passer les noms... nous les connaissons.

GARGARET.

Arrivons aux apports des conjoints... c'est l'essentiel.

LE BARROIS, contrarié.

C'est contraire aux usages... Enfin! (Lisant.) « Apports des conjoints : le futur époux apporte un fonds de commerce de bougies estimé, avec le brevet, soixante mille francs. »

LE MARQUIS.

Tiens! vous avez pris un brevet pour vos bougies?

GARGARET.

Oui.

LE MARQUIS.

Mais elles n'éclairent pas.

GARGARET.

C'est bien pour ça... celles qui éclairent n'en ont pas besoin.

LE BARROIS, lisant.

« Plus une maison de campagne sise à Bondy, d'une valeur de quinze mille francs... plus divers effets mobiliers tels que : une montre en or avec sa chaîne... »

GARGARET, l'interrompant.

Pardon... elle est à remontoir... c'est important.

LE BARROIS.

Je vais faire un renvoi.

GARGARET, remontant sa montre.

Je ne trompe pas la famille.

LE BARROIS, lisant.

«... Une montre en or, à remontoir, avec sa chaîne... plus... »

GARGARET.

Pardon... elle est à répétition... je ne trompe pas la famille.

Il la fait sonner.

LE BARROIS.

Très-bien... je vais faire un autre renvoi...

LE MARQUIS, à part.

Ah! mais il nous rase avec sa montre!

LE BARROIS, lisant.

«... Pl s une gravure représentant Paul et Virginie au bain... la mère les regarde avec une expression touchante... »

LE MARQUIS.

Mais fichtre, vous nous racontez *Paul et Virginie!*

GARGARET, bas au marquis.

Ça fait du rôle.

LE BARROIS, continuant avec attendrissement.

«... Une expression touchante qui semble faire présager les malheurs qui doivent frapper plus tard cette infortunée famille. »

LE MARQUIS.

Vous n'avez plus que quatorze minutes.

LE BARROIS, continuant très-vite.

«... Plus une seconde gravure, en très-bon état, représentant l'*Enlèvement des Sabines*... »

GARGARET, bas au notaire

Gazez! gazez!

LE BARROIS, lisant.

« Cette page immortelle où la brutalité semble le disputer à la concupiscence... »

LE MARQUIS.

Mais c'est le livret du musée!

SCÈNE VIII.

Les Mêmes, ALBERT, JULIETTE.

Albert entre avec Juliette. Ils portent une grande manne dans laquelle sont placés une foule d'objets à demi brûlés.

ALBERT, au marquis.

Si ça ne vous dérange pas, nous pourrions faire ici notre petite expertise.

LE MARQUIS, se levant.

Tout de suite! excellente idée!

LE BARROIS.

Pardon... mais le contrat?

LE MARQUIS.

Eh bien, vous continuerez... vous en étiez à l'*Enlèvement des Sabines*...

GARGARET, se levant.

On peut faire les deux choses à la fois.

Le marquis et Gargaret se sont accroupis à gauche du théâtre. Ils prennent différents objets dans la manne.

LE MARQUIS.

Continuez, monsieur le notaire...

LE BARROIS, à part.

C'est incroyable! (Lisant vivement.) « ... Le futur apporte en outre... »

GARGARET, prenant dans la manne.

Un bonnet de coton...

LE MARQUIS.

Une bouteille de chartreuse.

LE BARROIS, lisant.

« ... Une pendule représentant... »

GARGARET.

Un gilet de flanelle...

LE BARROIS, répétant.

«...Un gilet de flanelle, veillant sur le berceau de son enfant... (Tout le monde rit. S'arrêtant et fermant son portefeuille avec colère.) Non!... voilà trente-cinq ans que j'exerce, mais je n'ai jamais lu de contrat dans des condition pareilles.

GARGARET.

Allez toujours!... nous ne vous écoutons pas.

ALBERT.

Voilà qui est à peu près classé... Nous allons procéder à l'estimation... (A Blanche.) Madame voudra bien me dire les prix, je rectifierai s'il y a lieu.

LUCIE, à Blanche.

Vous n'avez pas besoin de moi, je vais mettre mon voile...

Elle sort.

BLANCHE, bas au marquis.

J'ai envie de demander le double.

LE MARQUIS, de même.

Le double, c'est bien peu...

GARGARET, bas.

Le triple... ils sont si voleurs! (Gargaret, agenouillé au milieu, présente les objets que l'on estime. Albert, debout, écrit les prix sur son carnet.) Un miroir de Venise.

BLANCHE, à Albert.

Pensez-vous que quarante-deux francs...?

ALBERT.

Oh! allez! allez! La Compagnie *la Méfiance* n'est pas regardante.

LE BARROIS, venant en scène, à Albert.

Ah! monsieur représente *la Méfiance*?

ALBERT.

Oui, monsieur. (Écrivant.) «Miroir, quarante-deux francs.»

LE BARROIS, à part.

Il ne diminue rien.

GARGARET, présentant un petit morceau de bois brûlé.

Qu'est-ce que c'est que ça?

LE MARQUIS, prenant le morceau de bois et l'examinant avec son lorgnon.

Ça?... d'où ça peut-il venir?... Ah! j'y suis! c'est ma table de nuit.

BLANCHE.

Voilà tout ce qu'il en reste...

ALBERT.

Elle a souffert. (Écrivant). « Une table de nuit... avec toutes ses dépendances... »

LE MARQUIS.

... En marqueterie.

GARGARET.

... De Florence!...

ALBERT.

Combien?

BLANCHE.

Dame!... je ne sais pas, moi... Voyons, monsieur Le Barrois, en votre qualité de notaire...

LE BARROIS, prenant le morceau de bois et l'examinant.

Ça vaut douze francs... bien payé!

TOUS, se récriant.

Douze francs!

LE MARQUIS.

J'en demande quatre-vingt-dix.

ACTE PREMIER.

ALBERT.

Mettons cent pour arrondir.

LE MARQUIS.

C'est ça... arrondissons!...

LE BARROIS

Ah! mais permettez...

BLANCHE, à Le Barrois.

Qu'est-ce que ça vous fait?

LE BARROIS.

Mais je suis actionnaire de la Compagnie, sacredié!

ALBERT, à part.

Ah! diable!

LE MARQUIS, à Le Barrois, qui fait mine de s'éloigner.

Si vous repreniez la lecture du contrat... Continuez, monsieur le notaire, continuez. (Il le force à se rasseoir. — A part.) Un actionnaire... Ah bien, merci!

LUCIE, paraissant au fond.

Mon oncle, les voitures sont en bas.

LE MARQUIS.

On nous attend à la mairie... vite!

LE BARROIS.

Eh bien, et le contrat?...

LE MARQUIS.

Vous avez demandé vingt minutes... pourquoi perdez-vous votre temps?

BLANCHE.

Signons vite... et partons!

Elle signe.

LE MARQUIS.

Il n'est pas déjà si drôle à entendre, votre contrat. (Il signe et passe la plume à Lucie.) A vous, ma nièce!

LUCIE, à part, regardant Albert.

Pauvre Albert!

Elle signe.

ALBERT, à part.

Plus d'espoir! Heureusement que le mari a une tête sympathique; il faut que je m'en fasse un ami.

GARGARET, prenant la plume.

A moi! à moi! (A Lucie.) Je n'étais pas plus ému le jour où j'ai acheté ma fabrique de bougies.

LUCIE, bas, à Gargaret.

Ah! monsieur... remerciez les tours Notre-Dame!

GARGARET, étonné.

Je veux bien remercier... (A part.) Pourquoi?

Il signe.

LE MARQUIS.

Voilà qui est fait!... Gargaret... votre main à ma femme.

GARGARET, offrant la main à Blanche.

Belle tante... (S'apercevant que ses gants sont noircis.) Ah pristi!... j'ai noirci mes gants... c'est la table de nuit.. heureusement, j'en ai deux paires... je me méfiais!

LE MARQUIS.

Eh bien, est-ce pour aujourd'hui?

GARGARET

Descendez toujours... je vous rejoins...

ACTE PREMIER.

TOUS.

En route!

Tout le monde sort par le fond, excepté Gargaret. Albert entre à gauche. Juliette, qui est entrée pour assister les dames dans leur toilette, enlève la manne où se trouvent les objets brûlés.

SCÈNE IX.

GARGARET, seul.

GARGARET, à part, ôtant ses gants.

Ce marquis est d'une vivacité!... c'est la poudre!... mais ma femme est charmante. Pourquoi m'a-t-elle parlé des tours Notre-Dame?... Je lui demanderai ça ce soir... ça nous fera un sujet de conversation. C'est vrai... le premier jour, on ne sait quoi se dire.

MUSEROLLE, au dehor

Au salon... très-bien!

GARGARET.

Hein? la voix de Muserolle, mon témoin... Il est arrivé!

SCÈNE X.

GARGARET, MUSEROLLE.

MUSEROLLE, paraissant au fond; il tient à la main une valise qu'il dépose en entrant.

Ah! le voici, ce cher ami.

GARGARET.

Tu ne pouvais pas mieux tomber, tu vas me boutonner mes gants.

MUSEROLLE.

Volontiers... Dis donc... tu as une portière très-capiteuse... elle est rondelette... j'aime ce genre de beauté.

GARGARET.

Oui... Dépêche-toi. Ils sont à la mairie qui m'attendent.

MUSEROLLE.

La mairie? mais je ne peux pas y aller dans ce costume-là...

GARGARET.

Ne t'inquiète pas, je prendrai un autre témoin... Après la cérémonie, j'emmène ma femme à la campagne, dans un nid de verdure.

MUSEROLLE.

A Monaco ?

GARGARET.

Non, à Bondy, où j'ai un petit pied-à-terre, près du... réservoir. J'ai eu ça pour un morceau de pain; tu viendras avec nous.

MUSEROLLE.

Merci.

GARGARET, remontant.

Habille-toi... Ce brave Muserolle!... J'étais bien sûr que tu viendrais.

MUSEROLLE.

Après le service que tu m'as rendu... je serais venu sur la tête!

GARGARET.

Adieu!... Habille-toi!

Il sort par le fond.

SCÈNE XI.

MUSEROLLE, puis JULIETTE.

MUSEROLLE, seul.

Oh! oui!... il m'a rendu un de ces services!... Ma femme me trompait... Oh! mais carrément! moi, je ne me doutais de rien, j'étais heureux, tranquille, confiant... tout le monde le savait et personne n'osait le dire... Eh bien, Gargaret a eu ce courage, il me l'a dit, lui! il n'a pas craint de briser mon bonheur. Brave ami! Ce que c'est que le hasard... Gargaret ne connaissait pas ma femme... il ne l'a jamais vue... Un jour, il se trouve dans un cabinet particulier avec... une bergère... qui tenait un bureau de tabac, rue des Prouvaires... Tout à coup, il entend dans le cabinet voisin le bruit d'un baiser... Naturellement, l'homme est curieux... il applique son oreille contre la cloison, et il entend une voix d'homme qui articulait ces mots : « Puisque Muserolle, ton cornichon de mari — c'était moi — va demain à la campagne, trouve-toi à midi au Musée, devant *le Naufrage de la Méduse...* » Admirez-vous le doigt de la Providence?... Gargaret lâche sa bergère, paye l'addition et vient me conter la chose... J'étais dans mon fauteuil, ma calotte sur la tête, je lisais mon journal... Au premier mot, je lui réponds : « Es-tu bête? ma femme! une nature frêle, maigre, qui n'a que le souffle... c'est impossible! » Il insiste... car il est énergique et tenace, ce Gargaret... sa conviction m'ébranle, et, le lendemain, à midi quatre... je faisais mon entrée dans le salon carré... Je m'étais mis en noir, c'est plus convenable... Je tournai les yeux vers *le Naufrage*... et qu'est-ce que j'aperçus?... ma femme qui roucoulait devant cette grande page... et avec qui? — ceci est comique, — avec mon notaire, maître Polydore Fragil, celui-là même qui avait fait mon contrat de mariage!... Ils tournaient le dos, les coudes appuyés sur la balustrade... Aussitôt je fus partagé entre deux tentations bien vives... la première était d'adresser une plainte sévère à la Chambre des notaires!... la seconde... plus sanguinaire peut-être... de lui envoyer mon pied... dans la partie qu'il me présentait... C'est ce que je fis. V'lan! Il pousse un cri, j'élève la voix, ma femme se trouve mal et les gardiens me flanquent à la porte!... Oh! justice des sociétés modernes! Je rentrai chez moi pour attendre le coupable... toujours en noir... comme un juge... (Gaiement.) Elle ne revint pas... Je ne l'ai plus revue... Bon voyage! Mais j'en appris de belles sur son compte... La bonne me conta leur moyen de correspondance... Le notaire avait une canne machinée, qui se dévissait par le haut; il y glissait ses billets doux, et, quand il voulait correspondre avec ma femme, il me disait : « Muserolle, le ciel est nébuleux, prêtez-moi donc un parapluie, je vous laisse ma canne. » Et il partait. Sitôt que j'avais le dos tourné, ma femme prenait le billet, glissait sa réponse à la place, et le lendemain, elle me disait : « Muserolle, le ciel est nébuleux... va donc rechercher notre parapluie chez maître Fragil, et reporte-lui sa canne. » (Avec force.) Et j'y allais!... j'étais leur messager d'amour! Alors je fus pris d'un immense dégoût des hommes, des notaires et des choses... Je quittai Paris, ne laissant mon adresse qu'à Gargaret, mon seul ami... et j'achetai un morceau de forêt dans les Ardennes... Généralement, quand on achète une forêt, c'est pour la scier... je montai une scierie. Je vis là-bas depuis dix ans comme un sauvage, au milieu des scieurs de long et des charbonniers... Mais, hélas!...

pas de charbonnières! pas de femmes! et dame, à la longue! on croit qu'on n'y pensera pas... et on y pense... Aussi, rien que la vue de cette portière... On a beau posséder une forêt, on n'est pas de bois.

JULIETTE, entrant de droite.

La chambre de monsieur est prête...

MUSEROLLE.

Merci, mon enfant... (La regardant.) Tiens! elle est rondelette!... (La lutinant.) Tu es rondelette... J'aime ce genre de beauté!

JULIETTE, se dégageant en riant.

Finissez donc!... comment! à votre âge, vous pensez à cela?

MUSEROLLE.

Voilà dix ans que j'y pense!

JULIETTE.

Votre chambre est ici, au fond.

MUSEROLLE, passant.

J'y vais... (De la porte, très-gracieusement.) Tu m'apporteras de l'eau chaude, toi-même! (A part.) Elle est rondelette!

Il entre à droite.

SCÈNE XII.

JULIETTE, puis ALBERT, puis BLANCHE, LUCIE LE MARQUIS, DUPAILLON et GARGARET.

JULIETTE, seule.

Est-il drôle, ce bonhomme-là! Tiens! il a oublié sa valise.

Elle la prend.

ALBERT, entrant par le fond, à gauche

Vous pouvez ranger par là, j'ai fini.

JULIETTE.

Bien, monsieur.

Elle sort avec la valise par la même porte que Muserolle.

ALBERT.

Plus personne! vite, un billet pour Lucie! Je viens d'apprendre que l'on partait pour Bondy. (Il se met à table et écrit) « Il faut que je vous voie une dernière fois!... j'irai demain à Bondy. La vie n'est plus pour moi qu'une vallée de larmes... Faites-moi inviter à déjeuner. A demain. » (Pliant son billet.) La... employons le truc ingénieux que m'a légué mon oncle Fragil, le notaire... C'est même tout ce qu'il m'a légué. (Il dévisse sa canne et y introduit le billet.) Lucie le connaît, c'était notre moyen de correspondance à la pension... A présent, dans le porte-cannes. (Il va déposer sa canne dans le porte-cannes. On entend du bruit au dehors.) On vient! ni vu ni connu!

En ce moment, le marquis entre par le fond donnant le bras à Blanche; il est suivi de Gargaret donnant le bras à Lucie; Dupaillon ferme la marche.

LE MARQUIS.

Voilà qui est fait! Il n'y a plus à dire non!

GARGARET, à Lucie.

Nous serons bien heureux... tu verras.

Il l'embrasse.

LUCIE, baissant les yeux.

Finissez, monsieur!...

ALBERT, à part.

Manant!

LE MARQUIS.

Nous venons d'assister à une cérémonie bien émouvante... surtout lorsque, après le mariage, j'ai demandé la parole à M. le maire pour décorer mon chancelier.

BLANCHE, à Dupaillon.

Remerciez-le.

LE MARQUIS, à Dupaillon qui s'est approché de lui.

C'est cinquante francs que vous me devez.

DUPAILLON, se fouillant.

Cinquante francs ? pardon, j'ai oublié mon porte-monnaie.

LE MARQUIS, contrarié.

Ils oublient tous leur porte-monnaie.

Il remonte

GARGARET, admirant la décoration de Dupaillon.

C'est joli ! ça a l'air d'un petit morceau d'omelette.

Il remonte.

ALBERT, bas à Lucie.

Un billet dans la canne !

Il s'éloigne vivement.

DUPAILLON, bas, à Blanche.

Oh ! merci... un billet dans la canne !

LE MARQUIS.

Maintenant, qu'on me laisse... J'ai à causer avec Gargaret... mon neveu...

GARGARET, à part.

C'est pour me compter la dot.

LE MARQUIS, aux hommes.

Vous trouverez par là du madère... du malaga... du vin de Mosquitos.

LUCIE, à Blanche.

Je vais changer de toilette pour le départ.

BLANCHE.

Je t'accompagne.

Blanche et Lucie entrent à droite, Albert et Dupaillon sortent par le fond à gauche.

SCÈNE XIII.

LE MARQUIS, GARGARET.

LE MARQUIS, avec solennité.

Nous sommes seuls... approchez, Gargaret...

GARGARET.

Oh! ça ne pressait pas... vous me l'auriez donnée un autre jour.

LE MARQUIS.

Quoi?

GARGARET.

La dot...

LE MARQUIS.

Il ne s'agit pas de cela... elle est dans le secrétaire, c'est ma femme qui en a la clef. (Changeant de ton.) J'espère que vous êtes content de l'union que vous venez de contracter?

GARGARET.

Oh! enchanté! ce qui me plaît surtout dans ce mariage-là... c'est la famille... avant tout, je tenais à la famille...

LE MARQUIS.

Mon ami, je vous ai fardé la vérité... Ma nièce... n'est pas ma nièce!

GARGARET.

Comment! ma femme...?

LE MARQUIS.

Est un jeu de l'amour et du hasard... c'est ma fille!

GARGARET, vexé.

Oh! sapristi! vous auriez dû me dire cela plus tôt...

LE MARQUIS.

Non... vous n'auriez peut-être pas voulu l'épouser.

GARGARET.

Eh bien, mais... j'espère au moins que la mère était une femme honorable... malgré sa faute.

LE MARQUIS.

Elle? c'était une drôlesse de la pire espèce... une danseuse de corde, qui changeait d'affection comme de balancier.

GARGARET.

Saperlotte! vous auriez dû me dire ça plus tôt !

LE MARQUIS.

Je la connus en Amérique... j'en devins fort épris... Un jour qu'elle devait traverser le Niagara sur une corde tendue... elle me proposa de m'asseoir dans la brouette qu'elle poussait devant elle et de partager son triomphe... C'était un caprice de jolie femme... je m'y soumis... Une foule immense nous regardait d'en bas... Parvenue au milieu de notre trajet, elle s'arrêta et elle me dit : « Inès, je t'aime, veux-tu m'épouser? » J'avoue que cette demande en mariage faite dans un pareil moment me fit hésiter... Alors elle ajouta : « Si tu refuses, je te jette dans le trou avec la brouette ! » J'acceptai immédiatement.

GARGARET, vivement.

Vous l'avez épousée?

LE MARQUIS.

Non... Arrivé à l'autre bord, je lui administrai une volée de coups de cravache... d'où naquit un enfant... c'est votre femme !...

GARGARET, contrarié.

Nom d'un petit bonhomme !

LE MARQUIS.

Comme je suis un galant homme, je devais vous faire cette confidence... Elle est faite !

GARGARET, à part.

Il aurait bien dû me dire ça plus tôt.

LE MARQUIS.

Gargaret, j'ai encore une chose à vous demander...

GARGARET.

Laquelle?

LE MARQUIS.

Quand nous serons seuls... appelez-moi « mon père !

GARGARET.

Ça, ça m'est égal... (Regardant autour de lui.) Nous sommes seuls... Adieu, mon père !

LE MARQUIS.

Adieu, mon fils !

Il l'embrasse et sort très-ému.

SCÈNE XIV.

GARGARET, puis MUSEROLLE.

GARGARET, seul, s'essuyant la joue.

Sapristi! il m'a mouillé... C'est égal, c'est ennuyeux d'avoir une femme dont la mère a traversé le Niagara avec une brouette!

MUSEROLLE, entrant; il a changé de costume.

Me voilà sous les armes! (A Gargaret.) Eh bien, c'est fini... tu es marié?

GARGARET.

Mon Dieu, oui!

MUSEROLLE.

C'est un beau jour!... Chacun a tenu à te faire son présent; sais-tu ce que je t'apporte, moi?...

GARGARET.

Comment, mon ami, tu aurais songé?...

MUSEROLLE.

Je ne t'apporte rien!... ou plutôt si. (Avec force.) Je t'apporte la vérité!

GARGARET, étonné.

Quoi? la vérité?

MUSEROLLE.

Ma femme me trompait, tu me l'as dit... ta femme te trompera, je te le dirai!

GARGARET.

Ah!... mais... permets...

MUSEROLLE.

Ma seule ambition est de pouvoir m'acquitter envers toi... c'est mon rêve !

GARGARET.

Ton rêve !... tu ne pourrais pas rêver autre chose ? Que diable ! il y a bien encore quelques femmes vertueuses !... et je me plais à ranger la mienne dans cette... minorité !

MUSEROLLE.

Voyons, Gargaret, raisonnons comme deux hommes pratiques... Ta femme est jeune et jolie ?

GARGARET.

Oui.

MUSEROLLE.

Toi, tu n'es plus jeune... ne m'interromps pas... et tu n'as jamais été joli...

GARGARET.

Je suis toujours aussi joli que toi.

MUSEROLLE.

Aussi, moi, j'ai eu mon compte... donc, tu auras le tien.

GARGARET.

Mais...

MUSEROLLE.

Si c'est une illusion, ne me l'ôte pas...

GARGARET.

Si tu voyais ma femme ! un air de candeur... une figure qui respire l'honnêteté...

MUSEROLLE.

La mienne aussi respirait l'honnêteté... seulement elle avait la respiration très-courte... Non, vois-tu, il faut savoir envisager l'avenir... Mon Dieu! je ne dis pas que ça se fera demain...

GARGARET.

Il ne manquerait plus que ça!

MUSEROLLE.

J'ai pris un congé de trois mois... je pense que ça suffira.

GARGARET.

Mais tu m'ennuies!

MUSEROLLE.

Je m'installe à ton foyer, j'épie, je surveille... et quand le cataclysme se produira.... je te le dirai; tu m'embrasseras et nous serons quittes!

GARGARET, à part.

Il est enragé! (Apercevant Lucie qui entre.) Chut! voici ma femme... je vais te présenter.

SCÈNE XV.

LES MÊMES, LUCIE, puis ALBERT,
puis LE MARQUIS.

LUCIE, en toilette de voyage.

Ah!... je croyais mon oncle ici...

GARGARET.

Il me quitte... Ma chère Lucie, permettez-moi de vous présenter M. Muserolle... un ami...

MUSEROLLE.

Un frère!

LUCIE, le saluant.

Monsieur... enchantée...

Elle remonte.

GARGARET, bas, à Muserolle.

Comment la trouves-tu?

MUSEROLLE, de même.

Ah! mon ami... je lui trouve l'œil bien ardent...

GARGARET, à part.

Ah! il est embêtant à la fin!

ALBERT, entrant par le fond.

Pardon... je crois avoir laissé mon chapeau ici...

GARGARET, regardant autour de lui.

Un chapeau... en voici un?...

Il va le prendre sur le guéridon au fond.

ALBERT, bas, à Lucie.

N'oubliez pas le billet dans la canne!

MUSEROLLE, qui a saisi ce jeu de scène, à part.

Tiens! on dirait qu'il lui a parlé bas.

GARGARET, revenant avec le chapeau.

Le voici...

ALBERT.

Mille remerciments... (Saluant.) Madame... Messieurs...

GARGARET

Mais vous aviez une canne.

ALBERT et LUCIE, à part.

Ah!

MUSEROLLE, à part.

Ils ont tressailli!

ALBERT, se remettant.

Ma canne?... Ah! oui!... vous allez peut-être me trouver bien indiscret... le ciel est nébuleux...

MUSEROLLE, étonné, à part.

Hein!

ALBERT, à Gargaret.

Auriez-vous l'obligeance de me prêter un parapluie?

LUCIE.

Comment donc! (A Gargaret.) Mon ami, prêtez donc un parapluie à M. Albert Fragil...

GARGARET.

Tout de suite.

Il va en prendre un au porte-cannes.

MUSEROLLE, à part.

Fragil! (S'approchant d'Albert.) Seriez-vous parent de maitre Polydore Fragil, le notaire?

ALBERT, s'inclinant.

C'est mon oncle.

MUSEROLLE.

Très-bien. (A part.) Tout s'explique... C'est un truc de famille!

ALBERT, à Gargaret qui lui remet un parapluie.

Mille remerciments... Madame... Messieurs...

Il sort

MUSEROLLE, serrant la main à Gargaret.

Mon ami, bientôt, je l'espère, je pourrai m'acquitter envers toi.

GARGARET, sans comprendre.

Quoi?

MUSEROLLE.

Rien... je veille!

Le marquis entre vivement. Il est suivi de deux domestiques qui portent des sacs de nuit et des cartons. Juliette entre derrière eux.

LE MARQUIS.

Vite! vite! votre voiture est en bas... (Aux domestiques.) Faites placer tout ça dans le coffre.

Les domestiques sortent.

GARGARET, au marquis.

Je vous présente mon premier témoin, qui vient d'arriver.

MUSEROLLE, saluant.

Marquis...

LE MARQUIS, sèchement à Muserolle.

Cinquante-sept minutes de retard... fi! fi!

MUSEROLLE, à part.

Qu'est-ce qu'il a?

LUCIE.

Adieu, mon oncle!...

Elle se jette dans ses bras.

LE MARQUIS.

Eh bien, oui... qu'est-ce que tu veux! il le faut... c'est l'usage... nous irons vous voir demain, à Bondy... (L'embrassant.) Du courage!... du courage! (Tandis qu'elle remonte, il appelle.) Gargaret!

GARGARET, s'approchant.

Marquis!

ACTE PREMIER.

LE MARQUIS, bas.

Soyez discret!

Il l'embrasse.

GARGARET, s'essuyant la joue, à part.

Il est ennuyeux... il m'a encore mouillé

LE MARQUIS.

Allons! en route! en route!... Passez devant!

Il fait passer tout le monde devant lui, excepté Juliette; il sort le dernier.

JULIETTE, seule.

Quant à moi, je ne connais rien de dramatique comme le départ d'une mariée.

MUSEROLLE, entrant, à la cantonade.

Tout de suite!... j'ai oublié quelque chose!... (Au public.) La canne du petit... (Il va au porte-cannes.) Mais laquelle? bah! prenons le paquet!

Il prend toutes les cannes.

JULIETTE.

Eh bien, ne vous gênez pas! c'est pas à vous ces cannes-là!

Elle saisit les cannes par un bout.

MUSEROLLE.

Veux-tu lâcher!

JULIETTE.

Non!

Ils tirent chacun de son côté.

MUSEROLLE.

Attends! j'ai un moyen!

Il l'embrasse.

JULIETTE, lâchant les cannes.

Ah! que c'est traître!

MUSEROLLE.

Elle est rondelette... mais je n'ai pas le temps!... (Il sort en criant.) Voilà! voilà!

ACTE DEUXIÈME.

Bondy, chez Gargaret. — Un petit salon, ameublement de campagne. — Portes latérales. — Portes au fond. — A gauche, une cheminée ; dans le coin de la cheminée, un paquet de cannes. — Au fond, pans coupés, avec portes vitrées, dont les volets sont fermés — Le théâtre est dans l'obscurité.

SCÈNE PREMIÈRE.

LUCIE, seule.

Au lever du rideau, Lucie, en déshabillé de nuit, entre avec précaution par la porte de gauche. Elle tient à la main une allumette qu'elle frotte, puis elle va allumer une bougie ; elle regarde parmi les cannes, elle aperçoit celle d'Albert, la prend, la dévisse et en tire un billet. Elle entend du bruit au dehors, souffle la bougie et sor doucement par le fond avec la canne, sans avoir dit un mot.

SCÈNE II.

MUSEROLLE, seul.

A peine Lucie a-t-elle disparu par le fond, que Muserolle entre par la porte de droite avec précaution. Il est en tenue du matin Il frotte une allumette et allume la bougie que vient de souffler Lucie. Il prend le paquet de cannes, qui se compose de trois cannes; la première ne se dévisse pas, la seconde est une canne à pêche; la troisième renferme un billet. Il met les trois cannes sur la cheminée. Bruit, il sort par la droite.

SCÈNE III.

GARGARET, puis UN DOMESTIQUE.

Aussitôt que Muserolle est sorti, Gargaret paraît à la porte de gauche. Il porte un pet-en-l'air et un foulard de nuit sur la tête. Il frotte une allumette-bougie qu'il garde allumée entre ses doigts tout en parlant.

GARGARET.

Je suis inquiet... Pourquoi tout à l'heure, en me réveillant, n'ai-je plus trouvé ma femme dans la chambre nuptiale? serait-elle indisposée? Dame!... l'émotion... pauvre enfant! Ce que m'a dit le marquis me trotte dans la tête... Avoir pour belle-mère une dame qui se promène sur la corde... c'est raide! Quelle heure peut-il être?... (Allant à la pendule.) Onze heures! sapristi! Je me croyais encore au milieu de la nuit. (Il sonne.) Et le marquis qui doit venir déjeuner ce matin avec la dot.

LE DOMESTIQUE, entrant.

Monsieur a sonné?

GARGARET.

Oui... Pourquoi n'ouvrez-vous pas?... il fait grand jour.

LE DOMESTIQUE.

Monsieur m'avait défendu d'entrer avant qu'il eût sonné...

Il ouvre les volets; grand jour au théâtre.

GARGARET.

C'est vrai... j'avais quelques projets. Dites donc, Baptiste, vous n'avez pas rencontré ma femme?

LE DOMESTIQUE.

Non, monsieur.

GARGARET, à part.

Pauvre enfant!

LE DOMESTIQUE.

Les parents de madame viennent d'arriver.

GARGARET.

Déjà! Donnez-moi un autre vêtement. (Le domestique lui remet un autre vêtement qu'il endosse. — Bruit au dehors.) Oui, en effet, je les entends.

SCÈNE IV.

Les Mêmes, LE MARQUIS, BLANCHE, DUPAILLON.

BLANCHE.

Nous voilà! Gargaret, bonjour.

GARGARET.

Chère tante!

LE MARQUIS, très-ému, embrassant Gargaret.

Gargaret! mon enfant!... mon fils!...

GARGARET, s'essuyant la joue et à part.

Mon Dieu, qu'il a là une mauvaise habitude!

Le domestique sort.

LE MARQUIS, montrant Dupaillon.

J'ai pris la liberté d'amener mon premier chancelier.

GARGARET, à Dupaillon

Monsieur... vous ferez peut-être un mauvais déjeuner, mais à la campagne...

DUPAILLON.

Oh! pas de cérémonie!

BLANCHE, à Gargaret, lui indiquant son foulard de nuit.

Est-ce que vous comptez déjeuner avec ça sur la tête?

GARGARET.

Quoi donc? (Se décoiffant.) Ah! pardon... je croyais avoir mis mon bonnet grec...

LE MARQUIS.

Mais je ne vois pas ma nièce.

GARGARET.

Pauvre enfant!

LE MARQUIS

Quoi?

GARGARET.

Rien... Elle est à sa toilette.

BLANCHE, regardant autour d'elle.

C'est très-gentil, votre petite maison.

GARGARET.

Pas mal... De cette fenêtre, on a une vue admirable.

Le marquis suit Gargaret près de la fenêtre.

LE MARQUIS.

Qu'est-ce qu'on aperçoit là-bas, dans le fond?... on dirait un lac.

GARGARET.

C'est le réservoir.

ACTE DEUXIÈME.

LE MARQUIS, à Dupaillon qui remonte.

Venez donc voir, monsieur Dupaillon, ce lac... c'est le... on se croirait en Écosse.

GARGARET.

Tout à fait...

Le marquis et Gargaret disparaissent un moment.

DUPAILLON, redescendant, à Blanche.

Avez-vous trouvé mon billet?

BLANCHE.

Non, la canne avait disparu.

DUPAILLON, surpris.

Ah! mon Dieu! (Apercevant la canne près de la cheminée.) Tiens! la voilà, ma canne.

BLANCHE.

Comment se trouve-t-elle ici?

DUPAILLON, dévissant la canne.

Je n'en sais rien... on l'aura apportée par mégarde. (Regardant dans la canne.) Plus rien! le billet a disparu!

BLANCHE.

C'est étrange!

LE DOMESTIQUE, paraissant au fond.

Madame et M. le notaire attendent ces messieurs dans la salle à manger.

LE MARQUIS, qui est rentré avec Gargaret

Ah! oui, j'ai invité le notaire.

GARGARET.

Passez devant... je vous rejoins.

BLANCHE, à part.

Que peut être devenu ce billet?

Blanche et Dupaillon sortent.

GARGARET, à part.

C'est drôle! Il ne me parle pas de la dot. (Haut.) Eh bien, marquis, avez-vous retrouvé la clef?

LE MARQUIS.

Quelle clef?

GARGARET.

De votre secrétaire.

LE MARQUIS.

La voici.

GARGARET.

Alors, quand vous voudrez...

LE MARQUIS.

Quoi?

GARGARET.

La dot... puisque vous avez la clef.

LE MARQUIS.

J'ai la clef, mais je n'ai pas le secrétaire; il est resté à Paris.

GARGARET.

Ah! très-bien.

LE MARQUIS, remontant.

Venez-vous, Gargaret?

GARGARET.

Je vais atteindre une vieille bouteille dont vous me direz des nouvelles

LE MARQUIS.

Dépêchez-vous.

Il sort par le fond.

SCÈNE V.

GARGARET, puis ALBERT, puis LUCIE.

GARGARET, seul.

C'est une vieille bouteille que j'ai achetée avec l'immeuble... je ne sais pas si c'est de l'huile ou du rhum. (Il la prend dans un petit meuble à gauche.) Mais où diable est Muserolle? je ne l'ai pas encore vu.

ALBERT, entrant par le fond, à part.

M'y voici... j'ai trouvé mon prétexte... ce n'est pas très-fort... mais c'est suffisant.

GARGARET, posant la bouteille sur le meuble.

Tiens! le jeune homme de l'assurance.

ALBERT, à part.

Le mari! (Haut.) Pardon; M. le marquis est-il ici?

GARGARET.

Oui.

ALBERT.

Je cours après lui depuis ce matin... Hier, en signant le procès-verbal, il a oublié de parapher un renvoi. (A part.) Pas très-fort, mais suffisant...

Il tire un papier.

GARGARET.

Donnez... Si vous voulez reprendre le train, vous n'avez pas une minute à perdre...

Il lui prend le papier des mains.

ALBERT.

Non... j'ai toute la journée.

LUCIE, paraissant, à Gargaret.

Mon ami, on m'envoie vous chercher... (Apercevant Albert.) Ah !

ALBERT, à part, avec joie.

Elle ne le tutoie pas encore !

GARGARET, à Lucie.

J'ai quelque chose à faire signer au marquis. (A Albert.) Ma femme vous tiendra compagnie... (Bas, à Lucie.) Surveille-le. (A part, en sortant.) Je ne le connais pas, moi, ce jeune homme.

Il sort.

SCÈNE VI.

ALBERT, LUCIE, puis GARGARET.

ALBERT.

Lucie, je vous avais promis de venir... me voici.

LUCIE.

Monsieur Albert, il faut vous en aller; je ne puis plus vous écouter maintenant... je suis mariée.

ALBERT.

Mariée ! c'est atroce ! Quand je pense que cet homme sans prestige, que cet être au front bas, aux attaches vulgaires, a le droit de vous appeler son trésor chéri, son petit lapin bleu de ciel !...

LUCIE.

Par exemple ! M. Gargaret ne se permettrait pas...

ACTE DEUXIÈME.

ALBERT.

Comment!... il ne vous a pas encore appelée son petit lapin bleu de ciel?

LUCIE.

Mais du tout... il a été très-respectueux très-réservé...

ALBERT, à part.

Tiens! tiens! tiens! (Haut.) Respectueux... en commenant... mais après?

LUCIE.

Il l'a été toujours!

ALBERT, à part.

Tiens! tiens! tiens! (Haut.) Ah! c'est un bien honnête homme!

LUCIE.

Oh! oui... aussi ce serait très-mal de le tromper.

ALBERT.

Mon Dieu... il y a du pour et du contre...

LUCIE

Monsieur Albert, si vous voulez que je vous estime... il faut renoncer à votre amour.

ALBERT.

Ah! permettez...

LUCIE, avec résolution.

Il le faut.

ALBERT.

Ah! (Jouant le drame.) Il suffit... j'en aurai le courage... car vous aimer maintenant, ce serait un crime!

LUCIE.

Oh! oui!

ALBERT.

Et vous viendriez me prier, me supplier, je vous répondrais : « Non, madame, c'est impossible! »

LUCIE, lui tendant la main.

Oh! merci!

ALBERT.

Mais... l'amitié nous reste.

LUCIE.

Oh! de grand cœur!

ALBERT.

Et l'amitié entre homme et femme... il n'y a rien de plus pur.

LUCIE.

Certainement.

ALBERT.

La chaste amitié couvre tout de son aile... un ami peut vous serrer la main, (Il lui prend la main.) plonger ses regards dans vos yeux... déposer sur votre front un baiser... sans conséquence.

Il l'embrasse

LUCIE, se reculant

Monsieur...

ALBERT.

Quoi?

LUCIE.

Il ne faut pas m'embrasser... ce n'est pas convenable...

ALBERT.

Ah! Lucie... vous avez de mauvaises pensées... c'est mal.

LUCIE.

Non... mais...

ALBERT.

Vous me faites beaucoup de peine! vous ne comprenez pas l'amitié... comme je la comprends!

GARGARET, entrant, un papier à la main.

Me voilà! nous ne trouvions pas l'encrier. (A Lucie.) Ma chère amie, on vous attend par là.

LUCIE.

J'y vais. (Saluant Albert.) Monsieur...

ALBERT.

Madame... (A part.) Elle devait me faire inviter à déjeuner.

SCÈNE VII.

ALBERT, GARGARET.

ALBERT, à part.

Comment faire pour rester?

GARGARET.

Voilà votre papier...

ALBERT, le prenant.

Merci... ça ne pressait pas... Vous avez une charmant habitation...

GARGARET.

Oui... c'est assez gentil.. (A part.) Est-ce qu'il ne va pas s'en aller?

ALBERT.

Et meublée avec un goût... Quel dommage si tout cela brûlait!

GARGARET.

Comment, brûlait?

ALBERT.

Mais vous êtes assuré nécessairement?

GARGARET.

Non.

ALBERT.

Comment! vous n'êtes pas assuré?... ah! monsieur! quelle faute! quelle négligence! quelle incurie!.. Vous n'avez donc pas songé un seul instant aux conséquences?

GARGARET.

Ma foi, non!

ALBERT, avec volubilité.

Le feu prend chez vous... une allumette suffit!... à la campagne, pas de secours... tout brûle! c'est parfait!

GARGARET.

Comment, c'est parfait?

ALBERT, avec volubilité.

Vous brûlez aussi vos voisins, c'est l'usage. Vous ruinez votre femme, vous ruinez vos enfants, vous vous brûlez la cervelle... tout cela pour éviter de payer une somme dérisoire... Quelle faute! quelle négligence! quelle incurie! (Changeant de ton et prenant son chapeau.) J'ai l'honneur de vous saluer.

Il remonte.

ACTE DEUXIÈME.

GARGARET, courant après lui.

Monsieur, vous ne sortirez pas!

ALBERT.

Quoi?

GARGARET.

Vous ne sortirez pas avant de m'avoir assuré.

ALBERT.

A vos ordres.

GARGARET, très-vite.

L'immeuble?

ALBERT, de même.

C'est tant du mètre carré.

GARGARET, de même.

Nous l'arpenterons... le mobilier?

ALBERT, de même.

Nous ferons l'inventaire...

GARGARET.

Tout de suite... Commençons!

ALBERT.

Après déjeuner.

GARGARET

Je n'ai plus faim.

MUSEROLLE, entrant, à Gargaret.

Ah! dis-moi...

SCÈNE VIII.

Les Mêmes. MUSEROLLE.

ARGARET, apercevant Muserolle qui entre.

Tiens! te voilà! dépêche-toi, on est à table.

MUSEROLLE.

Je suis en retard, mais je m'occupais de toi...

GARGARET.

Je suis en affaire avec monsieur.

Il démasque Albert.

MUSEROLLE.

Ah! ah! (A part.) Le petit au parapluie! il ne perd pas de temps. (Bas, à Gargaret.) Méfie-toi... je suis sur une piste...

GARGARET.

Laquelle?

MUSEROLLE.

Plus tard! Envoie-moi ton oncle.

GARGARET.

Le marquis?... il est à table.

MUSEROLLE.

J'ai besoin de lui parler.

GARGARET.

Très-bien. (A Albert, lui indiquant une porte à gauche.) Vous pouvez toujours commencer; entrez là... je vous rejoins... (Albert sort.) Tiens! Et ma bouteille que j'oubliais... Je voudrais bien savoir si c'est de l'huile ou du rhum... Si j'avais un tire-bouchon!

MUSEROLLE.

En voici un.
Il lui donne son couteau.

GARGARET, l'examinant.

Ah! le drôle de couteau! Une scie, un tire-bouchon, une lime... C'est une trousse de serrurier.
Il débouche la bouteille et rend le couteau à Muserolle.

MUSEROLLE.

C'est très-commode à la campagne.

GARGARET, flairant la bouteille.

C'est du rhum. (Buvant à même la bouteille.) Non! c'est de l'huile... ça servira pour la salade. (Il fait la grimace)... peut-être pour la lampe... Je vais t'envoyer le marquis.
Il sort par le fond.

SCÈNE IX.

MUSEROLLE, puis LE MARQUIS, puis DUPAILLON, puis LE BARROIS.

MUSEROLLE, seul.

J'ai une chance inouïe... Voici le billet que j'ai trouvé dans la canne du jeune Albert Fragil!... un rendez-vous un jour de noces!... Elle va bien, la petite mariée!... Avant de prévenir Gargaret, j'ai fait demander le marquis, c'est le chef de la famille... il est convenable de le consulter... pour la forme, car mon parti est pris. (Le marquis paraît, il a une serviette autour du cou.) Ah! le voici!

LE MARQUIS.

Vous avez à me parler, monsieur?

MUSEROLLE.

Oui, j'ai à vous entretenir d'une question très-grave et très-délicate.

LE MARQUIS.

Ah! c'est que je déjeune... nous avons des œufs sur le plat... ça n'aime pas à refroidir.

MUSEROLLE.

Quand vous saurez de quoi il s'agit, vous comprendrez que l'affaire ne souffre pas de retard...

LE MARQUIS.

Allez... mais dépêchez-vous.

MUSEROLLE.

Voici la question en deux mots : Z a épousé X et X roucoule avec Y : doit-on le dire à Z?

LE MARQUIS, qui n'a pas compris.

S'il vous plait?

MUSEROLLE.

Je m'explique... Z a épousé X et X roucoule avec Y : doit-on le dire à Z?

LE MARQUIS.

Ah çà! est-ce que vous vous fichez de moi? c'est pour ça que vous me faites quitter mon déjeuner?

MUSEROLLE.

LE MARQUIS

Vous venez me poser des problèmes de mathématiques quand j'ai là des œufs sur le plat qui refroidissent!

MUSEROLLE.

Permettez...

ACTE DEUXIÈME.

LE MARQUIS.

D'abord, les mathématiques, ça regarde mon premier chancelier, je vais l'appeler. (Remontant.) — Monsieur Dupaillon, voulez-vous venir un instant?

MUSEROLLE, à lui-même.

Au fait, deux avis valent mieux qu'un.

DUPAILLON, entrant par le fond une serviette au cou.

Qu'y a-t-il?

LE MARQUIS

Il s'agit d'une question très-délicate... A ce que dit monsieur... X, Y, Z roucoulent ensemble tous les trois...

MUSEROLLE.

Non, permettez...

LE MARQUIS.

Doit-on le dire à Z?

DUPAILLON

X, Y, Z... Ceci est de l'algèbre... il n'y a que le notaire qui puisse nous tirer d'embarras... C'est un savant.

LE MARQUIS.

Eh bien, appelez-le.

DUPAILLON, remontant et appelant.

Monsieur le notaire, voulez-vous venir un instant?

MUSEROLLE, redescendant.

Au fait, trois avis valent mieux que deux.

LE BARROIS, paraissant; il a une serviette au cou.

Vous me demandez, commodore?

LE MARQUIS.

Oui, mon ami; c'est pour faire un peu d'algèbre.

LE BARROIS.

Comment?

MUSEROLLE.

C'est bien simple.

DUPAILLON.

Voici le problème :

TOUS LES TROIS ENSEMBLE.

MUSEROLLE.

Z a épousé X et X roucoule avec Y; doit-on le dire à Z?

LE MARQUIS.

X, Y, Z roucoulent ensemble; doit-on le dire à Z

DUPAILLON.

X a épousé Y qui roucoule avec Z; doit-on le dire à Z?

LE MARQUIS, à Le Barrois.

Maintenant, quel est votre avis?

LE BARROIS.

Évidemment c'est un problème... il s'agit de trouver la formule, et, si j'avais là un tableau, de la craie, mon premier clerc et quatre heures devant moi...

LE MARQUIS.

Oui, il faut quatre heures!.. Allons déjeuner.

Ils remontent.

MUSEROLLE, les retenant.

Une minute! je vais être plus clair... nous allons traiter une question sociale; veuillez prendre la peine de vous asseoir.

LE MARQUIS.

Mais, sapristi! le déjeuner aussi est une question sociale!...

Tous s'assoient.

ACTE DEUXIÈME.

DUPAILLON, bas, au marquis.

Il est insupportable.

MUSEROLLE.

Messieurs, j'ai un ami... un homme honorable, qui est trompé par sa femme... j'ai trouvé ce matin un billet adressé à son audacieuse moitié et enfermé dans une canne.

DUPAILLON, à part, effrayé.

Hein? Je suis pincé !

MUSEROLLE.

Maintenant, la question est bien simple... doit-on le dire au mari, à Z?

DUPAILLON, à part.

Ah çà ! il est fou !

MUSEROLLE.

Qui est-ce qui demande la parole?

LE MARQUIS, se levant.

Messieurs, comme les œufs sur le plat demandent à être mangés chauds...

MUSEROLLE, faisant asseoir le marquis.

Non! vous n'êtes pas dans la question.

DUPAILLON, se levant avec colère.

Messieurs, c'est révoltant!

MUSEROLLE.

Quoi?

DUPAILLON, avec colère.

On nous demande s'il faut le dire au mari... C'est révoltant! La vie privée doit être murée; d'ailleurs, on n'a pas le droit de venir troubler le bonheur d'un homme satisfait de son sort... Sa femme le trompe... Eh bien, après?... Est-ce que ça vous regarde? Mêlez-vous de vos affaires. Je le répète, c'est révoltant!

LE MARQUIS.

Il a raison! c'est révoltant, il ne faut pas le dire! voilà mon opinion.

LE BARROIS.

C'est évident, il ne faut pas le dire!

MUSEROLLE.

Je demande la parole... Messieurs, personne, j'ose le dire, n'est mieux placé que moi pour discuter cette question... J'ai eu l'honneur d'être trompé par ma femme. Oh! mais trompé! comme vous ne le serez peut-être jamais vous-mêmes.

LE MARQUIS.

Pas de fol orgueil!

MUSEROLLE.

Mais j'ai eu la bonne fortune d'être prévenu

LE MARQUIS.

A temps?

MUSEROLLE.

Non, après. (Ils rient.) Vous riez, je ne vais pas tarder à vous convaincre; prenons un exemple. (Montrant le marquis.) Voici un homme honorable, intelligent, spirituel... c'est une supposition... qui jouit de l'estime et de la considération publiques.

LE MARQUIS.

C'est vrai.

MUSEROLLE.

Tout à coup, sa femme fait un faux pas.

LE MARQUIS, réclamant.

Ah mais !

MUSEROLLE.

C'est une supposition... admissible !...

LE MARQUIS

A la bonne heure !

MUSEROLLE.

Eh bien, cet homme éminent, cet esprit supérieur, descend immédiatement au rang des comiques.

LE MARQUIS.

C'est vrai... quand il paraît, on dit : « En voilà un ! »

MUSEROLLE

Mais qu'un ami passe par là et lui découvre le pot aux roses... qu'arrive-t-il ?

LE MARQUIS.

Il gifle sa femme, v'lan !

MUSEROLLE.

S'il est nerveux... mais, s'il est fort et digne, il passe un habit noir, c'est ce que j'ai fait... et il flanque à la porte son indigne compagne... Aussitôt la scène change. (Montrant le marquis.) Cet homme ridicule, conspué, ce vieux crétin pour tout dire en un mot, prend des proportions sérieuses, des teintes graves ; on le plaint, on le nomme conseiller municipal... C'est l'image du juste assis, calme et serein, sur les ruines de son foyer conjugal !

LE MARQUIS.

Bravo ! Il faut le dire ! voilà mon opinion !

LE BARROIS.

Mais c'est absurde !

MUSEROLLE.

Monsieur Le Barrois a la parole.

LE BARROIS, se levant.

Je suis invité à dîner en ville...

MUSEROLLE, surpris.

A midi?...

LE BARROIS.

Non, c'est une supposition... je suis invité à dîner en ville; le matin, la maîtresse de la maison a composé une crème au chocolat... dans laquelle est tombé un hanneton.

LE MARQUIS.

L'incident est regrettable.

LE BARROIS.

Un invité, un ami de la famille, le découvre dans son assiette, croyez-vous qu'il va dire au mari : « Méfie-toi, il y a un hanneton dans ton ménage?... » Non! c'est un homme du monde, il le retire et le renferme discrètement dans son sein. Qu'arrive-t-il? chacun mange sa crème, on félicite la femme, on félicite le mari, on félicite la cuisinière, et tout le monde est heureux.

LE MARQUIS.

Il a raison! on ne doit pas le dire, voilà mon opinion!

MUSEROLLE, au marquis.

Mais vous tournez comme un vieux moulin!

LE MARQUIS.

C'est ma conscience qui tourne... Qu'est-ce que la conscience? C'est le droit de tourner.

DUPAILLON.

Il y a d'ailleurs la question des enfants...

ACTE DEUXIÈME.

MUSEROLLE.

Je la gardais pour la bonne bouche.

LE MARQUIS.

Mon Dieu, que j'ai soif!

MUSEROLLE.

Messieurs... il y avait une fois un coq qui couvait.

LE MARQUIS.

Mais les coqs ne couvent pas!

MUSEROLLE.

C'est une supposition... un soi-disant ami de la maison lui fourre dans son nid un œuf de cane; il amène onze petits poulets... dont un canard; il élève ce fruit d'une provenance étrangère avec ses propres poussins, il le nourrit de son lait...

LE MARQUIS.

Les coqs n'ont pas de lait... ce sont les poules.

MUSEROLLE, se fâchant.

Mais puisque c'est une supposition! savez-vous ce que c'est qu'une supposition?

LE MARQUIS.

Non!

MUSEROLLE.

Eh bien... c'est une chose qu'on suppose!

LE MARQUIS.

Continuez... Je ne sais pas si ce sont les œufs, mais je meurs de soif.

MUSEROLLE, continuant.

Je reprends. Il le nourrit de son lait, il le met au collège, le fait recevoir bachelier, avocat... un canard! et comme il connait les lois, à la mort du coq, il prend sa part de la succession, au détriment des poulets légitimes! Eh bien, je vous le demande, messieurs, est-ce juste? est-ce moral?

LE MARQUIS.

Il a raison! on doit le dire, voilà mon opinion!

LE BARROIS et DUPAILLON.

Mais non!

MUSEROLLE et LE MARQUIS.

Mais si!

LE MARQUIS.

Oh! j'en ai assez de vos questions sociales : d'abord, quand on traite une question sociale, on boit! quand on ne boit pas, la question n'est pas sociale.

LE BARROIS.

C'est même à ça qu'on la reconnait.

LE MARQUIS, à Muserolle.

Je vais vous envoyer, pour nous départager, une personne d'un grand tact et d'un grand sens... et qui doit avoir fini de déjeuner. (A Le Barrois et Dupaillon.) Venez messieurs! (A part.) Il est ennuyeux aux heures des repas.

Ils entrent tous les trois au fond dans la salle à manger.

SCÈNE X.

MUSEROLLE, puis BLANCHE.

MUSEROLLE, seul.

Quel peut être ce monsieur d'un grand sens et d'un grand tact? Au reste, s'il n'est pas de mon avis, ça m'est égal; j'ai promis de le dire et je le dirai!

BLANCHE, entrant, un bouquet à la main.

Monsieur, le marquis me dit que vous voulez me parler.

MUSEROLLE, à part.

Tiens! c'est une femme, elle est rondelette. (S'avançant vers Blanche.) Certainement, madame... l'avis d'une jolie femme... (Poussant un cri.) Ma femme!

BLANCHE, stupéfaite, le reconnaissant.

Hein!... mon mari!

MUSEROLLE, avec colère.

Vous que j'ai quittée si maigre... Après ça, l'inconduite engraisse!

BLANCHE, de même.

En vous regardant, on croirait plutôt le contraire.

MUSEROLLE.

Madame!

BLANCHE.

Monsieur!

SCÈNE XI.

Les Mêmes, LE MARQUIS.

LE MARQUIS.

Eh bien! êtes-vous d'accord?

MUSEROLLE et BLANCHE.

Tout à fait.

LE MARQUIS, à Muserolle, lui indiquant Blanche.

Je vous présente ma femme...

MUSEROLLE, stupéfait.

Hein!... vous dites?

LE MARQUIS.

L'ange de mon foyer!... (A Blanche.) Venez, ma chère, le café refroidit.

BLANCHE, à part.

Quelle rencontre!

Elle sort avec le marquis.

SCÈNE XII.

MUSEROLLE, puis GARGARET, ET LA VOIX D'ALBERT.

MUSEROLLE, seul.

Sa femme!... de mon vivant!... Ah! c'est trop fort! (Boutonnant son habit.) Je vais chercher la gendarmerie! (Il sort, puis rentre aussitôt.) Pas si vite! on me forcerait peut-être à la reprendre!...

A ce moment entre Gargaret, traînant l'extrémité d'un ruban de roulette métrique, dont l'autre extrémité est tenue par Albert, qui reste dans coulisse.

GARGARET, mesurant.

Sept mètres vingt.

VOIX D'ALBERT, en dehors.

Tendez la roulette!

GARGARET.

Ça y est... (A Muserolle.) Je suis en train de me faire assurer... Et cette piste? tu n'as rien trouvé, n'est-ce pas? ma femme est honnête?

ACTE DEUXIÈME.

MUSEROLLE, distrait.

Honnête? Il n'y a pas de femme honnête!... Elle est remariée.

GARGARET.

Ma femme?

MUSEROLLE.

Non! Laisse-moi tranquille avec ta femme!

GARGARET.

Comment! tu me lâches après le service que je t'ai rendu?

MUSEROLLE.

Oui, je comprends ton impatience; mais, après la tuile qui me tombe sur la tête, je te reprendrai, sois tranquille. (Lui remettant un billet.) Tiens, pour le moment, voilà tout ce que je peux faire pour toi... J'espérais mieux, c'est un commencement.

GARGARET.

Qu'est-ce que c'est que ça?

MUSEROLLE.

Un billet doux adressé...

GARGARET.

A ma femme! un lendemain de noce! (Roulant le mètre autour de son bras.) Vite, que je lise!

ALBERT, en dehors.

Revenez, revenez!

Le ruban est tiré en dehors, Gargaret est obligé de lui obéir.

GARGARET, cherchant à résister.

Attendez. (Entraîné.) Je le lirai par là.

Il sort, entraîné par le ruban.

SCÈNE XIII.

MUSEROLLE, puis DUPAILLON.

Certainement je ne suis pas un lâcheur, mais, dame! quand on retrouve sa femme mariée à un autre... Quel toupet!... et quelles épaules! (Souriant.) Elle est devenue superbe!... Elle est rondelette... Ce n'est pas à moi qu'elle aurait fait le plaisir d'être rondelette! Elle me condamnait à un maigre perpétuel.

DUPAILLON, entrant mystérieusement et allant vivement à Muserolle.

C'est vous que je cherche, monsieur.

MUSEROLLE.

Moi?

DUPAILLON.

J'ai eu l'imprudence de glisser un billet dans ma canne...

MUSEROLLE.

Ah! ah!... c'est vous?

DUPAILLON.

J'aime la marquise.

MUSEROLLE.

Hein!... la marquise? et vous venez me dire ça, à moi!

DUPAILLON.

Qu'est-ce que ça vous fait?

MUSEROLLE.

Comment, ce que ça me fait!

DUPAILLON.

Vous n'êtes pas son mari.

MUSEROLLE.

Si... Non!... pas pour le moment.

DUPAILLON.

Maintenant, je viens vous dire ceci : si vous prononcez un mot, un seul, qui puisse compromettre la réputation de Blanche...

MUSEROLLE.

Blanche? Je vous défends de l'appeler Blanche!

DUPAILLON.

Mettons la marquise.

MUSEROLLE.

A la bonne heure!

DUPAILLON.

C'est avec moi qu'il faudra compter... et je vous préviens que je ne badine pas! Vous me comprenez?

MUSEROLLE.

Parfaitement; c'est une affaire... (A part.) Au fait, puisqu'elle a épousé le marquis, c'est lui que ça regarde maintenant, il endosse tout; je n'ai pas le droit de me battre pour la femme d'un autre... Et moi qui ai remis le billet à Gargaret!

DUPAILLON.

Qu'avez-vous décidé?

MUSEROLLE, avec force.

Je maintiens carrément mon opinion! Il faut le dire! mais... je ne le dirai pas.

DUPAILLON, le remerciant.

Ah! monsieur!

MUSEROLLE.

Je suis très-carré.

DUPAILLON.

Ainsi, vous me promettez le secret?

MUSEROLLE.

Parfaitement, ne vous gênez pas! Je trouve ça très-drôle maintenant. (Riant.) Ce pauvre marquis! il a une si bonne tête!

DUPAILLON, riant.

Ça, c'est vrai!

MUSEROLLE.

Une tête chauve... toute préparée pour la plantation.

Tous deux se mettent à rire.

LE MARQUIS, entrant par le fond.

Tudieu! quelle gaieté!

MUSEROLLE.

Ah! le voilà! je suis content de le voir!

LE MARQUIS.

Qu'est-ce qui vous faisait rire?

MUSEROLLE.

Rien, ça ne vous amuserait pas...

LE MARQUIS.

Dites, dites...

DUPAILLON

Nous... nous faisions une charade.

LE MARQUIS.

Ah! Laquelle? Je les devine toutes.

ACTE DEUXIEME.

MUSEROLLE.

Attendez... nous allons rire !... Mon premier est un oiseau vigilant...

DUPAILLON, à part.

C'est coq.

LE MARQUIS.

Allez !

MUSEROLLE.

Mon second est une lettre de l'alphabet...

DUPAILLON, à part.

Est-ce qu'il ne va pas se taire ?

LE MARQUIS.

Allez toujours.

MUSEROLLE

Et mon tout ?...

LE MARQUIS

Votre tout ?

MUSEROLLE.

Demandez à M. Dupaillon... il vous dira ça de première main... (A part.) Je vais détromper Gargaret. (Haut, au marquis en sortant.) Vous ne la devinerez pas, allez !

Il disparaît.

LE MARQUIS.

C'est ce que nous verrons. (A Dupaillon.) Voyons... votre tout ?

DUPAILLON, à part.

Il me laisse là avec une charade sur les bras.

LE MARQUIS.

Eh bien, votre tout ?

DUPAILLON.

Eh bien... mon tout... est un ouvrier charpentier. (A part.) Cherche!

Il sort vivement.

LE MARQUIS, seul.

J'ai deviné!... C'est Pierre le Grand! L'oiseau vigilant, c'est pie, la lettre de l'alphabet R, ça fait Pi-erre, et l'ouvrier charpentier, c'est Pierre le Grand!... Je les devine toutes... c'est un don... Mais quittons ces folies; il faut que j'aie avec Blanche une conversation sérieuse et définitive.

SCÈNE XIV.

LE MARQUIS, BLANCHE.

BLANCHE, entrant par la gauche.

Oh! c'est vous, mon ami!

Le marquis la fait asseoir sur le divan, à droite.

LE MARQUIS.

Oui, Blanche; vous quittez votre nièce : est-ce que la vue de cette jeune épouse, l'aspect de ce couple gracieux ne vous a pas fait venir une pensée?

BLANCHE.

Quelle pensée?

LE MARQUIS, s'asseyant.

Celle de régulariser notre situation... car, mariés selon les lois de la nature, nous ne le sommes pas selon les lois du monde.

BLANCHE, se levant.

Chut! si l'on vous entendait!...

ACTE DEUXIÈME.

LE MARQUIS.

Je me figure quelquefois que, si le ciel n'a pas béni notre union, c'est qu'elle n'est pas légitime.

BLANCHE.

Oh! non! ça ne tient pas à ça!

LE MARQUIS.

Blanche, pourquoi ces lenteurs qui durent depuis dix ans?... car il y a dix ans que je vous connus pour la première fois, à Mosquitos, où vous étiez venue donner des leçons de piano à un franc le cachet.

BLANCHE.

Élève du Conservatoire, un... accident, arrivé dans ma famille, m'avait réduite à cette extrémité.

LE MARQUIS.

Oui, je sais... C'est alors que, touché de vos chastes grâces, j'eus l'ingénieuse pensée de vous demander quelques leçons de piano... à deux francs.

BLANCHE.

Je n'oublierai jamais vos bontés.

LE MARQUIS.

Doux souvenirs! nos mains se rencontraient sur les touches d'ivoire, nos pieds sur la pédale d'étouffement, et vous poussiez des petits cris aigus...

BLANCHE.

C'étaient vos bottes, mon ami.

LE MARQUIS.

Heures pleines de poésie et de laisser aller, où vous m'avouâtes que vous étiez demoiselle...

BLANCHE.

Dame!

LE MARQUIS.

C'est-à-dire libre de votre cœur et de votre main... (Soupirant.) Le cœur, vous me l'avez donné... mais la main, je l'attends toujours.

BLANCHE.

Plus tard... nous verrons... (A part.) Il tombe bien... et Muserolle!

LE MARQUIS.

Toujours des atermoiements! Tenez, parfois il me vient des soupçons... je crois que vous en aimez un autre! et alors!... (Il tousse.) C'est mon cure-dents!

BLANCHE.

Ah! Inès! vous me brisez... vous me faites bien du mal!

LE MARQUIS.

Ah! pardon! je blasphème!... (Il tousse de nouveau.) Le temps va changer... mais, alors, épousez-moi...

BLANCHE, embarrassée.

J'y songe... je m'en occupe... j'attends le consentement de ma famille.

LE MARQUIS.

Ta ta ta!

BLANCHE.

En France, ce n'est pas comme dans votre pays, vous vous mariez sous un palmier, et tout est dit.

LE MARQUIS.

C'est bien plus simple. Mais je suis las de cette vie irrégulière, de cette vie de cascadeur... il faut que ça finisse! Je vous donne jusqu'à demain matin pour réfléchir...

Il remonte.

BLANCHE.

Inès !

LE MARQUIS.

Jusqu'à demain matin !

BLANCHE.

Inès ! Écoutez-moi.

Il sort majestueusement par le fond.

SCÈNE XV.

BLANCHE, puis MUSEROLLE, puis LE MARQUIS.

BLANCHE, seule.

Jusqu'à demain matin. Eh bien, et l'autre ! Je le croyais perdu, disparu, et il revien', tout exprès pour m'être désagréable... Il va me demander des explications, et le marquis qui m'a présentée comme sa femme !

Elle s'appuie à gauche contre un meuble.

MUSEROLLE, entrant à gauche et à part.

Je viens de détromper Gargaret, il est complétement rassuré, mais ça se retrouvera...

BLANCHE, l'apercevant.

Lui !

MUSEROLLE, à part.

Mon ex !... (Gaiement.) Soyons Louis XV. (Haut.) Madame la marquise, je bénis l'heure propice qui me permet de vous faire ma cour. (A part.) Elle est devenue superbe !

BLANCHE.

Ah ! monsieur, qu'allez-vous penser de moi ?

MUSEROLLE, avec galanterie.

Je pense que vous avez engraissé et que vous êtes magnifique...

BLANCHE

Le marquis vous a tout à l'heure annoncé une nouvelle.

MUSEROLLE, vivement

Qui m'a transporté de joie!

BLANCHE, étonnée.

Ah bah!

MUSEROLLE.

J'aime bien mieux cela! Ça ne me regarde plus!..

BLANCHE.

Comment?

MUSEROLLE.

C'est lui qui endosse tout, puisque vous portez son nom... moi, j'ai passé la main.

BLANCHE, à part.

Il prend bien la chose.

MUSEROLLE

Et même, s'il faut vous l'avouer... en vous regardant... il me pousse des idées...

BLANCHE

Que voulez-vous dire?

MUSEROLLE.

Mon Dieu, je ne sais comment vous expliquer... il y a dans la littérature française certains ouvrages qu'on a lus dans la jeunesse... et qu'on aime à relire dans l'âge mûr. Ainsi Corneille, Molière, *les Femmes savantes*... (Finement.) On aime toujours à relire *les Femmes savantes*.

BLANCHE.

Voulez-vous vous taire!

MUSEROLLE.

Ah! vous avez compris!

BLANCHE.

Mais non!

MUSEROLLE.

Franchement, vous êtes souverainement belle! dites donc, ça serait bien drôle... mais bien drôle... Aimez-vous toujours le champagne?

BLANCHE.

Ah çà! vous voulez donc me reprendre?

MUSEROLLE.

Voyons... ne dites pas de bêtises.

BLANCHE.

A qui croyez-vous donc parler? sortez, monsieur.

MUSEROLLE.

Ah! non! il ne faut pas me la faire!

BLANCHE.

Comment!

MUSEROLLE.

Je suis Muserolle!... ancien naufragé de *la Méduse!*

BLANCHE.

C'est qu'en vérité vous avez une façon si peu convenable de vous exprimer...

MUSEROLLE.

Dame!... entre nous... nous sommes de vieilles connaissances... (Lui prenant la main.), et je pourrais faire valoir

mes titres. (Regardant la main de Blanche.) Tiens!... mais c'est
a bague que je vous ai donnée, ça?

BLANCHE.

Oui... je l'ai conservée... est-ce que cela vous contrarie?

MUSEROLLE.

Pas précisément... mais j'aimerais autant qu'elle ne fût
pas là...

BLANCHE.

Pourquoi?

MUSEROLLE.

Dame, elle porte mon nom... et il est inutile de me
faire assister à toutes vos petites... fragilités.

BLANCHE.

Ah! je n'y tiens pas!

MUSEROLLE.

Alors, rendez-la-moi

BLANCHE.

Bien volontiers. (Elle fait de vains efforts pour tirer l'anneau
de son doigt.) C'est que... je ne peux pas...

MUSEROLLE

Attendez, je vais vous aider. (Il tire de toutes ses forces pour
avoir la bague; avec admiration.) Sapristi! comme vous avez
engraissé!...

BLANCHE.

Ce n'est pas ma faute.

MUSEROLLE.

Elle est incorporée... mais avec un peu de travail... Tenez bon!... ferme...

Il tire de nouveau.

LE MARQUIS, entrant et les apercevant.

Corbleu ! qu'est-ce que c'est que ça ?

BLANCHE, retirant vivement sa main, et bas, à Muserolle.

Imprudent !

MUSEROLLE, à part.

Le mari !

SCÈNE XVI.

MUSEROLLE, BLANCHE, LE MARQUIS.

BLANCHE, au marquis, avec aplomb.

Entrez donc, mon ami, vous n'êtes pas de trop.

LE MARQUIS.

Ah ! vraiment ?... j'aurais cru...

BLANCHE.

Voilà M. Muserolle qui prétend lire l'avenir dans les lignes de la main... il me disait ma bonne aventure.

MUSEROLLE.

Mon Dieu, oui, je... (A part.) Elle est très-fine... nous roulons le mari !

LE MARQUIS, à part.

Ils me prennent pour une bête. (Haut et brusquement à Muserolle, lui tendant la main.) Dites-moi aussi ma bonne aventure !

MUSEROLLE, à part.

Aïe ! (Haut.) Voilà, marquis. (Examinant la main.) Voici la ligne de la bonté.

LE MARQUIS, avec colère.

Passez! je ne suis pas bon.

MUSEROLLE.

Celle de la droiture... qui va en biais... voilà la ligne de l'esprit... elle correspond avec toutes les autres.

LE MARQUIS, grinçant des dents.

Comme les omnibus du boulevard!

MUSEROLLE.

Oui, marquis.

LE MARQUIS, retirant brusquement la main.

C'est bien! laissez-nous.

MUSEROLLE.

Mais, marquis...

LE MARQUIS.

Je vous dis de nous laisser!

Il frappe du pied.

MUSEROLLE.

Oui, marquis. (S'approchant de Blanche et la saluant.) Madame... (Bas.) Je crois qu'il a des soupçons.

LE MARQUIS.

Vous êtes encore là?

MUSEROLLE.

Je saluais madame. (A Blanche.) Je vous prie d'agréer l'expression de mon hommage le plus respectueux.

Il sort.

SCÈNE XVII.

LE MARQUIS, BLANCHE.

LE MARQUIS, éclatant.

Enfin il est parti! Madame, remettez-moi cette bague que votre amant vient de vous passer au doigt.

BLANCHE.

Comment?

LE MARQUIS.

J'ai tout vu, madame, cette bague?

BLANCHE, lui tendant la main.

Eh bien, soit, prenez-la... si vous le pouvez...

LE MARQUIS.

Nous allons bien voir. (Il fait des efforts pour retirer la bague.) Eh bien!... sapristi!... elle est incrustée!... Où est mon sabre?

BLANCHE, retirant sa main.

Ah! non!... Inès, ne voyez-vous pas, grand enfant, que si M. Muserolle venait de me passer cette bague au doigt elle sortirait facilement?...

LE MARQUIS.

Le fait est que...

BLANCHE, avec dignité.

Cet anneau me vient de famille... Je le porte depuis mon enfance...

LE MARQUIS.

Mais alors, quel est ce M. Muserolle qui vous serre les mains avec tant de familiarité?

BLANCHE.

C'est... c'est un parent... c'est mon oncle!

LE MARQUIS, surpris.

Votre oncle?

BLANCHE.

Le propre frère de ma mère...

LE MARQUIS.

Vous ne m'en avez jamais parlé.

BLANCHE.

Oh! jamais! il me l'avait trop recommandé! (A demi-voix.) Il a des motifs pour se cacher.

LE MARQUIS.

Ah! lesquels!

BLANCHE.

Des motifs qu'on ne peut pas dire... des motifs supérieurs!... vous comprenez?...

LE MARQUIS.

Oui, oui, parfaitement.

BLANCHE.

Vous le respecterez... vous l'aimerez,... car c'est tout ce qui me reste de ma famille.

LE MARQUIS.

Ah! c'est tout ce qui vous reste...? Tiens! j'ai une idée

BLANCHE, inquiète.

Que voulez-vous faire?

ACTE DEUXIÈME.

LE MARQUIS.

Laissez-moi, vous le saurez bientôt...

BLANCHE, à part.

Il m'effraie avec ses idées. (Haut.) A tout à l'heure. (À part, en sortant.) Comment faire prévenir Muserolle?

Elle disparaît.

SCÈNE XVIII.

LE MARQUIS, UN DOMESTIQUE, puis MUSEROLLE.
Le marquis va à la cheminée et sonne, un domestique paraît.

LE MARQUIS.

Priez M. Muserolle de venir me parler. (Le domestique sort par le fond. — Gaiement.) Je vais lui demander la main de sa nièce! De sa nièce... je vais lui demander la main!

MUSEROLLE, entrant craintif.

Vous désirez me parler, marquis?

LE MARQUIS.

Oui... bon vieillard.

MUSEROLLE.

Hein?

LE MARQUIS.

Je connais les liens qui vous unissent à Blanche.

MUSEROLLE, étonné.

Comment! elle vous a dit?

LE MARQUIS.

Tout... et je vous aime déjà comme un oncle.

MUSEROLLE.

Pourquoi comme un oncle? (Le marquis l'embrasse. — A part.) C'est une bonne nature... il n'est pas jaloux de son prédécesseur...

LE MARQUIS.

Vous connaissiez Blanche.

MUSEROLLE.

Oh! oui! et avant vous!

LE MARQUIS.

Pauvre enfant, je l'ai entraînée dans l'abime!

MUSEROLLE.

Le fait est que vous avez été un peu légers tous les deux... moi vivant; ce n'est pas un reproche... ça me va.

LE MARQUIS.

Je suis prêt à réparer mes torts...

MUSEROLLE, à part.

Est-ce qu'il va m'offrir une indemnité? je ne l'accepterai pas... à moins qu'elle ne soit énorme!

LE MARQUIS, très-ému.

Mon ami...

MUSEROLLE.

J'écoute...

LE MARQUIS.

Au nom du ciel accordez-moi la main de Blanche?

MUSEROLLE, étonné.

Quoi? la main de Blanche?

LE MARQUIS.

Je serais fier de lui donner mon nom!

ACTE DEUXIÈME.

MUSEROLLE, bondissant.

Comment, vous n'êtes donc pas mariés?

LE MARQUIS.

Mais non!

MUSEROLLE, arpentant la scène, très-contrarié.

Ah! sapristi!... mais ça ne me va plus!... alors c'est moi qui porte tout!

LE MARQUIS.

Tout quoi?

MUSEROLLE, à part.

Le chancelier... et ce vieil imbécile!

LE MARQUIS.

Vous paraissez contrarié...

MUSEROLLE.

On le serait à moins! Quand c'était vous, ça m'amusait... mais maintenant! Écoutez, il faut la surveiller mieux que ça : j'y tiens, je le veux!

LE MARQUIS.

Quoi?

MUSEROLLE.

Eh bien, entre nous, vous ne veillez pas assez au grain.

LE MARQUIS.

Quel grain?

MUSEROLLE.

Je ne veux pas déprécier Blanche... mais c'est une petite... comment dirai-je? c'est une petite changeante.

LE MARQUIS, sans comprendre.

Changeante?

MUSEROLLE.

Enfin, elle papillonne.

LE MARQUIS.

Je ne comprends pas.

MUSEROLLE.

Eh bien, elle a des intrigues.

LE MARQUIS, hors de lui, arpentant la scène.

Blanche! l'ange de mon foyer! (Prenant Muserolle au collet.) Monsieur, c'est une calomnie!... Une preuve! une preuve.

MUSEROLLE.

Pas de colère!... Dans trois minutes, vous en aurez une!...

LE MARQUIS.

C'est bien; je l'attends... Mais rappelez-vous que, si vous ne me fournissez pas cette preuve... vous apprendrez à me connaître... Je suis terrible!... (Avec calme.) Quelle heure avez-vous?

Il tire sa montre.

MUSEROLLE, tirant aussitôt la sienne.

Cinq heures moins sept.

LE MARQUIS.

Vous avez dit, trois minutes... à cinq heures moins quatre... je serai ici. (De la porte.) Je suis terrible!

Il sort.

SCÈNE XIX.

MUSEROLLE, puis GARGARET et ALBERT.

MUSEROLLE, seul.

Des preuves! c'est bien simple... je vais redemander le billet à Gargaret.

ALBERT, entrant suivi de Gargaret; il ferme le carnet qu'il tient à la main.

Voilà l'estimation terminée.

GARGARET, gaiement.

Maintenant, je puis brûler tous mes voisins. (A Albert.) Quand m'enverras-tu ma police?

ALBERT.

Quand tu voudras... demain...

MUSEROLLE, étonné.

Tiens, vous vous tutoyez?...

GARGARET, à Muserolle.

Oui. Figure-toi qu'en arpentant la maison, il a découvert que nous étions parents...

ALBERT.

Petits-cousins...

GARGARET.

Et, comme entre cousins on se tutoie, je lui ai dit Veux-tu?... » il m'a répondu : « Si tu veux ; » et ça 'est fait comme ça.

MUSEROLLE.

Oui, ça se fait toujours comme ça. (A part, désignant Albert.) Voilà un petit que je vais mettre en surveillance. (A Gargaret.) Dis donc, rends-moi le billet que je t'ai donné tout à l'heure.

GARGARET.

Le billet? pour quoi faire?

MUSEROLLE.

J'en ai besoin.

GARGARET.

Je ne l'ai plus... (Bas.) Comme il s'agissait de ma tante, je l'ai brûlé.

MUSEROLLE.

Brûlé! patatras!... me voilà gentil!

SCÈNE XX.

Les Mêmes, LE MARQUIS, BLANCHE, LUCIE, puis DUPAILLON, puis UN DOMESTIQUE.

BLANCHE, entrant avec tout le monde.

Charmante journée!... ces ombrages sont d'une fraîcheur...

GARGARET, BLANCHE et LUCIE.

Ah! c'est bien vrai!... ah! c'est bien vrai!

LE MARQUIS s'est rapproché de Muserolle et lui présente sa montre, bas.

Moins quatre!... où sont vos preuves?

MUSEROLLE, bas.

Désolé, marquis... elles sont brûlées.

LE MARQUIS, bas.

C'est bien... Demain, à cinq heures, vous recevrez mes témoins.

MUSEROLLE.

A cinq heures... mais je ne suis pas levé!

LE MARQUIS, remontant.

Charmante journée!... ces ombrages sont d'une fraîcheur!...

DUPAILLON, entrant vivement par la gauche et descendant près de Muserolle, à voix basse.

Monsieur, je vous croyais un galant homme... Demain, à cinq heures, vous recevrez mes témoins. (Haut, remontant.) Charmante journée!... ces ombrages sont d'une fraîcheur!

MUSEROLLE, à part.

Deux duels! ah! mais ma femme m'ennuie avec sa collection. (Bas, à Blanche.) Je vais vous faire fourrer tous en police correctionnelle.

BLANCHE, bas.

Ah! monsieur!

UN DOMESTIQUE, annonçant.

Madame est servie.

BLANCHE, bas, à Muserolle.

Le marquis se couche à huit heures et demie... venez ce soir à neuf heures.

MUSEROLLE, la regardant tendrement.

J'y serai... chère enfant... (A part, avec enthousiasme.) Elle est devenue superbe!...

Le marquis sort par le fond avec Blanche à qui il donne le bras. — Dupaillon les suit.

GARGARET, à Albert.

Albert, le bras à ma femme. (Albert offre son bras à Lucie et remonte avec elle. Gargaret s'adresse à Muserolle et lui montre Albert qui sort avec Lucie.) C'est un ami, celui-là ! il a promit de me le dire... ce n'est pas un lâcheur !

ACTE TROISIÈME.

Le cabinet de Gargaret. — Au fond, grand vitrage avec rideaux verts, une porte donnant sur les magasins. — Portes latérales, troisième plan. — A gauche deuxième plan, une cheminée, du même côté; au premier plan, une armoire dans la boiserie. — A droite au deuxième plan, une autre porte; du même côté, premier plan, un table recouverte d'un tapis vert, avec tout ce qu'il faut pour écrire. — Près de la table, au fond, une presse à copier les lettres

SCÈNE PREMIÈRE.

MUSEROLLE, DOMINIQUE.

Au lever du rideau, Dominique est à la presse qui est au bout de la table.

VOIX, dans la coulisse.

Dominique! Dominique!

MUSEROLLE, assis à la table et écrivant.

Vous n'entendez donc pas? on vous appelle.

DOMINIQUE.

Je passe le copie-lettres sous la presse

VOIX, au dehors.

Dominique! Dominique!

DOMINIQUE.

Voilà! voilà! je ne peux pas être partout à la fois.
_{Il sort après avoir posé le copie-lettres sur la table.}

MUSEROLLE, seul, se levant et agitant sa lettre pour la faire sécher.

Ce n'est pas sec... Elle m'avait dit : « Je couche le marquis à huit heures et demie, venez à neuf... » Alors j'ai acheté un chapeau... chacun a son amour-propre... je me suis rendu au rendez-vous, et. . je n'aime pas à compromettre les femmes... (Souriant.) Elle a été très-gentille!... très-gentille... Nous avons pris une tasse de thé... jusqu'à deux heures du matin... et nous avons causé... causé comme autrefois! c'est vraiment une femme charmante... (Riant.) Pauvre marquis! elle m'a fait promettre de ne pas révéler le secret de notre mariage... ça me va parfaitement... Il n'y a qu'un nuage dans cette soirée délicieuse : j'ai perdu mon couteau... j'y tiens... j'irai le chercher ce soir... je lui ai écrit un mot... badin, pour la prévenir de ma visite. (Lisant sa lettre.) « Ma grosse poularde... as-tu trouvé sur le tapis de ta chambre un couteau avec une scie, une lime et un tire-bouchon? »

VOIX DU MARQUIS, au dehors.

Dans le bureau? bien, j'y vais!...

MUSEROLLE.

Le marquis! fichtre! cachons ça! (Il aperçoit le copie-lettres sur la table, l'ouvre vivement, y met sa lettre et s'assoit dessus, à part.) Le voilà!... il était temps!

SCÈNE II.

MUSEROLLE, LE MARQUIS, puis JULIETTE.

Le marquis paraît au fond; il tient à la main l'ordre de la Grande Pivoine jaune et s'avance en souriant vers Muserolle.

MUSEROLLE, apercevant la décoration, à part.

Il va me décorer!... il ne perd pas de temps!

LE MARQUIS, à Muserolle.

Je connais votre noble conduite... et je viens attacher à votre boutonnière cette distinction que vous avez si bien méritée!

Il attache la pivoine à la boutonnière de Muserolle.

MUSEROLLE.

Ah!... que de bontés!

LE MARQUIS.

C'est cinquante francs...

MUSEROLLE.

Cinquante francs! (A part.) Eh bien, je ne les regrette pas! (Fouillant à sa poche.) Pardon... j'ai oublié mon porte-monnaie.

LE MARQUIS, à part.

Comme les autres! (Haut, lui reprenant la décoration.) Eh bien, mon ami, nous recauserons de cette affaire; quant à notre petit différend... la marquise m'a tout expliqué.

MUSEROLLE, étonné.

Ah!... elle a eu l'obligeance...

LE MARQUIS.

Ce que vous avez fait... je l'aurais fait moi-même...

MUSEROLLE.

Ah! marquis!

LE MARQUIS.

Il y a des circonstances où la délation, s'appuyant sur un dévouement sans borne, devient de l'abnégation.

MUSEROLLE, s'inclinant.

Ah! marquis! (A part.) Qu'est-ce qu'elle a pu lui dire?

LE MARQUIS.

J'ai hâte d'arriver à mes affaires privées... J'épouse Blanche, vous êtes son témoin.

MUSEROLLE.

Moi?

LE MARQUIS.

C'est son vœu... Quant au cadeau que vous avez l'intention de lui faire...

MUSEROLLE.

Moi?

LE MARQUIS

En qualité d'oncle...

MUSEROLLE.

Comment! elle vous a dit...?

LE MARQUIS.

Soyez tranquille, je ne vous trahirai pas... je connais les motifs qui vous forcent à vous cacher... Quant au cadeau, nous ne voulons pas que vous fassiez des folies.. vous donnerez simplement le bouquet de fleurs d'oranger...

MUSEROLLE.

Ça va.

ACTE TROISIÈME.

LE MARQUIS.

Avec un nœud de diamants...

MUSEROLLE.

Ah! mais...

LE MARQUIS.

C'est son vœu.

MUSEROLLE.

Va pour le nœud de diamants!... mais le jour du mariage... pas avant!...

JULIETTE, paraît au fond.

Monsieur le marquis!

LE MARQUIS, à Juliette

Qu'est-ce que c'est?

JULIETTE.

C'est le valet de chambre de M. le marquis qui voudrait lui parler tout de suite... il dit que c'est urgent.

LE MARQUIS.

Urgent? Une forte commande de guano, peut-être. (A Muserolle.) Vous permettez que je voie?

MUSEROLLE.

Faites donc, marquis, faites donc.

LE MARQUIS.

Je reviens.

Il sort par le fond, suivi de Juliette.

SCÈNE III.

MUSEROLLE, puis ALBERT

MUSEROLLE, seul.

Elle me fait passer pour son oncle... ça me donne mes entrées... elle est très-forte! mais le nœud de diamants est de trop... nous en causerons ce soir... A propos, et ma lettre que j'oublie...

Il la retire du copie-lettres.

ALBERT, du dehors.

J'y vais.

MUSEROLLE, écoutant.

Allons! encore quelqu'un! Je l'enverrai tout à l'heure...

Il plie sa lettre en quatre et la met dans la poche de son gilet. — Albert entre par la gauche; il est nu-tête, porte des papiers à la main et une plume derrière l'oreille.

ALBERT, allant à la table, où il range des papiers, tout en chantonnant.

Tu tu tu tu...

MUSEROLLE.

Ah! ah! vous voilà tout à fait installé chez M. Gargaret

ALBERT, assis à la table.

Mon Dieu, oui... Tu tu tu tu...

MUSEROLLE, s'asseyant à la table.

Comme commis de confiance?

ALBERT, même jeu.

Comme commis de confiance. Tu tu tu tu...

ACTE TROISIÈME.

MUSEROLLE.

C'est très-commode. (Chantonnant.) Tonton tontaine tonton ! Nourri, chauffé, logé... c'est très-commode. (Chantonnant.) Tonton tontaine tonton !

ALBERT.

Commode? Pourquoi?

MUSEROLLE.

Oh! pour rien... (Chantonnant.)
  Le cerf rentre dans la maison,
   Tonton tontaine tonton !

ALBERT, se levant.

J'espère, monsieur, que vous ne me faites pas l'injure de supposer...?

Il se rassied.

MUSEROLLE, se levant.

Je ne suppose pas... Je suis sûr.

ALBERT.

Sûr.. de quoi?

MUSEROLLE.

Vous faites la cour à madame Gargaret.

ALBERT, jouant l'indignation.

Moi? par exemple! Vous vous trompez, monsieur; je n'éprouve pour madame Gargaret qu'un profond sentiment de respect... et pour son mari une affection dévouée qui doit faire tomber tous les soupçons.

MUSEROLLE.

Ah! je connais cet air-là!... on me l'a joué... Tenez, je ne veux pas vous prendre en traître... J'ai une mission.

ALBERT.

Laquelle?

MUSEROLLE, gaiement.

C'est de vous pincer.

ALBERT.

Ah!... et après?

MUSEROLLE.

De prévenir Gargaret.

ALBERT.

Merci!... seulement vous ne me pincerez pas.

MUSEROLLE.

Oh! que si!.

ALBERT.

Oh! que non!

MUSEROLLE.

Vous ne me connaissez pas! Vous me trouverez partout, dans les armoires, dans les placards, dans les cheminées.

ALBERT, se moquant.

Et dans les tabatières! (A part.) Comment me dépêtrer de ce crampon-là? (Haut.) Je vous remercie toujours d me prévenir.

MUSEROLLE.

Oh! ça ne vous sauvera pas. L'amour, voyez-vous, c'est comme le musc... on ne le cache pas longtemps.

ALBERT.

Tiens!...

MUSEROLLE.

Quoi?

ALBERT.

Rien!... (A part.) C'est une idée!

SCÈNE IV.

Les Mêmes, GARGARET.

GARGARET, entrant par le fond avec une petite caisse à la main.

Bonjour, Muserolle. (A Albert.) Une caisse d'échantillons à expédier, grande vitesse.

ALBERT, prenant la caisse.

Bon.

GARGARET.

Le facteur n'est pas venu?

ALBERT.

Non.

GARGARET.

J'attends une lettre de Chéradame, de Nantes... il m'écrit : « Envoyez-moi cinq cents kilos de bougies... » Je les envoie... alors, je lui écris : « Envoyez-moi de l'argent... » Il ne me répond plus... Est-il bête!

ALBERT.

Ce ne peut-être qu'un retard.

GARGARET, à Muserolle.

Eh bien, toi, tu es rentré à une belle heure cette nuit...

MUSEROLLE, embarrassé.

Hum! oui... j'ai été voir les illuminations des magasins du *Printemps*... c'est superbe, c'est... (Il éternue.) Tiens, je me suis enrhumé!

Il remonte.

ALBERT, à Gargaret.

J'ai dépouillé la correspondance... tout le monde se plaint que ta bougie coule...

GARGARET.

Qu'est-ce que tu as répondu?

ALBERT.

Que c'était un signe de bonne qualité... Il n'y a que les mauvaises bougies qui ne coulent pas.

GARGARET.

Très-bien! voilà un ami! piocheur et désintéressé! il dépouille ma correspondance, il tient mes écritures... et qu'est-ce qu'il réclame pour son salaire? Rien... une poignée de main! (Avec émotion.) Veux-tu de l'augmentation?

ALBERT.

Oui! donne-moi les deux!

GARGARET.

Les voici! Brave ami!

Il se serrent les mains.

MUSEROLLE, à part.

Je n'ai jamais été si bête que ça, moi!

GARGARET, à Albert.

Mais tu n'as pas affaire à un ingrat... Je rumine certain petit projet...

SCÈNE V

Les Mêmes, LE MARQUIS

Le marquis entre par le fond. Il est tout bouleversé.

LE MARQUIS, à Muserolle et à Gargaret.

Il faut que je vous parle... à l'instant, sans témoins...

MUSEROLLE, à part.

Ah! mon Dieu! qu'est-ce qu'il a?

LE MARQUIS, à Albert.

Vous, vous n'en êtes pas!

GARGARET, à Albert.

Va faire partir la caisse.

ALBERT.

A l'instant. (Il prend la caisse et remonte au fond. — A part, regardant Muserolle.) Ah! tu veux m'espionner, toi!...

LE MARQUIS

Mes amis...

ALBERT.

Je cours chez le pharmacien.

Il disparaît.

SCENE VI.

LE MARQUIS, MUSEROLLE, GARGARET.

GARGARET, au marquis.

Voyons... qu'est-ce qu'il y a?

LE MARQUIS.

Eh bien, ça y est! (A Muserolle.) Vous aviez raison... ma femme papillonne.

MUSEROLLE.

Encore!

LE MARQUIS.

Comment, encore?

MUSEROLLE.

Non... Je veux dire... encore des soupçons!

LE MARQUIS.

Ah! cette fois, je suis sûr de ce que j'avance...

GARGARET, à part.

Quelle famille, mon Dieu, quelle famille!

LE MARQUIS.

Vous êtes mes amis, mes parents... et je viens vous demander...

MUSEROLLE.

De vous servir de témoins?

LE MARQUIS.

Non! Je ne veux pas me battre.

GARGARET, étonné.

Ah!

ACTE TROISIÈME.

LE MARQUIS.

Je compte le tuer à coups de revolver... comme un chien...

MUSEROLLE.

Mais c'est défendu...

LE MARQUIS.

Comme ambassadeur, je ne serai pas poursuivi... Je suis inviolable.

GARGARET.

Tiens, c'est commode.

MUSEROLLE.

Et connaissez-vous le délinquant?

LE MARQUIS.

Pas encore; mais je compte sur vous pour m'aider à le découvrir... On ne se méfiera pas de vous... et, dès que vous apprendrez quelque chose, vous viendrez me le dire...

MUSEROLLE.

C'est convenu.

LE MARQUIS.

Jurez-le-moi!

GARGARET, étendant la main.

Oh! ça... nous le jurons!

MUSEROLLE, étendant la main.

Voilà!

LE MARQUIS.

Maintenant, j'ai là quelque chose qui pourra vous mettre sur la voie... une pièce à conviction que la femme de chambre a trouvée dans le boudoir de ma femme. (Tirant un couteau de sa poche.) Voilà!

MUSEROLLE, à part.

Mon couteau!

GARGARET, examinant le couteau de Muserolle.

Mais c'est...

MUSEROLLE, vivement, rendant le couteau au marquis.

Ça, c'est un couteau espagnol.

GARGARET, à part.

Ah bah!

MUSEROLLE.

Il faut chercher à l'étranger.

LE MARQUIS, examinant la lame.

Il y a une inscription sur la lame.

MUSEROLLE, avec aplomb.

De l'espagnol.

LE MARQUIS, lisant.

« Dupont... à Paris, rue Vivienne... » Le nom du fabricant... Je cours chez le coutelier.

Il remonte.

GARGARET, à part.

Avec tout cela, il ne parle pas de la dot... (Haut.) Dites donc, marquis, et la dot?

LE MARQUIS.

Je n'ai pas le temps.

Il sort vivement.

MUSEROLLE, à part.

Il y a quatorze ans que j'ai acheté ce couteau-là, je suis bien tranquille.

SCÈNE VII.

GARGARET, MUSEROLLE.

GARGARET.

Est-il possible? toi! ma tante!

MUSEROLLE.

Mon ami, ne va pas te figurer des choses... il n'y a rien...

GARGARET.

S'il n'y a rien, il faut le dire au marquis.

MUSEROLLE.

Garde-t'en bien!

GARGARET.

Alors il y a quelque chose... et, s'il y a quelque chose il faut encore le dire au marquis... nous l'avons juré.

MUSEROLLE.

Oh! ces serments-là...

GARGARET.

Mon ami, je suis très-carré, moi... quand ta femme t'a... bon! je te l'ai dit... et, maintenant qu'il s'agit de l'honneur de ma famille, je me tairais?

MUSEROLLE.

D'abord, je ne sais pas de quoi tu te mêles!.. Blanche n'est pas la femme du marquis.

GARGARET.

Comment! ils ne sont pas mariés?

MUSEROLLE.

Non!

GARGARET.

Quelle famille! mon Dieu, quelle famille! Mais comment sais-tu qu'elle n'est pas sa femme?

MUSEROLLE, s'oubliant.

Parbleu! c'est la mienne!

GARGARET.

La tienne?

MUSEROLLE.

Ma foi, tant pis! ça m'a échappé!...

GARGARET, stupéfait.

Celle qui était dans le restaurant... avec un notaire?

MUSEROLLE.

La même...

GARGARET.

Quelle famille! quelle famille!... Alors pourquoi ne la reprends-tu pas?

MUSEROLLE.

Ah! bigre, non! Le marquis... et puis elle est casée...

GARGARET.

Alors promets-moi de ne plus la revoir... tu comprends, la tante de ma femme... aux yeux du monde... Du reste, je te surveillerai...

MUSEROLLE, à part.

Attends! je vais t'occuper! (Haut.) Tu ferais bien mieux de surveiller ton cousin.

GARGARET.

Albert!... C'est un honnête jeune homme...

ACTE TROISIÈME.

MUSEROLLE.

Il fait la cour à ta femme.

GARGARET.

Allons donc!

MUSEROLLE.

Enfin surveille-les, cache-toi... et tu verras.

SCÈNE VIII.

Les Mêmes, ALBERT.

ALBERT, entrant par la droite avec des papiers à la main, à Gargaret.

Des factures à signer.

GARGARET.

Très-bien... passe-moi ça. (Il prend les papiers, va s'asseoir à la table et signe. — A Albert.) Le facteur n'est pas arrivé?

ALBERT.

Non.

GARGARET.

J'attends toujours la lettre de Chéradame, de Nantes.

MUSEROLLE, à part.

Il faut absolument que j'aille prévenir Blanche des soupçons du marquis.

Il remonte pour prendre son chapeau et son pardessus.

ALBERT, à part, tirant un petit flacon de sa poche.

Voilà mon idée... c'est du musc... Avec ça, on sent un homme à quinze pas.

MUSEROLLE, revenant près de Gargaret avec son chapeau et son pardessus.

Adieu, je sors.

GARGARET.

Où vas-tu?

MUSEROLLE.

Je vais chez mon marchand de bois... vendre des planches... tu comprends, quand on exploite une forêt.

Il met ses gants.

ALBERT, qui a suivi Muserolle et aspergeant sa redingote par derrière.

V'lan v'lan!... Comme ça s'il rôde dans mes environs... je le sentirai.

MUSEROLLE.

Brrr! il ne fait pas chaud ce matin...

Il met son pardessus.

ALBERT, aspergeant le pardessus, à part.

V'lan!... sur celui-là aussi!...

MUSEROLLE, cherchant à boutonner son pardessus.

Allons, bien!... allons, bien!...

GARGARET.

Quoi?

MUSEROLLE.

Il manque un bouton... après ça, je peux m'en passer.

Il retire son pardessus.

GARGARET, le lui prenant des mains.

Donne... je le ferai recoudre par la bonne... Mâtin! comme tu sens le musc!

ALBERT.

Il remonte.

MUSEROLLE.

Je ne sens rien... je suis enrhumé. (Bas, à Gargaret.) Ça doit être le petit.

GARGARET, bas.

Au fait... ça ne sentait rien tout à l'heure...

MUSEROLLE, bas.

Il se parfume... donc il est criminel... la vertu ne se parfume pas.

GARGARET.

C'est vrai!... moi, jamais... (Par réflexion.) Si, un peu de pommade le dimanche.

ALBERT, à part, passant à droite.

Qu'est-ce qu'ils ont à chuchoter?

MUSEROLLE, bas.

Enfin, tu sais ce que je t'ai dit... cache-toi... et tu verras. (Haut.) Je vais m'occuper de Blanche, (Se reprenant.) de mes planches.

Il sort par le fond.

SCÈNE IX.

GARGARET, ALBERT, puis LUCIE.

GARGARET, regardant Albert qui s'est approché de la table et consulte des papiers, à part.

Je ne puis croire qu'avec cette figure honnête et cet air piocheur... ordinairement l'homme qui pioche ne pense pas à mal... Cependant ce que vient de me dire Muserolle... qui s'y connaît...

LUCIE, entrant et apercevant son mari.

Ah!... (A Gargaret.) Vous êtes en affaires, je me retire.

GARGARET, à part.

Ma femme! (Haut.) Du tout!... j'allais sortir. (Il remonte; à part.) Je vais leur tendre un piége infernal.

ALBERT, se levant.

Tu nous quittes?

GARGARET.

Oui, mes enfants, je suis obligé d'aller à la Bourse... Les suifs m'inquiètent... (Tirant sa montre.) Il est une heure... je ne reviendrai qu'à quatre heures un quart, c'est-à-dire dans trois heures un quart... je vous confie la maison... (A part.) C'est infernal, ce que je fais là! (A Lucie.) Adieu, ma bichette. (Il l'embrasse.) Ah! j'ai bien confiance en toi, va!... Adieu, ma bichette. (Il l'embrasse de nouveau, à part en sortant.) C'est infernal!

Il disparaît par le fond en emportant le paletot de Muserolle.

LUCIE, remontant jusqu'au fond.

Adieu, mon ami.

SCÈNE X.

ALBERT, LUCIE, puis GARGARET.

ALBERT, éclatant.

Non! c'est impossible!... la position n'est pas tenable!

LUCIE.

Qu'avez-vous donc?

ALBERT.

Je ne puis assister plus longtemps au développement

de vos effusions conjugales!... « Bonjour, ma bichette!... Adieu, ma bichette!... » Et il vous embrasse! et il vous rembrasse! et moi, je suis là!

LUCIE.

Ah! monsieur Albert!... je ne vous ai promis que l'amitié!

ALBERT.

Eh! l'amitié... Vous n'avez donc pas lu ma lettre?

LUCIE.

Laquelle?

ALBERT.

Celle que j'ai placée dans le copie-lettres... Notre nouvelle cachette depuis que je fais seul la correspondance.

LUCIE.

Non... je ne l'ai pas vue.

ALBERT.

Elle ne lit même pas mes lettres!... (Tirant une lettre du copie de lettres.) Tenez... la voilà!

LUCIE.

Donnez-la-moi...

ALBERT, la froissant sans la regarder et la mettant dans sa poche.

Non! c'est inutile!... à quoi bon? Une lettre que j'avais soignée... où j'avais répandu des torrents de passion. Ah! si c'est ainsi que vous comprenez l'amitié!...

LUCIE.

Mais je vous assure que je vous aime bien...

ALBERT.

Oui, d'une façon tranquille, calme, nonchalante, gnan-gnan. (Avec exaltation.) Mais mon amitié, à moi... c'est une amitié ardente, brûlante, corrosive!

LUCIE.

Ah! vous me faites peur!

ALBERT.

Et si vous me repoussez... moi aussi, je monterai sur les tours Notre-Dame, et je me ferai sauter la cervelle!

LUCIE, vivement

Non, Albert! je vous le défends!

ALBERT.

Alors accordez-moi une faveur...

LUCIE.

Laquelle?

ALBERT.

Laissez-moi vous embrasser... C'est bien peu de chose.

LUCIE.

Oh! non!... si on venait!...

ALBERT.

On ne viendra pas!...

Il va voir à gauche.

GARGARET, entrant par la droite avec précaution; il tient toujours sur son bras le paletot de Muserolle. A part.

Ils sont ensemble! c'est infernal ce que je fais là.

Il se dirige à pas de loup vers l'armoire et s'y cache

ALBERT, revenant à Lucie.

Personne!

LUCIE, se penchant vers lui.

Vite, dépêchez-vous!...

Albert s'approche pour l'embrasser et s'arrête, humant l'air

ALBERT, à part.

Ça sent le musc! Muserolle est ici!

LUCIE.

Eh bien ?

ALBERT, prêchant.

Eh bien, comme je vous le disais tout à l'heure, madame, la fidélité est le plus beau diamant de la femme! le foyer domestique, la famille!... Il n'y a que ça de vrai!...

LUCIE, à part, très-étonnée.

Qu'est-ce qu'il me dit là ?

ALBERT, à part.

Ah! tu m'écoutes. (Haut, continuant.) Aimez votre mari, madame, aimez-le toujours... son noble cœur est digne du vôtre, car c'est l'âme la plus noble, l'esprit le plus élevé, l'intelligence la plus vaste...

On entend des sanglots qui partent de l'armoire.

LUCIE.

Écoutez... on pleure dans l'armoire... (L'armoire s'ouvre et on aperçoit Gargaret pleurant à chaudes larmes.) Mon mari!

ALBERT.

Gargaret!

GARGARET, sur le seuil de l'armoire et pleurant à chaudes larmes.

Imbécile de Muserolle! J'ai douté de vous!... Albert dans mes bras!

Il quitte l'armoire dans laquelle est resté le paletot, la porte se referme.

ALBERT.

Comment! tu as entendu ?

GARGARET.

Tout! (Pleurant.) « Son noble cœur est digne du vôtre, l'âme la plus noble... l'intelligence la plus vaste... » (A Lucie.) Écoutez-le, madame. écoutez-le toujours...

LUCIE.

Oui, mon ami...

GARGARET.

Et l'on voulait le ternir! lui, le plus fidèle, le meilleur des amis!... Mais tu n'as pas affaire à un ingrat... (Tirant un papier de sa poche.) Tiens, prends ce papier...

ALBERT.

Qu'est-ce que c'est?

GARGARET.

Un acte d'association. (Avec émotion.) Albert... veux-tu devenir mon associé?

ALBERT.

Mais je ne sais si je dois...

GARGARET.

Je t'en prie... Ma femme t'en prie aussi... (A Lucie.) N'est-ce pas que tu veux bien qu'il soit mon associé?

LUCIE, baissant les yeux.

Mais... comme tu voudras, mon ami.

ALBERT.

Allons, puisque vous l'exigez... j'accepte...

Il prend le papier.

LUCIE.

Je vous laisse. (A part.) Mais comment a-t-il pu deviner que mon mari était dans l'armoire?

Elle sort.

GARGARET, à Albert.

Ah! avant de porter l'acte chez mon notaire... tu le reverras au point de vue de l'orthographe... J'étais pressé... Ainsi, à commandite, faut-il deux *t*?...

ALBERT.

Mon Dieu... ça dépend... quand on est pressé... on en met deux...

GARGARET.

Très-bien... J'étais pressé... A bientôt.

ALBERT.

A bientôt!

Il disparaît par le fond.

SCÈNE XI.

GARGARET, MUSEROLLE, puis JULIETTE.

GARGARET, seul.

Il est bon que, dans une maison d'une certaine importance, un des associés connaisse à fond l'orthographe.

MUSEROLLE entre très-effaré par le fond; il est débraillé, sa redingote est déchirée dans le dos.

Au secours! cache-moi!

GARGARET.

Muserolle!

MUSEROLLE.

Quelle scène! Ah! mon ami!... enfin, je crois que je l'ai dépisté!

GARGARET.

Mais qu'y a-t-il?

MUSEROLLE, *apercevant sa redingote déchirée.*

Oh! dans quel état! (Il sonne.) Permets-moi de changer

JULIETTE, *entrant.*

Monsieur?

MUSEROLLE.

Donne-moi un autre vêtement. (Juliette sort. — A Gargaret.) Mon ami, je viens d'échapper à la mort... J'étais allé chez Blanche...

GARGARET.

Encore !...

MUSEROLLE.

Pour lui faire mes adieux... Sois tranquille, je n'y retournerai plus !... J'étais là depuis cinq minutes... lorsque nous entendons tout à coup la voix du marquis qui rentrait. C'est un tigre, cet homme-là !... Blanche m'indique du doigt l'escalier de service... je m'y précipite tête baissée... mais ! comme j'ai de grosses chaussures, j'aurais dû les ôter... Le marquis entend mes pas... il se met à ma poursuite en criant : « Arrêtez, monsieur! arrêtez, si vous n'êtes pas un lâche !... » Naturellement je redouble de vitesse... mais tout à coup... pif! paf! pan!... des coups de revolver plein l'escalier !... il est cousu de revolvers, ce vieux trappeur ! j'entends les balles qui me sifflent aux oreilles... je me baisse, mon pied glisse, je tombe, et, crac! ma redingote se fend... et le revolver marchait toujours... pif! paf! pan!... (D'un ton héroïque.) Je me relève, la peur me donne du courage, je repars, je vole, je franchis les corridors, j'enfile la rue, je renverse les passants, j'écrase un chien, je reçois un coup de parapluie, j'arrive ici... et me voilà !

GARGARET.

Quel drame

JULIETTE, revenant avec un vêtement.

L'habit de monsieur.

MUSEROLLE, le prenant.

Merci. (Juliette sort. — Otant sa redingote et remettant l'habit.) Dis-moi... je ne suis pas blessé?

ACTE TROISIÈME.

GARGARET.

Je ne vois pas...

MUSEROLLE.

Tâte-moi bien... parce que les balles... on en est criblé... et on ne s'en aperçoit que le lendemain.

GARGARET.

A qui le dis-tu? J'en ai reçu deux dans ma devanture de boutique, et je ne m'en suis aperçu que huit jours après... Mais penses-tu que le marquis t'ait reconnu dans cette course insensée?

MUSEROLLE.

Non!... Je suis tranquille maintenant : il est évident que s'il m'avait reconnu il serait déjà ici...

VOIX DU MARQUIS, au dehors.

Le coquin! le brigand! je le tuerai!

GARGARET; il va à la table à droite.

Mais c'est lui!

MUSEROLLE, écoutant.

Oui. (Apercevant la redingote qu'il vient d'ôter.) Oh! ma redingote!... il la reconnaîtrait! (Il jette vivement la redingote sous la table.) Maintenant, du calme... jouons aux dominos... as-tu un jeu de dominos?

GARGARET.

Non.

MUSEROLLE.

Quelle baraque!

SCÈNE XII.

LES MÊMES, LE MARQUIS, ALBERT.

Le marquis entre avec Albert, il tient un revolver à la main

LE MARQUIS, entrant avec Albert.

Je le trouverai! je le tuerai et je le mangerai!

ALBERT, cherchant à le calmer.

Voyons, marquis!

LE MARQUIS.

J'écume, je grince, j'étrangle. (A Gargaret.) Où est-il?

GARGARET et MUSEROLLE.

Qui ça?

LE MARQUIS.

Des passants m'ont dit qu'il s'était sauvé dans cette rue.

GARGARET et MUSEROLLE

Mais qui?

LE MARQUIS:

Un gandin qui roucoulait auprès de ma femme.

MUSEROLLE, à part.

Un gandin! il ne m'a pas reconnu!

LE MARQUIS, à Muserolle.

Un pleutre, un drôle! il a honteusement dégringolé les escaliers... sous le feu de mon revolver... laissant après lui une infecte odeur de musc.

ALBERT, à part, regardant Muserolle.

Tiens! est-ce que ce serait?...

LE MARQUIS

Je me suis élancé à sa poursuite en lui criant... (S'arrêtant tout à coup et flairant.) Ah! sapristi... la même odeur... le musc! (Il s'est approché de l'armoire, guidé par l'odeur.) Il est là! Sortez, monsieur, si vous n'êtes pas un lâche! (Ouvrant l'armoire.) Mais sortez donc! (Regardant.) Rien... un paletot qui sent le musc.

GARGARET, vivemen..

C'est à moi!... depuis mon mariage, je me musque un peu... par-ci, par-là...

LE MARQUIS.

Pouah!... c'est dégoûtant. (Il rejette le paletot et vient s'asseoir près de la table.) Ma femme m'a dit que c'était son coiffeur... mais un coiffeur ne se sauve pas... et d'ailleurs... (S'arrêtant tout à coup et flairant.) Ah! sapristi!... sentez-vous le musc? (Indiquant la table.) Il est là-dessous! (S'adressant à la table.) Sortez, monsieur, si vous n'êtes pas un lâche (Donnant des coups de pied sous la table.) Sortiras-tu?... Non?... attends! (Il tire sous la table plusieurs coups de revolver qui ratent.) Je n'ai plus de cartouches!

MUSEROLLE, à part.

Il en a criblé l'escalier...

LE MARQUIS, prenant les pincettes.

Ah! les pincettes. (Il les prend et en donne des coups sous la table.) Tiens! tiens! (Soulevant le tapis et amenant la redingote avec les pincettes.) Il a oublié sa redingote!... Il y a donc une trappe là-dessous?

GARGARET.

Non, je vais vous expliquer.

LE MARQUIS.

Taisez-vous!

MUSEROLLE, à part.

Il est enragé!...

LE MARQUIS, fouillant dans les poches de la redingote.

Voyons si je trouverai quelque indice

MUSEROLLE, à part.

Saprelotte!... mon portefeuille!... (Se tâtant.) Non, je l'ai.

LE MARQUIS, trouvant un papier.

Ah! une facture de chapelier. (Lisant.) « Vendu à monsieur... » pas de nom... « un chapeau avec les initiales E. M. »

MUSEROLLE, cachant son chapeau derrière son dos.

Sapristi!

ALBERT, à part.

Edmond Muserolle.

LE MARQUIS

E. M... qui ça peut-il être? (Le marquis décoiffe successivement Gargaret et Albert pour vérifier les initiales au fond de leur chapeau; il arrive à Muserolle, qui s'assoit sur le sien et le regarde en souriant.) Je cours chez le chapelier.

Il sort.

GARGARET, le suivant.

Eh bien, et la dot, marquis?

Il disparaît.

SCÈNE XIII.

ALBERT, MUSEROLLE.

MUSEROLLE, se levant vivement.

Il est parti! (Prenant son chapeau et en arrachant rapidement la oiffe. — A part.) Faisons disparaître ces initiales...

ALBERT, le regardant faire.

Oui... c'est prudent, ce que vous faites là.

MUSEROLLE.

Quoi?

ALBERT.

Ah! je vous tiens à mon tour! l'homme au musc, c'est vous, l'homme au chapeau, c'est vous!

MUSEROLLE.

Chut!... malheureux!

ALBERT.

Ah! vous m'accusiez de faire la cour à madame Gargaret... tandis que vous jaunissiez les cheveux blancs de cet excellent marquis!... Eh bien, moi aussi, j'ai une mission... c'est de vous pincer et de le dire!

MUSEROLLE.

Vous? (Fouillant à sa poche.) Attendez!... je vous en défie bien!

ALBERT.

Pourquoi?

MUSEROLLE, tirant une lettre de la poche de son gilet.

Écoutez ça. (Lisant.) « Ma chère Lucie... Non, l'amitié ne suffit plus... »

ALBERT, bondissant.

Ma lettre !

MUSEROLLE, continuant.

« Elle doit faire place à un sentiment plus vif... »

ALBERT.

Où avez-vous trouvé ce billet?

MUSEROLLE.

Dans ce copie de lettres... un hasard... dont je me sers.

ALBERT, à part, fouillant à sa poche.

Mais quelle est donc celle que j'ai retirée? (Défripant un papier et le lisant.) « Ma grosse poularde... »

MUSEROLLE, bondissant.

Hein ! ma lettre !

ALBERT, continuant,

« As-tu trouvé sur le tapis de ta chambre un couteau? » 'est égal, réclamer un couteau à une femme qu'on aime, je trouve ça petit.

MUSEROLLE.

Monsieur, ce n'est pas à cause du couteau, c'est à cause de la scie et du tire-bouchon. Ma lettre, monsieur, rendez-moi cette lettre !

ALBERT.

Ah! permettez... donnant, donnant... rendez-moi d'abord la mienne.

MUSEROLLE.

Non... ensemble... (Lui tendant sa lettre.) Voici votre petite incongruité...

ALBERT, même jeu.

Et voici la vôtre !...

SCÈNE XIV.

Les Mêmes, GARGARET, puis LUCIE.

Gargaret, qui est entré sans bruit, prend la lettre que tient Albert

ALBERT.

Oh!

MUSEROLLE, à part.

Oh!

GARGARET.

La lettre de Chéradame... Ah! le facteur est arrivé.

ALBERT, très-effrayé.

Non!... c'est ton acte d'association... (Bas.) Plein de fautes d'orthographe!

GARGARET, lui rendant sa lettre, bas.

Cache ça! cache ça!

Il lui serre la main.

MUSEROLLE, à part.

Comment! il la lui rend!

LUCIE, entrant par le fond.

Voici mon oncle.

Tous font un mouvement d'épouvante.

SCÈNE XV.

Les Mêmes, LE MARQUIS.

LE MARQUIS, entrant, sa figure est souriante

Ah! je suis plus calme... c'était bien le coiffeur qui était chez moi...

TOUS.

Ah!

LE MARQUIS.

Blanche m'a donné le fer à papillotes... le voici... (Il le montre.) Et puis le musc! il n'y a que les coiffeurs (Regardant Gargaret.) et les imbéciles qui se mettent du musc.

GARGARET.

Pardon, marquis... puisque vous êtes de bonne humeur, si nous parlions un peu de la dot?

LE MARQUIS.

On l'apporte derrière moi... cent quatre-vingt-cinq mille francs.

GARGARET.

Comment, cent quatre-vingt-cinq?... cent quatre-vingt-dix.

LE MARQUIS.

Cent quatre-vingt-cinq.

GARGARET.

Cent quatre-vingt-dix.

ALBERT, bas, à Lucie.

Oh! il vous marchande!

ACTE TROISIÈME.

GARGARET.

Tenez, j'ai là mon copie de lettres qui fait foi... (Il va le chercher.) Je vous ai écrit : « En réponse à votre honorée j'accepte la dot de cent quatre-vingt-dix mille francs. »

LE MARQUIS.

C'est impossible !

GARGARET, feuilletant le registre.

Nous allons bien voir. (Lisant.) « Nous vous expédions par petite vitesse. » Ce n'est pas ça !... (Lisant.) « Ma chère Lucie... » Tiens ! une lettre à ma femme ; c'est d'Albert.

ALBERT, effrayé.

Oui, je me suis amusé. (Bas, à Muserolle.) Sapristi !... vous l'avez donc mise sous presse ?

MUSEROLLE, bas.

Non ! je me suis assis dessus... et je l'aurai imprimée avec mon... poids.

GARGARET, lisant d'une voix terrible.

« Ma chère Lucie !... non ! l'amitié ne suffit plus... elle doit faire place à un sentiment plus vif... Laissez tomber un regard d'amour sur l'homme qui vous a consacré sa vie. »

MUSEROLLE, à part.

Eh bien, s'il se tire de là !

GARGARET, continuant.

« Son noble cœur est digne du vôtre... » (Très-attendri.) Son noble cœur... » (Serrant la main d'Albert.) Merci ! Ah ! Albert ! (Il l'embrasse, sanglotant.) Il lui donne des conseils jusque dans le copie de lettres ! écoutez-le, madame, écoutez-le toujours.

Il fait passer Albert près de Lucie, après avoir donné le copie-lettres au marquis.

MUSEROLLE, à part.

Non! il est à mettre au Jardin des Plantes!...

LE MARQUIS, qui depuis un moment est occupé à feuilleter le registre, assis près de la table, se levant.

Qu'est-ce que c'est que ça? (Lisant.) « Ma grosse poularde! »

MUSEROLLE, bondissant, à part.

Nom d'un canon!

ALBERT, à part.

Il a imprimé les deux!

LE MARQUIS, lisant.

« As-tu trouvé sur le tapis de ta chambre un couteau avec une scie, une lime et un tire-bouchon? » (S'arrêtant.) L'homme au couteau!... enfin, je le tiens!...

MUSEROLLE, à part.

Je suis perdu

GARGARET, à part.

Nous allons assister à un carnage.

LE MARQUIS, lisant.

« J'irai te le réclamer ce soir à neuf heures... Quant au marquis, c'est un singe. »

MUSEROLLE.

Un songe! voyez, il y a un point sur l'o.

LE MARQUIS, se calmant.

C'est juste... (Lisant.) « Un songe dont nous respecterons le sommeil... » (S'arrêtant.) Avec singe, ça n'aurait pas de sens.

ACTE TROISIÈME.

ALBERT.

Évidemment.

LE MARQUIS, lisant.

« J'ai été bien heureux après une si longue absence de le serrer contre mon cœur... » (S'arrêtant, furieux.) Où est mon revolver ?

GARGARET, bas, à Muserolle.

A ta place, je filerais.

MUSEROLLE, bas.

Je crois que je n'ai pas signé...

LE MARQUIS, lisant.

« Je n'oublierai jamais cette belle soirée de printemps...
      Signé : MUSEROLLE. »

MUSEROLLE, à part, terrifié.

J'ai signé !

GARGARET, à part.

Il va le tuer !

LE MARQUIS.

Muserolle ! mon oncle !... (S'attendrissant et lui ouvrant les bras.) Mon bon oncle !

Ils s'embrassent.

GARGARET, à part.

Son oncle à présent !... jamais je ne pourrai me débrouiller dans cette famille-là !

LE MARQUIS.

Et moi qui soupçonnais mon oncle !

GARGARET.

Je soupçonnais bien mon cousin !

LE MARQUIS.

Ah ! je suis bien heureux !

GARGARET.

Moi aussi.

MUSEROLLE, à part.

Ils sont heureux ; décidément, on ne doit pas le dire.

FIN DE DOIT-ON LE DIRE ?

LES
NOCES DE BOUCHENCŒUR

COMÉDIE

EN TROIS ACTES, MÊLÉE DE CHANT

Représentée pour la première fois, à Paris, sur le théâtre du PALAIS-ROYAL, le 10 juin 1857.

COLLABORATEURS : MM. A. MONNIER ET E. MARTIN

PERSONNAGES

BOUCHENCOEUR.	MM.	GRASSOT.
ANATOLE GRANDCASSIS.		HYACINTHE.
RECULÉ, secrétaire de la mairie.		KALEKAIRE.
FORMOSE.		OCTAVE.
UN TRAITEUR.		LACROIX.
UN PORTIER.		MASSON.
UN COMMISSIONNAIRE.		PAUL.
ARTHÉMISE, veuve Mouchette.	Mmes	THIERRET.
COCOTTE.		VIRGINIE DUGLAY.
UN TAMBOUR.		CORA.
CATHERINE, bonne de Bouchencœur.		THAIS.
PREMIÈRE DEMOISELLE D'HONNEUR.		E. FOURNIER.
DEUXIÈME DEMOISELLE D'HONNEUR.		A. MONTIGNY
DEUX VIEILLES DEMOISELLES D'HONNEUR DE LA VEUVE MOUCHETTE		{ PHILIBERT. { ANNETTE.

INVITÉS, COMMISSIONNAIRES, GARÇON TRAITEUR, TAMBOURS.

LES
NOCES DE BOUCHENCŒUR

ACTE PREMIER.

Le théâtre représente un jardin de guinguette. — Une porte avec grille au fond. — Portes latérales conduisant aux deux salons qui portent cette inscription : SALON DE CENT COUVERTS.

SCÈNE PREMIÈRE.

LE TRAITEUR, puis TROIS TAMBOURS DE LA GARDE NATIONALE.

LE TRAITEUR, à la cantonade.

Allons, chaud, chaud, mes enfants! à vos fourneaux! (En scène.) La journée sera bonne! c'est aujourd'hui samedi... et M. le maire de Ménilmontant ne marie que le samedi... C'est une bonne idée, parce qu'on a le dimanche pour se reposer... Le père Reculé, le secrétaire de la mairie, un vieux sourd... qui n'entend pas, m'a dit qu'il y avait aujourd'hui quatorze mariages; alors j'ai acheté trois veaux, v'lan!... Ah! dame! c'est que le veau est comme il faut!... A Ménilmontant, il n'y a pas de belles noces sans veau! (On entend un roulement de tambours.) Qu'est-ce que c'est que ça?... Tiens! des tapins!

PREMIER TAMBOUR, paraissant dans le jardin, à la cantonade.

Par ici. les amis!... je connais la maison!

QUATRE TAMBOURS, entrant.

Voilà! voilà!...

CHOEUR.

AIR de *la Croix d'or* (Pilati).

Rapataplan!
Tambours flambants,
Fête
Complète!
Rapataplan!
En même temps
Menons
Menez plaisirs et roulements!

PREMIER TAMBOUR.

Je paye le coup de rafraîchissoir! (Appelant le traiteur.) Ohé!... père l'Omelette!

LE TRAITEUR.

Comment, père l'Omelette?

PREMIER TAMBOUR.

Cinq litres!... et du bon!... nous avons chaud... nous venons de faire l'école des tambours!

LE TRAITEUR.

Ah! oui!... raflafla!... raflafla!... voilà un exercice embêtant!...

LES TAMBOURS.

Hein?...

LE TRAITEUR.

Pour les voisins!...

DEUXIÈME TAMBOUR.

Nous arrivons des fortifications.

PREMIER TAMBOUR.

Et maintenant nous voilà aux fortifiants!

Tous rient.

LE TRAITEUR.

Ah! farceurs!... ils sont gais, les tambours!... Ces messieurs désirent-ils du veau?

LES TAMBOURS.

Pourquoi du veau?

LE TRAITEUR.

Dame, c'est rafraîchissant!...

PREMIER TAMBOUR, lui portant des bottes.

Ah! tu fais le malin, toi!...

LE TRAITEUR.

Non! c'est pour rire!... Entrez là!... on va vous servir.

CHŒUR.

AIR de la Croix d'or (Pilati.)

Rapataplan!
Tambours flambants.
Fête
Complète!
Rapataplan!
En même temps
Menons / Menez plaisirs et roulements.

Les tambours entrent à gauche

SCÈNE II.

LE TRAITEUR, BOUCHENCOEUR
puis GRANDCASSIS.

LE TRAITEUR, à la cantonade.

Cinq litres au n° 4!...

BOUCHENCOEUR, lisant l'enseigne.

Salon de cent couverts... voilà mon affaire!... (Appelant.) Garçon! garçon!

LE TRAITEUR.

Monsieur?...

BOUCHENCOEUR.

Mon ami, vous voyez un homme palpitant... et très-pressé!... Je me marie dans cinq minutes!

LE TRAITEUR.

Une noce! bravo!...

BOUCHENCOEUR.

Je retiens votre salon de cent couverts.

LE TRAITEUR.

Combien êtes-vous?

BOUCHENCOEUR.

Dix-neuf.

LE TRAITEUR.

Diable! vous allez être bien gênés!

BOUCHENCOEUR.

Comment?

ACTE PREMIER.

GRANDCASSIS, entrant.

Garçon! garçon!

LE TRAITEUR.

Monsieur?

GRANDCASSIS.

Mon ami, vous voyez un homme très-embêté, je me marie dans cinq minutes

LE TRAITEUR.

Deux noces!

GRANDCASSIS.

Je prends votre salon de cent couverts.

BOUCHENCOEUR.

Pardon... il est retenu.

LE TRAITEUR.

J'en ai plusieurs... (A Grandcassis.) Combien êtes-vous?

GRANDCASSIS.

Quatorze!

LE TRAITEUR, à part.

Sapristi! ils n'y tiendront jamais! (Haut.) Si ces messieurs veulent commander le repas?...

BOUCHENCOEUR, cherchant.

Ah! oui!... voyons... qu'est-ce que nous allons manger?... (A Grandcassis.) Avez-vous une idée, vous, monsieur?

GRANDCASSIS.

Certainement, j'ai une idée!

BOUCHENCOEUR.

Alors, je prends l'idée de monsieur... Vous me servirez la même chose.

GRANDCASSIS, au traiteur.

Qu'est-ce que vous avez?...

LE TRAITEUR, avec volubilité.

Tête de veau, foie de veau, poitrine de veau, pieds de veau, oreilles de veau, mou de veau, queue de veau...

BOUCHENCOEUR.

Mais c'est un veau complet!...

GRANDCASSIS.

Je vais arranger ça... Nous ne voudrions pas mettre plus de trois francs à trois francs cinquante par tête...

BOUCHENCOEUR

C'est aussi dans mon prix...

GRANDCASSIS.

Y compris le vin ordinaire...

BOUCHENCOEUR.

Le vin extra...

GRANDCASSIS.

Le café..

BOUCHENCOEUR.

Le pousse-café...

GRANDCASSIS.

La rincette!...

BOUCHENCOEUR et GRANDCASSIS, ensemble

Et cœtera! et cœtera! et cœtera!

LE TRAITEUR, à part.

Diable!...

GRANDCASSIS.

Quant au menu, j'ai crayonné un petit projet.. (Il tire

un papier qu'il lit.) Primo... un beau saumon... sauce aux câpres!

BOUCHENCOEUR.

Ça me va!... avec beaucoup de câpres!...

GRANDCASSIS.

Secundo... une dinde truffée...

BOUCHENCOEUR.

Avec beaucoup de truffes!...

GRANDCASSIS.

Tertio... un buisson d'écrevisses...

BOUCHENCOEUR.

Avec beaucoup d'écrevisses!...

LE TRAITEUR.

Pour trois francs par tête?

BOUCHENCOEUR.

On vous a dit : trois francs cinquante... n'équivoquons pas!...

LE TRAITEUR.

Et vous voulez des dindes truffées?... merci!... je ne peux pas.

GRANDCASSIS.

Cependant... hors barrière...

LE TRAITEUR.

Non!... c'est impossible!... voyez ailleurs!...

Il remonte un peu.

BOUCHENCOEUR.

Diable!... (A Grandcassis.) Dites donc... si nous supprimions la dinde truffée?

GRANDCASSIS.

Par quoi la remplacer?

LE TRAITEUR, redescendan.

Je puis vous offrir une belle longe de veau... avec des capucines dessus... et des carottes autour.

BOUCHENCŒUR.

Ah! oui!... c'est une bonne idée!...

LE TRAITEUR.

Quant au saumon... j'en ai un.

GRANDCASSIS.

Ah!...

LE TRAITEUR.

Un magnifique, mais il n'est pas frais; je ne voudrais pas vous tromper.

BOUCHENCŒUR.

Sapristi!... (A Grandcassis.) Dites donc... si nous supprimions le saumon?.

GRANDCASSIS.

Si nous supprimons tout?...

LE TRAITEUR.

Je vous servirai, comme poisson... une belle tête de veau en tortue!...

GRANDCASSIS.

Toujours du veau!...

LE TRAITEUR.

Avec des capucines dessous... et des écrevisses dessus.

BOUCHENCŒUR.

Ah! oui!...

LE TRAITEUR.

Ce qui alors remplacerait le buisson d'écrevisses...

GRANDCASSIS.

Mais il ne restera plus rien!...

LE TRAITEUR.

Fiez-vous à moi, je vais vous confectionner deux amours de petits dîners...

BOUCHENCŒUR.

Allons!... et tâchez que les sauces soient un peu relevées!... mettez-y du piment, nom d'un petit bonhomme!...

LE TRAITEUR.

Soyez tranquille!... (A part.) Je vais leur couper mes trois veaux en deux!... ça pousse à la mélancolie!...

CHŒUR.

AIR : *Loterie* (Kriesel).

Courons / Courez vite à la cuisine,
Restaurateur sans rival;
Pour nous / vous plaire il / j' imagine,
Un festin vraiment royal.

Le traiteur sort par la gauche.

SCÈNE III.

BOUCHENCŒUR, GRANDCASSIS.

BOUCHENCŒUR.

Monsieur, je ne vous le cacherai pas... je suis bien ému...

GRANDCASSIS.

Je comprends ça! quand un père marie sa fille...

BOUCHENCOEUR.

Sa fille!... mais c'est moi qui me marie... en personne naturelle!...

GRANDCASSIS

Vous? ah! farceur!... je vois votre affaire!... nous réparons nos vieux péchés!... Votre liaison doit porter de la flanelle!

BOUCHENCOEUR.

De la flanelle!... à dix-huit ans.?..

GRANDCASSIS.

Dix-huit ans!... Elle a dix-huit ans?... Mon compliment!... vous avez des chances!...

BOUCHENCOEUR.

Figurez-vous que j'étais arrivé jusqu'à mon âge sans avoir jamais été amoureux... j'avais bien eu des aventures par-ci, par-là... mais je n'avais jamais été ce qui s'appelle amoureux... et j'ai trente et un ans!...

GRANDCASSIS.

Ah! ouat!..

BOUCHENCOEUR.

Eh bien, trente-cinq, la!...

GRANDCASSIS.

Ah! ouat!...

BOUCHENCOEUR.

Mettons quarante... Un jour... Nous avons cinq minutes... vous permettez?...

GRANDCASSIS.

Allez! allez!... je ne suis pas pressé, moi.

BOUCHENCŒUR.

Un jour, je me rendais à Argenteuil...

GRANDCASSIS.

Tiens! Argenteuil!... ça me rappelle une anecdote... j'étais dans la campagne...

BOUCHENCŒUR.

Je continue...

GRANDCASSIS.

Moi aussi! je cueillais des petits bluets... tout à coup, je rencontre un âne... (A lui-même.) qui s'appelait Casimir...

BOUCHENCŒUR, à part.

Il est ennuyeux avec son âne!...

GRANDCASSIS.

Cet animal portait deux paniers... dans l'un, était une fraîche jeune fille et dans l'autre des œufs... probablement moins frais... Tout cela trottinait devant moi... lorsque... patatras! un des paniers se défonce!...

BOUCHENCŒUR.

Et les œufs passent au travers?...

GRANDCASSIS, riant.

Non! pas les œufs!...

BOUCHENCŒUR.

Quoi?...

GRANDCASSIS, redevenant sérieux.

Veuillez continuer!...

BOUCHENCŒUR, à part.

Elle est bête, son histoire!... (Haut.) Je me rendais donc à Argenteuil... pour faire ma provision de vin...

GRANDCASSIS, grinçant des dents.

Ah! cristi!

BOUCHENCOEUR.

Vous n'aimez pas le vin d'Argenteuil?

GRANDCASSIS.

Oh! si!... il y a des circonstances où je le préfère a l'eau de Sedlitz!...

BOUCHENCOEUR.

J'arrive sur la grande place... C'était un dimanche, on couronnait une rosière... elle montait triomphalement sur l'estrade... tandis que la musique des sapeurs-pompiers jouait l'air de *Jenny l'ouvrière*...

GRANDCASSIS.

Bel air!...

L'orchestre joue en sourdine l'air de *Jenny l'ouvrière*.

BOUCHENCOEUR.

« Cocotte... lui disait M. le maire d'une voix émue... Argenteuil vous contemple!... Soyez toujours sage et vertueuse!... conformez-vous toujours aux règlements de l'administration municipale, concernant le glanage, le grapillage, l'échenillage et le balayage!... et un jour viendra, Cocotte, où vous pourrez devenir l'épouse d'un honnête monsieur... (S'attendrissant.), d'un employé aux contributions indirectes. »

La musique s'arrête.

GRANDCASSIS.

Sapristi!... c'est touchant!...

BOUCHENCOEUR.

Que vous dirai-je? ce discours rural, la vue de Cocotte, les sapeurs-pompiers, l'air de *Jenny l'ouvrière!*... j'étais pincé!... un feu inconnu circulait dans mes veines...

GRANDCASSIS.

Quel phosphore!...

ACTE PREMIER.

BOUCHENCOEUR, avec chaleur.

Je bondis sur l'estrade... et, à la face d'Argenteuil épaté, je demandai la main de Cocotte!... Elle me fut accordée sur l'air de *la Grâce de Dieu!*... Voilà l'histoire de mes chastes amours!...

GRANDCASSIS.

Ça ferait un joli sujet de pendule!...

BOUCHENCOEUR.

Je le crois... Et vous, voyons... êtes-vous bien amoureux?...

GRANDCASSIS.

Je me flatte que non!...

BOUCHENCOEUR

Cependant, vous allez vous marier...

GRANDCASSIS.

Ah! permettez!... ce n'est pas encore fait!...

BOUCHENCOEUR.

Vous venez de commander le repas!...

GRANDCASSIS.

Je commande le repas... c'est vrai!... je compte même le manger; mais je ne me marierai probablement pas!

BOUCHENCOEUR.

Ah bah!

GRANDCASSIS.

Pardon, si je m'épanche...

BOUCHENCOEUR.

Épanchez-vous!... nous avons encore trois minutes!

GRANDCASSIS.

Je me nomme Anatole de Grandcassis...

BOUCHENCOEUR.

Et moi, Martial Bouchencœur...

GRANDCASSIS.

Je pourrais avoir soixante mille livres de rente... m
je ne les ai pas... je suis employé au gaz... je gagne qu
rante-neuf francs par mois...

BOUCHENCOEUR.

C'est sec!...

GRANDCASSIS.

Sur lesquels l'administration a la bonté de nous retenir
cent sous pour nous faire une pension de retraite...

BOUCHENCOEUR.

Ah! c'est très-bien!...

GRANDCASSIS.

Qui commencera à courir le 1er janvier 1984.

BOUCHENCOEUR.

1984!... Vous n'y serez plus!...

GRANDCASSIS.

C'est l'observation que j'ai faite; mais on m'a répondu :
« Alors vous n'aurez plus besoin de rien!... »

BOUCHENCOEUR.

Bigre! ils sont forts dans le gaz!...

GRANDCASSIS.

Monsieur, j'ai un défaut... je dirai plus, j'ai un vice!...
j'aime les petites brioches à un sou, toutes chaudes!...

BOUCHENCOEUR.

Moi, ce sont les prunes à l'eau-de-vie!... il n'y a pas de
mal à ça!...

GRANDCASSIS.

Attendez la suite... Chaque matin, en me rendant au gaz... je m'arrêtais dans une petite boutique, aux abords de la porte Saint-Denis...

BOUCHENCŒUR.

Connu!...

GRANDCASSIS.

Je donnais mon sou, j'avalais ma brioche... c'était réglé!... Mais voilà qu'un jour... je fouille à ma poche... c'était le 31 du mois...

BOUCHENCŒUR.

Aïe!...

GRANDCASSIS.

Pas un radis!...

BOUCHENCŒUR.

Oui, le 31 n'est généralement pas la Saint-Radis; ça me rappelle qu'un jour en omnibus...

GRANDCASSIS, l'interrompant.

Ça m'est égal!... la marchande, une forte brune... pas jeune... me dit d'un petit air mielleux : « Monsieur, vous êtes une pratique... ne payez qu'à la semaine... »

BOUCHENCŒUR.

Ah! c'est une brave femme!...

GRANDCASSIS.

Attendez la suite. Bientôt, je pris au mois, puis au trimestre, puis au semestre... Je régalai tout le monde... les passants... les imbéciles... Je vous aurais rencontré...

BOUCHENCŒUR, touché.

Oh!... cher ami!...

GRANDCASSIS.

Au bout de trois ans... la veuve Mouchette... ma pâtissière...

BOUCHENCOEUR.

Joli nom !...

GRANDCASSIS.

Me fit entrer dans son arrière-boutique et me déroula une petite note de vingt-quatre mille six cent vingt-trois brioches...

BOUCHENCOEUR.

Sans boire !

GRANDCASSIS.

Total : douze cent trente et un francs, quinze centimes.

BOUCHENCOEUR.

Nom d'une pâtisserie !...

GRANDCASSIS.

Je lui avouai ma débine en me jetant à ses genoux... elle ne me releva pas... au contraire !

BOUCHENCOEUR.

Ventre-Saint-Gris !...

GRANDCASSIS.

Elle passa sa grosse main dans ma chevelure... et me dit : « Monsieur Grandcassis... je ne vous le cacherai pas, j'ai un sentiment pour vous depuis votre première brioche... Je suis veuve, accepteriez-vous ma main ? »

BOUCHENCOEUR.

Bigre ! vous me racontez là le quatrième livre de *l'Enéide !*.. le plus croustilleux...

GRANDCASSIS.

Vous l'avez lu ?...

ACTE PREMIER

BOUCHENCOEUR.

Jamais!...

GRANDCASSIS.

Moi non plus!... Elle ajouta de sa voix mielleuse : « Monsieur Grandcassis, dans le cas où ce mariage souffrirait quelques difficultés... je me verrais forcée... pour la régularité de mes livres... de vous faire conduire à Clichy ! »

BOUCHENCOEUR.

A Clichy.

GRANDCASSIS.

J'étais pris! elle me tenait comme une araignée dans sa toile!... j'eus la faiblesse d'accepter!

BOUCHENCOEUR.

Voilà ce que c'est! on commence par une brioche et on finit par une boulette! ô jeunes gens!

GRANDCASSIS.

Il y a un mois, la veuve Mouchette me traîna à la mairie du sixième... Le repas était commandé...

BOUCHENCOEUR.

Eh bien?

GRANDCASSIS.

Arrivé devant M. le maire, je n'eus pas la force de dire : « Oui!... » mais je dis : « Non! » trois fois!

BOUCHENCOEUR.

Qu'arriva-t-il?

GRANDCASSIS.

On mangea le repas... puisqu'il était commandé...

BOUCHENCOEUR.

Naturellement!...

GRANDCASSIS.

Quinze jours après, elle me retraina à la mairie du septième, même jeu!... même repas!...

BOUCHENCOEUR.

C'est canaille! mais on est nourri!

GRANDCASSIS.

Enfin, aujourd'hui, nous voici à Ménilmontant; elle es père que la banlieue lui sera plus favorable, car elle est passionnée, cette pâtissière... mielleuse et passionnée!...

BOUCHENCOEUR.

Que comptez-vous faire?...

GRANDCASSIS.

Toujours la même chose... puisque ça m'a réussi!

BOUCHENCOEUR.

Ah! sacrebleu! je demande à voir ça!

SCÈNE IV.

Les Mêmes, COCOTTE.

COCOTTE, paraissant au fond, en costume de mariée.

Arrivez donc, monsieur Bouc' encœur! la noce vous attend!...

BOUCHENCOEUR.

Ah! ma fiancée! mon ange! la rose d'Argenteuil!...

GRANDCASSIS, saluant.

Mademoiselle...

COCOTTE, avec une révérence.

Monsieur...

GRANDCASSIS.

Ah! mon Dieu!... (A part.) Ma jeune fille à l'âne!

COCOTTE, à part.

Le monsieur que j'ai rencontré!...

BOUCHENCOEUR.

Vous vous connaissez?...

GRANDCASSIS.

C'est-à-dire... je me suis trouvé avec mademoiselle...

COCOTTE, embarrassée

Oui...

GRANDCASSIS.

Chez le deuxième adjoint...

COCOTTE, à part.

Il est bien mieux que mon mari!

GRANDCASSIS, à part.

Elle est gentille!... (Haut, à Cocotte.) Oserai-je vous demander comment se porte M. Casimir?

COCOTTE.

Hélas! nous l'avons perdu, monsieur!

GRANDCASSIS.

Oh! ce pauvre Casimir!

BOUCHENCOEUR, à part.

Un de ses parents, sans doute... un oncle! (Tirant son mouchoir.) Ce pauvre Casimir!... soyez tranquille, Cocotte, nous le pleurerons ensemble!...

COCOTTE.

C'était une si bonne bête!...

BOUCHENCOEUR, étonné.

Ah!...

GRANDCASSIS.

Et d'une jolie couleur... abricot!...

BOUCHENCOEUR.

Ah!...

COCOTTE.

Et fort!... il ne suait jamais...

BOUCHENCOEUR.

Certainement... c'est une qualité... chez un oncle!

COCOTTE.

Casimir, mon oncle?... (Elle rit.) Ah! ah! ah!

GRANDCASSIS, riant.

Ah! ah! ah!

BOUCHENCOEUR, riant aussi sans comprendre.

Ah! ah! ah! (A part.) Il paraît que ce n'est pas son oncle!...

COCOTTE.

A propos, monsieur Bouchencœur, je voulais vous demander une chose...

BOUCHENCOEUR.

Parlez, mon étoile!...

COCOTTE.

Quel âge avez-vous?

BOUCHENCOEUR, avec aplomb.

Trente et un ans!... Pourquoi me demandez-vous ça?

COCOTTE.

Oh! pour rien: c'est que le vétérinaire d'Argenteuil a

dit en parlant de vous. « J'ai regardé ses dents... il ne marque plus ! »

BOUCHENCŒUR.

Le butor !... est-ce qu'il me prend pour une bête à cornes ?...

GRANDCASSIS.

Eh ! eh ! (Cri de détresse dans la coulisse.) Anatole ! Anatole !...

COCOTTE.

Ah ! mon Dieu !...

BOUCHENCŒUR.

Ces cris ?...

GRANDCASSIS.

C'est le timbre de la veuve Mouchette... la pâtissière !...

SCÈNE V.

LES MÊMES, ARTHÉMISE, FORMOSE, puis RECULÉ.

Arthémise entre, poursuivie par Formose. Elle est en costume de mariée.

ARTHÉMISE.

Laissez-moi, monsieur, vous me compromettez !...

FORMOSE.

Un mot !...

ARTHÉMISE, apercevant Grandcassis.

Ah ! c'est lui !... (Se réfugiant dans ses bras.) Anatole, protégez-moi !

BOUCHENCOEUR, à part.

Elle est mûre!...

GRANDCASSIS, à la veuve.

Contre qui?...

ARTHÉMISE.

Contre M. Formose, votre ami... qui me poursuit jusqu'ici... pour me dire des choses d'amour!...

GRANDCASSIS.

Lui?...

ARTHÉMISE, vivement

Ne le tue pas!...

GRANDCASSIS.

Soyez tranquille!... (A Formose, lui donnant une poignée de main.) Ça va toujours bien?...

FORMOSE.

Pas mal, et toi?

ARTHÉMISE, à part, indignée.

Il fraternise avec son rival!...

COCOTTE, à Bouchencoeur.

C'est sa mère, cette grosse dame-là?

BOUCHENCOEUR.

Non!... c'est sa fiancée!

COCOTTE, à part.

Il se marie?

FORMOSE, suppliant.

Arthémise!

ARTHÉMISE.

Assez, monsieur Formose! vous êtes un bon jeune

homme, mais je ne vous aime pas, ce n'est pas ma faute. Une femme est une lyre qu'il faut savoir faire parler, et vous n'avez pas su me faire parler.

FORMOSE.

Qu'est-ce que vous avez à me reprocher?

ARTHÉMISE.

Que voulez-vous? je vous trouve petit, grêle, chétif, tandis que Grandcassis, il est beau, il est noble, il est majestueux!

RECULÉ, entrant.

Mais dépêchez-vous donc, mes enfants! monsieur le maire vous attend!...

BOUCHENCOEUR.

Le secrétaire de la mairie!...

GRANDCASSIS, à part.

L'exécuteur des hautes-œuvres!...

RECULÉ.

Nous avons de l'ouvrage aujourd'hui!... quatorze mariages!

BOUCHENCOEUR.

Je demande le n° 1.

GRANDCASSIS.

Et moi le 14.

RECULÉ.

Oh! ce ne sera pas long!... On range les futurs conjoints sur une seule ligne... M. le maire lit la formule... tout le monde répond : « Oui... » et vous êtes unis en bloc!...

BOUCHENCOEUR, à Reculé.

Au tas, comme les pommes!...

RECULÉ, qui n'a pas entendu.

Vous m'invitez à dîner ?... Avec plaisir !...

BOUCHENCOEUR.

Moi ?... permettez...

RECULÉ.

Merci... je ne fume jamais !...

BOUCHENCOEUR.

Ah! mais il est sourd comme une moule!

RECULÉ.

Allons, en route! en route!...

BOUCHENCOEUR, prenant le bras de Cocotte.

Chère Cocotte!...

GRANDCASSIS, à part.

Voilà le moment d'arrêter les frais...

ARTHÉMISE, tendant la main à Grandcassis.

Anatole!...

Tous remontent.

GRANDCASSIS, s'arrêtant, avec explosion.

Eh bien, non!... eh bien, non!... je ne peux pas!... je n'irai pas!...

COCOTTE et FORMOSE.

Que dit-il ?

ARTHÉMISE.

Encore!...

BOUCHENCOEUR, à part.

Je l'attendais!...

ARTHÉMISE.

Un malentendu!... partez devant... nous vous rejoignons...

ACTE PREMIER.

FORMOSE, à part.

Tout espoir n'est pas perdu!...

CHŒUR.

AIR : *Quittons le Moulin (Olivier, Basselin, Pilati.*

ARTHÉMISE.

Malgré ses regrets,
Vrai, si je l'osais,
Je ferais des frais
Et l'embrasserais.
Il a tant d'attraits,
Pour lui je fuirais
Jusqu'au Kamtchatka,
Ou plus loin que ça.

COCOTTE.

Ah ! si je pouvais,
Vraiment, si j'osais,
Je reculerais
Et je m'enfuirais.
Sans aucuns regrets
Je m'exilerais
Jusqu'au Kamtchatka,
Ou plus loin que ça.

GRANDCASSIS, à part.

Ah ! si je pouvais,
Vraiment, si j'osais,
Sans aucuns regrets
Je la lâcherais.
Oui, je filerais,
Et je m'enfuirais
Jusqu'au Kamtchatka,
Ou plus loin que ça.

BOUCHENCOEUR, regardant Cocotte

Ah ! si je pouvais,
Vraiment, si j'osais,
Je ferais des frais

Et l'embrasserais.
Pour ses doux attraits
Je m'exilerais
Jusqu'au Kamtchatka,
Ou plus loin que ça.

FORMOSE, regardant Arthémise.

Ah! si je pouvais,
Vraiment, si j'osais,
Je l'emporterais
Et je m'enfuirais
Sans aucuns regrets
Je m'exilerais
Jusqu'au Kamtchatka,
Ou plus loin que ça!

RECULÉ.

Couples pleins d'attraits
Mes livres sont prêts,
Venez, sans délais,
Y signer en paix.

Aux femmes.

Pour vos jolis traits
Je m'exilerais
Jusqu'au Kamtchatka,
Ou plus loin que ça!

Bouchencœur, Cocotte, Formose et Reculé, sortent par le fond

SCÈNE VI.

ARTHÉMISE, GRANDCASSIS.

ARTHÉMISE.

Eh bien, Anatole!... ça fait trois! est-ce que vous comptez me faire essuyer tous les arrondissements de Paris et de la banlieue?...

ACTE PREMIER.

GRANDCASSIS.

Mère Mouchette... croyez que les circonstances...

ARTHÉMISE.

Quelles circonstances? Je suis libre! je suis riche, j'ai un excellent fonds de commerce?...

GRANDCASSIS.

Oh! ce n'est pas la richesse qui vous manque!..

ARTHÉMISE.

Dites que je ne vous plais pas! et que vous ne me trouvez pas... gentillette!

GRANDCASSIS.

Je ne dis pas cela!... mais, vrai!... ça ne se peut pas!..., j'ai un fort papillon pour le célibat!...

ARTHÉMISE.

Très-bien! alors, j'ai amené un monsieur qui rôde aux environs... c'est mon homme d'affaires!... il est en règle... Le fiacre qui nous a amenés est prêt à vous reconduire.

GRANDCASSIS.

Où ça?

ARTHÉMISE.

Ma main ou Clichy... choisissez!...

GRANDCASSIS.

Ah! c'est comme ça?... vous le voulez?... Eh bien,... partons pour la mairie!.

ARTHÉMISE.

Un instant!... je ne veux pas subir une avanie semblable à celle des sixième et septième arrondissements.

GRANDCASSIS.

Ah! petite rancunière!...

ARTHÉMISE.

Je suis lasse de payer des repas de noce... que vous mangez toujours... sans m'épouser jamais!...

GRANDCASSIS.

Il faut bien qu'un homme se nourrisse!...

ARTHÉMISE.

Je vous préviens que je suis capable d'un coup de tête!... et cette fois... si vous dites : « Non!... » j'ai pris mes précautions!...

GRANDCASSIS, intrigué

Ah! vous avez...? lesquelles?...

ARTHÉMISE, tirant un grand couteau de son corsage.

Voici la chose!...

GRANDCASSIS.

Un yatagan!...

ARTHÉMISE.

Si vous hésitez!... foi de veuve Mouchette! je vous le plonge dans le sein!...

GRANDCASSIS, à part.

Mâtin!... le mariage au couteau!...

ARTHÉMISE.

Et après!... après... je me perce moi-même... sous les yeux de mes demoiselles d'honneur... comme Cléopâtre...

GRANDCASSIS.

Permettez!... Cléopâtre... d'abord, c'est un aspic!... elle s'est poignardée avec un aspic!...

ARTHÉMISE, avec exaltation.

Que m'importe!... que m'importe!... L'amour est mon excuse, partons!... et pas de bêtises!...

ACTE PREMIER.

GRANDCASSIS.

Marchons au supplice !

ENSEMBLE.

AIR du duo des *Puritains* (Bellini).

GRANDCASSIS

O triste sacrifice !
Il faut qu'il s'accomplisse !...

ARTHÉMISE.

O charmant sacrifice !
Il faut qu'il s'accomplisse !...

FORMOSE, entrant. Parlé.

Arthémise !...

ARTHÉMISE, le repoussant.

Arrière, faible insecte !...

SUITE DE L'ENSEMBLE.

GRANDCASSIS et FORMOSE.

J'en aurai la jaunisse !
   Pauvre
   C'est son mari,
   Suis-je ahuri !

ARTHÉMISE.

Oui, qu'on se réjouisse
   C'est bien fini,
   C'est mon mari !

Grandcassis et Arthémise sortent par le fond.

SCÈNE VII.

FORMOSE, seul.

Ah! elle m'appelle insecte!... ah! elle me trouve grêle, chétif et pas majestueux! et elle en épouse un autre à mon nez, à ma barbe! O la haine!... ô la vengeance!... ô la Corse!... A partir d'aujourd'hui, j'aborde les rôles de M. Chilly... carrément!... je m'attache à la destinée de cette femme pour la torturer, pour la piétiner!... Voyons!... que pourrai-je faire pour lui être bien désagréable?... un jour de noces... Grandcassis, mon voisin, laisse généralement sa clef chez le portier... Si je coupais deux douzaines de brosses dans le lit conjugal?... Non!... ce n'est pas assez!... Si j'introduisais des hannetons dans sa table de nuit... des écrevisses dans son oreiller... et une omelette... peu cuite... sous sa couverture?... Non! non!... c'est fade!... c'est terre à terre!... O la haine! ô la vengeance! ô M. Chilly!...

SCÈNE VIII.

FORMOSE, LE PREMIER TAMBOUR.

LE TAMBOUR, sortant de la gauche et reconduisant ses camarades.

Sans adieu, camarades, je vous rejoins; je vais payer la consommation.

Les tambours sortent, excepté le premier.

FORMOSE, à part.

Un tambour!... oh! quelle idée!... (L'appelant.) Psit!

ACTE PREMIER.

LE TAMBOUR.

Bourgeois ?

FORMOSE.

Veux-tu gagner un bon pourboire?

LE TAMBOUR.

Qu'est-ce qu'il faut faire ?

FORMOSE.

Travailler la nuit!...

LE TAMBOUR.

A quoi?

FORMOSE.

Tu le sauras... Viens avec ta peau d'âne... Voici la noce qui sort de la mairie... file par là !

LE TAMBOUR, prenant sa caisse.

On y est!

Il sort à droite.

FORMOSE.

O la haine!... ô la vengence! ô M. Chilly !...

Il sort par la droite avec le tambour.

SCÈNE IX.

BOUCHENCŒUR, COCOTTE, RECULÉ, puis AR-
THÉMISE, GRANDCASSIS, et LEURS INVITÉS, puis
LE TRAITEUR. Bouchencœur entre en donnant le bras à Cocotte.
Il est suivi de Reculé et de sa noce. Grandcassis entre gravement en
donnant le bras à Arthémise ; il est suivi de sa noce, composée de
vieillards et de vieillardes.

CHOEUR.

AIR *les Gaulois et les Francs.*

Gai! mariez-vous !
Gai! marions-nous !

Espérance !
Bonne chance !
Gai ! gai ! mariez-vous,
Le bonheur, c'est d'être époux !

BOUCHENCOEUR.

De l'hymen quel avant-goût !
J'éprouve un plaisir précoce !

ARTHÉMISE.

Ah ! je suis tout à la noce !

GRANDCASSIS, à part.

Moi !... je n'y suis pas du tout !

CHOEUR, REPRISE.

Gai ! gai ! mariez-vous !
marions-nous

BOUCHENCOEUR.

Enfin, nous voilà mariés !... je frétille !...

GRANDCASSIS, à part, très-sombre.

C'est fait !... condamné à perpétuité !... je m'appelle Mouchette II !...

BOUCHENCOEUR.

Cocotte... vous avez dit « Oui !... » vous ne vous en repentirez pas !... Je vous dirai quelque chose ce soir...

COCOTTE.

Quoi ?

BOUCHENCOEUR, avec intention.

Oh ! non ! ce soir !...

ARTHÉMISE, à Grandcassis.

Anatole !... vous êtes rêveur ?...

GRANDCASSIS.

Je ne suis pas rêveur... je suis embêté... voilà tout.

ACTE PREMIER.

BOUCHENCOEUR.

Mes enfants, en attendant le dîner, je propose de jouer à nous cacher dans les bosquets.

ARTHÉMISE, légèrement.

Ah! oui! jouons à nous cacher!...

GRANDCASSIS.

Mais taisez-vous donc!

LE TRAITEUR, entrant.

Messieurs... vos veaux sont servis!

BOUCHENCHOEUR.

Qu'est-ce que c'est ça, vôvô?...

LE TRAITEUR.

Je veux dire : le dîner est servi!...

TOUS.

A table! à table!...

CHOEUR.

Reprise de l'air.

Gai! gai! marions-nous,
mariez-vous,
Espérance,
Bonne chance!
Gai! gai! mariez-vous,
Le bonheur, c'est d'être époux!

Bouchencœur et Cocotte entrent à droite, suivis de leurs invités. La noce de Grandcassis entre à gauche ; Grandcassis reste sur le devant.

SCÈNE X.

GRANDCASSIS, ARTHÉMISE.

ARTHÉMISE, prête à entrer à gauche, s'arrêtant.

Eh bien, vous ne venez pas?...

GRANDCASSIS.

Merci... je n'ai pas faim!

ARTHÉMISE.

Cependant, vous aimez bien les repas de noce, ordinairement...

GRANDCASSIS.

Oui, je les aime... les jours où je ne me marie pas!

ARTHÉMISE.

Anatole!... tu m'en veux donc toujours?

GRANDCASSIS.

D'abord, madame Mouchette, je vous prie de ne pas me tutoyer.

ARTHÉMISE.

Puisque nous sommes unis!...

GRANDCASSIS.

C'est égal... c'est trop tôt!... c'est beaucoup trop tôt. Vous êtes veuve... vous devriez savoir ça!

ARTHÉMISE.

Boudeur! moi qui avais une si bonne nouvelle a vous annoncer!

GRANDCASSIS.

Une bonne nouvelle? (Vivement.) Est-ce que le divorce serait rétabli?...

ARTHÉMISE.

Ah! méchant!... voulez-vous savoir ce que c'est?...

GRANDCASSIS.

Oui...

ARTHÉMISE.

Eh bien, demandez-moi pardon... Qu'un baiser soit le gage de notre réconciliation.

GRANDCASSIS.

Un baiser? ah! non!... c'est trop tôt!... c'est beaucoup trop tôt!

ARTHÉMISE.

Allons!... je suis bonne... et cette nouvelle... je vais vous la dire... (Avec feu.) car je vous aime, moi!!!

GRANDCASSIS, à part, se reculant.

Saperlotte!... je me fais l'effet d'un goujon en tête-à-tête avec un brochet!

ARTHÉMISE.

Anatole... vous pouvez relever la tête!... on ne vous accusera plus de m'avoir épousée pour ma fortune!

GRANDCASSIS.

Comment?...

ARTHÉMISE

Vous êtes riche! votre tante Fifrelin a rendu son âme... en vous laissant six mille livres de rente!

GRANDCASSIS, avec joie.

Six mille!... alors je vous rembourse... je m'exonère... je demande à être exonéré.

ARTHÉMISE

Trop tard!...

GRANDCASSIS.

Pourquoi ne m'avez-vous pas dit cela plus tôt?

ARTHÉMISE.

Tiens!... vous n'auriez peut-être pas voulu m'épouser!...

GRANDCASSIS.

Je le crois fichtre bien!... mais depuis quand savez-vous cela?

ARTHÉMISE.

Ne vous fâchez pas!... depuis quinze jours...

GRANDCASSIS.

Quinze jours!...

ARTHÉMISE.

La femme de votre concierge... me remettait toutes vos lettres...

GRANDCASSIS.

Mais c'est une trahison! une infamie! ce mariage ne compte pas!... j'irai trouver l'autorité!...

Bruit des deux noces dans la coulisse.

ARTHÉMISE.

Silence!... on vient...

SCÈNE XI.

LES MÊMES, BOUCHENCŒUR, COCOTTE, RECULÉ LE TRAITEUR, INVITÉS DES DEUX NOCES.

LES DEUX NOCES, entrant par les deux côtés.

C'est affreux! ce n'est pas mangeable!

ACTE PREMIER.

BOUCHENCOEUR.

Depuis une heure, nous ne mâchons que du veau!... un jour de noce!

LE TRAITEUR.

Mais je vous assure...

BOUCHENCOEUR.

Votre maison n'est qu'une gargote! qu'on fasse avancer les voitures... j'emmène ma femme!

TOUS.

Partons!... partons!...

ARTHÉMISE, émue, à part.

Voici l'heure!

RECULÉ.

Un instant!... ça ne se fait pas comme ça! Les dames partent d'abord avec leurs demoiselles d'honneur.

Il fait placer les demoiselles d'honneur derrière les épouses.

GRANDCASSIS.

Ah! oui!... c'est une bonne idée!

RECULÉ.

Et quelques minutes après...

GRANDCASSIS.

Trois ou quatres heures!...

RECULÉ

Les époux suivent; voilà l'usage!

ARTHÉMISE.

A bientôt, Anatole, à bientôt!

GRANDCASSIS.

Bonsoir! bonsoir!...

RECULÉ, à Cocotte.

Où demeurez-vous?

COCOTTE.

Je n'en sais rien... Demandez à mon mari...

RECULÉ.

C'est juste! (Se trompant et s'adressant à Grandcassis.) Où demeurez-vous?

GRANDCASSIS.

15, rue des Petits-Augustins. Voilà ma carte.

RECULÉ, à Bouchencœur.

Et vous?

BOUCHENCOEUR.

15, rue des Grands-Augustins. Voilà ma carte.

RECULÉ.

Je vais vous faire une corne...

BOUCHENCOEUR.

Hein?

RECULÉ.

Pour vous reconnaître.

TOUS.

Partons! partons!

ENSEMBLE.

AIR final des *Grands seigneurs chez Ramponneau* (Auber).

Célébrons ce gai mariage;
Rions, chantons, c'est le bonheur!
Amusons-nous, faisons tapage,
Le plaisir rend le cœur meilleur.

Cocotte et Arthémise sortent cérémonieusement avec leurs demoiselles d'honneur. Reculé les conduit. Les invités des deux sexes suivent. — On voit passer derrière le mur du fond les deux voitures allant à gauche.

SCÈNE XII.

BOUCHENCŒUR, GRANDCASSIS,
Traiteur, puis RECULÉ.

BOUCHENCOEUR, transporté.

Enfin!... le doux instant approche!

GRANDCASSIS, à part.

Je payerais cher un billet de garde!...

BOUCHENCOEUR, chantant.

Je sens mon cœur qui bat!... qui bat! qui bat!... Et vous?

GRANDCASSIS.

Moi?... je suis riche... demain au petit jour, je paye mes vingt-quatre mille brioches... et je pousse une pointe sur l'Amérique!...

BOUCHENCOEUR.

Sans votre femme?

GRANDCASSIS.

Parbleu!... Mais le difficile... est de gagner sans accident le petit jour!...

BOUCHENCOEUR.

Ah! voilà! moi, je ne le pourrais pas !...

GRANDCASSIS.

La veuve Mouchette... manque de conversation...

BOUCHENCOEUR.

Lisez-lui quelque chose...

GRANDCASSIS.

Je crois qu'une lecture bien sentie de nos grands poëtes ne la charmerait qu'imparfaitement.

LE TRAITEUR, apportant un flacon à Bouchencœur.

Monsieur, voilà...

BOUCHENCŒUR.

Ah! merci!...

GRANDCASSIS.

Qu'est-ce que c'est ça?

BOUCHENCOEUR.

Chut!... c'est un flacon d'essence de myrte... c'est anacréontique... En usez-vous?

GRANDCASSIS.

Voulez-vous me laisser tranquille, avec votre myrte!... Tiens!... vous me donnez une idée!...

BOUCHENCOEUR.

Laquelle?

GRANDCASSIS.

Avant de rentrer, je vais me faire servir un vaste plat de choucroute!...

BOUCHENCOEUR.

Ça ne passera pas!...

GRANDCASSIS.

Tant mieux! c'est ce que je veux! la veuve Mouchette sera obligée de me faire du thé toute la nuit!... en attendant l'aurore aux doigts de rose...

On voit les voitures revenir par la gauche.

BOUCHENCOEUR.

Ah! voilà nos voitures!

ACTE PREMIER.

GRANDCASSIS.

Elles ont eu bien tort de se déranger!

RECULÉ, entrant.

Messieurs, quand vous voudrez...

BOUCHENCOEUR.

Vite! vite!... Cocotte va m'attendre!...

GRANDCASSIS, avec tristesse.

Allons manger de la choucroute!

Ils sortent. — Musique jusqu'au baisser du rideau.

RECULÉ.

Bonne nuit, messieurs.

BOUCHENCOEUR, en dehors, au cocher.

Cocher! au galop!...

GRANDCASSIS, de même.

Cocher!... au pas!...

SCÈNE XIII.

RECULÉ, LE TRAITEUR.

RECULÉ.

Allons!... tout s'est bien passé!... j'ai conduit la vieille chez le vieux...

LE TRAITEUR.

Hein?...

RECULÉ.

Et la jeune chez le jeune!...

LE TRAITEUR.

Mais ce n'est pas ça!... c'est le contraire!...

RECULÉ, se frottant les mains.

Oui, je suis assez content de ma journée!..

LE TRAITEUR, remontant.

Il faut les prévenir... (On entend le bruit des voitures qui partent.) Trop tard!... (A Reculé.) Eh bien, vous avez fait là un drôle de mic-mac!...

RECULÉ, chantant

Il faut des époux assortis...

ACTE DEUXIÈME.

Un appartement complétement nu : alcôve vide, une bougie allumée sur la cheminée à gauche.

SCÈNE PREMIÈRE.

FORMOSE, LE TAMBOUR, puis LE PORTIER.

FORMOSE, entrant, à la cantonade.

Par ici, tambour.

LE TAMBOUR, entrant avec sa caisse.

Voilà, voilà, bourgeois!

FORMOSE.

Tu as bien retenu mes instructions?

LE TAMBOUR.

Parfaitement... Vous m'avez dit de battre un roulement chaque fois que j'entendrais le bruit d'un baiser... l'idée est *bizarre!*

FORMOSE.

C'est pour un Anglais qui se marie et... le tambour lui fait plaisir...

LE TAMBOUR.

Ah bien! moi... ça m'embêterait.

FORMOSE.

Je ne te demande pas ça. Entre là, avec ta caisse; enferme-toi, et n'ouvre à personne... il y a vingt francs pour toi.

LE TAMBOUR.

Vingt francs!... *sufficit!*... (A part, en entrant dans un cabinet à droite.) C'est égal... l'idée est *bizarde!*...

Il disparaît.

LE PORTIER, entrant, un bougeoir à la main.

Ah! vous voilà, monsieur Formose?

FORMOSE, à part.

Il était temps!...

LE PORTIER.

Il me semblait vous avoir vu passer avec un tambour?...

FORMOSE.

Oui... il est monté au-dessus...

LE PORTIER.

Il sera allé chez le plumassier, qui est sergent-major...

FORMOSE.

M. Grandcassis m'avait prié de déposer quelque chose chez lui... (Montrant la porte par laquelle le tambour est entré.) J'ai déposé... (Regardant autour de lui.) Tiens! tiens!... où donc sont les meubles?...

LE PORTIER.

M. Anatole a vendu tout son noyer hier matin...

FORMOSE.

Comment!... même le lit?

LE PORTIER.

C'est par là qu'il a commencé...

FORMOSE, à part.

Un jour de noce? tiens! c'est drôle!...

LE PORTIER.

Je présuppose qu'il habitera sous le même toit que ma dame son épouse...

FORMOSE, à part.

C'est pourtant bien chez lui qu'Arthémise doit venir...

LE PORTIER.

Alors je me suis permis de louer son appartement... à une dame seule... ses meubles sont dans la cour...

FORMOSE.

Vraiment?... Faites-les monter... et la dame aussi!...

LE PORTIER.

Très-bien!... je préviendrai les commissionnaires.

FORMOSE, à part.

Des locataires!... ça sera encore plus drôle!... Bonne nuit, veuve Mouchette! Je reviendrai demain matin chercher de vos nouvelles! Ah! je suis un insecte! (Au portier.) Adieu!

LE PORTIER.

Bien des bonsoirs, monsieur Formose.

Formose sort par le fond en gesticulant.

SCÈNE II.

LE PORTIER, puis COCOTTE, avec DEUX DEMOISELLES D'HONNEUR.

LE PORTIER.

Qu'est-ce qu'il a donc à se tortiller?... C'est égal!... je

ne suis pas content de M. Grandcassis... il ne m'a seulement pas envoyé une lettre de faire part!... un homme qui m'a dû jusqu'à des quatorze francs!...

> Il disparaît un moment dans la chambre à gauche, Cocotte entre en costume de mariée, suivie de ses deux demoiselles d'honneur.

ENSEMBLE

AIR du *Cabaret de Lustucru.*

C'est l'heure des amours,
C'est l'heure du mystère,
Et la nuit tutélaire
Nous prête son secours.

LE PORTIER, à part.

D'où viennent-elles, celles-là?... (Haut.) Qui demandez-vous?...

PREMIÈRE DEMOISELLE

Nous amenons la mariée...

LE PORTIER.

Ah bah!... ici?...

DEUXIÈME DEMOISELLE.

Sans doute... chez son mari!...

LE PORTIER.

Je veux bien, moi!... (A part.) Elle est gentille, mame Natole!

Il sort.

SCÈNE III

COCOTTE, LES DEUX DEMOISELLES D'HONNEUR.

COCOTTE.

Mon Dieu! que j'ai peur!... Mesdemoiselles, ne me quittez pas!...

PREMIÈRE DEMOISELLE.

Allons, du courage, Cocotte!...

COCOTTE.

Lorsque je suis partie, ma tante Trinquart pleurait... et elle m'a embrassée en disant : « Pauvre enfant!... pauvre enfant!... »

DEUXIÈME DEMOISELLE.

Et tous les messieurs riaient... Est-ce drôle

COCOTTE, mystérieusement.

Il paraît qu'avant d'être reçue femme mariée, on vous condamne à des épreuves terribles!...

LES DEUX DEMOISELLES, frissonnant.

Ah!...

COCOTTE.

Comme pour la franc-maçonnerie... Puis on vous fait jurer le secret le plus absolu... C'est pour cela que les demoiselles ne savent jamais rien!...

PREMIÈRE DEMOISELLE.

Oh!... tu nous le diras, toi?...

DEUXIÈME DEMOISELLE.

Oh! oui, n'est-ce pas?...

PREMIÈRE DEMOISELLE.

Tu n'as rien à craindre... M. Bouchencœur paraît t'aimer...

DEUXIÈME DEMOISELLE.

Et il a l'air d'un bien brave homme!

COCOTTE.

Oui, mais qu'il est laid, mon Dieu!

PREMIÈRE DEMOISELLE.

Il t'a fait meubler un palais de velours et de palissandre... (Regardant autour d'elle.) Tiens!... où est-il donc, son palissandre?

COCOTTE, se retournant.

Ah!... pas un meuble!...

PREMIÈRE DEMOISELLE.

C'est la pièce d'entrée... Les appartements sont par là sans doute...

DEUXIÈME DEMOISELLE.

Allons, adieu!... Nous viendrons voir tout cela demain.

COCOTTE, effrayée.

Vous me laissez seule?...

PREMIÈRE DEMOISELLE.

On nous a bien recommandé de ne rester que cinq minutes... Adieu, Cocotte...

Elle l'embrasse d'un côté, la deuxième demoiselle de l'autre. On entend un roulement de tambour à droite.

TOUTES TROIS, poussant un cri

Ah!...

COCOTTE.

Qu'est-ce que c'est que ça?

DEUXIÈME DEMOISELLE, très-effrayée.

Je n'ai rien entendu!...

COCOTTE.

J'ai trop peur!... emmenez-moi!...

PREMIÈRE DEMOISELLE.

C'est impossible!...

DEUXIÈME DEMOISELLE.

Adieu, Cocotte!...

Les deux demoiselles s'embrassent, deuxième roulement de tambour; nouveau cri des trois demoiselles, Cocotte se sauve à gauche, les deux autres par le fond.

SCÈNE IV.

LE TAMBOUR, seul, passant la tête.

Plus personne!... C'est égal! c'est une drôle de consigne qu'on m'a donnée là!... Hein?... du bruit?... c'est milord qui rentre avec son épouse... A mon poste!... et soignons la chamade!

Il entre à droite.

SCÈNE V.

GRANDCASSIS, seul; il porte un pliant sous son bras et un bougeoir. Musique sombre.

Voici l'instant funèbre... Je ne cacherai pas que j'y vais comme un chien qu'on fouette!... J'ai mangé quatre portions de choucroute! et je ne sens rien!... ça passe!... ça passe très-bien!... j'ai un déplorable estomac!... Voyons!... quel âge peut avoir cette veuve Mouchette? . elle déclare vingt-neuf ans... mettons en quarante-huit... encore deux ans!... et elle aura cessé de faire partie de la garde nationale!... c'est triste d'avoir une femme rayée des contrôles pour cause de maturité publique!... Ce qui me console, c'est l'absence de tout mobilier... Là où il n'y a pas de meubles... la mariée perd ses droits... Je me suis acheté ce petit pliant pour mon usage personnel!... Si la veuve est gentille... mais la... bien gentille... je le lui prêterai... nous nous assoirons au quart d'heure!... (Ouvrant le pliant, qui est très-étroit.) Si toutefois elle peut y entrer!... Elle est là qui m'attend... palpitante et rugissante!... Dois-je la prévenir de mon arrivée? Ma foi, non! J'ai le temps!... je vais fumer une pipe!... mon tabac est par là... (Il se dirige vers le fond.) Espérons que la fumée lui sera désagréable!...

Il entre au fond à gauche.

SCÈNE VI.

Le Portier, suivi de Deux Commissionnaires;
ils portent un divan, une toilette et un fauteuil.

LE PORTIER, aux commissionnaires.

Là!... doucement... posez ça là!... (Les commissionnaires posent le divan à gauche, la toilette à droite, et le portier pose le fauteuil, à droite. — A lui-même.) Je crois que ça fera plaisir à M. Natole... Est-ce bête de vendre ses meubles le jour où on se marie!... (Aux commissionnaires.) Allez chercher le reste... et prenez garde au lit... il est en palissandre!...

Les commissionnaires sortent.

SCÈNE VII.

Le Portier, GRANDCASSIS.

GRANDCASSIS, rentrant et fumant.

Espérons que la fumée lui sera désagréable.

LE PORTIER, à Grandcassis.

Monsieur...

GRANDCASSIS.

Quoi?

LE PORTIER, lui montrant le divan d'un air satisfait.

Voilà!...

GRANDCASSIS.

Qu'est-ce que c'est que ça?

LE PORTIER.

C'est le mobilier de la nouvelle locataire.

GRANDCASSIS, exaspéré.

Je n'en veux pas!... Un divan?... ah! mais non!

LE PORTIER.

Mais, monsieur... Cependant vous avez permis...

GRANDCASSIS.

Rien!... j'ai l'appartement jusqu'à midi!... je suis chez moi!... un pliant me suffit!... le propriétaire n'a pas le droit de m'augmenter!...

LE PORTIER.

Ne vous fâchez pas!... Je vais dire aux commissionnaires de remporter...

GRANDCASSIS.

Dépêchez-vous!... et plus vite que ça!

On aperçoit dans le fond les commissionnaires qui portent des matelas.

LE PORTIER.

Voulez-vous me permettre seulement de déposer le lit dans un coin?

GRANDCASSIS, bondissant.

Le lit! le lit! (Lui donnant un coup de pied.) animal!

LE PORTIER, se sauvant.

Aïe!

Il disparaît.

SCÈNE VIII

GRANDCASSIS, puis COCOTTE,
puis UN COMMISSIONNAIRE.

COCOTTE, en entrant.

Quel singulier appartement!...

GRANDCASSIS, à part, sans regarder.

La Mouchette! (Cocotte entre.) Voici le quart d'heure de Rabelais!... (Haut.) La fumée de tabac ne vous incommode pas?

COCOTTE, le reconnaissant.

M. Anatole!...

GRANDCASSIS.

Hein? Cocotte!... chez moi!...

ACTE DEUXIÈME.

COCOTTE.

Chez vous?... comment, monsieur, je suis ici chez vous?

GRANDCASSIS, à part.

Seul, avec elle!...

COCOTTE.

Je veux partir, monsieur... je veux aller retrouver mon mari!...

GRANDCASSIS, suppliant.

Oh! pas encore!... il n'est pas tard!... restez!.. nous parlerons de Casimir... de ce pauvre Casimir...

COCOTTE.

Casimir!... à quoi pensez-vous?...

GRANDCASSIS.

A quoi je pense?... (A part.) Oh! si Bouchencœur le savait... il ne rirait pas!... la Mouchette non plus!...

COCOTTE.

Monsieur, faites-moi avancer une voiture...

GRANDCASSIS, à part.

La laisser partir?... jamais!

COCOTTE.

Je veux m'en aller!...

GRANDCASSIS.

Cocotte... je suis un galant homme, prêt à donner ma vie pour vous épargner la peine d'aller chercher un fiacre...

COCOTTE.

Eh bien?...

GRANDCASSIS.

Eh bien, je n'irai pas!...

COCOTTE.

Comment?..

GRANDCASSIS.

Car, si vous manquiez à remplir les formalités voulues... vous seriez perdue... déshonorée!... Argenteuil se voilerait la face!...

COCOTTE.

Quelles formalités?...

GRANDCASSIS.

Cocotte... le mariage n'est pas ce qu'un vain peuple pense!... Le monde a ses usages...

COCOTTE.

Je ne comprends pas!...

GRANDCASSIS.

Qui est-ce qui vous a amenée ici?...

COCOTTE.

C'est le père Reculé.

GRANDCASSIS.

La!... vous voyez bien... un homme respectable! et vous osez soupçonner ce vieillard!...

COCOTTE.

Il se sera trompé d'adresse...

GRANDCASSIS.

Non, Cocotte, il ne s'est pas trompé!... et, s'il vous a conduite ici, c'est qu'il devait vous conduire ici.

COCOTTE, étonnée.

Ah bah!...

GRANDCASSIS, à part.

Elle la gobe très-bien!... (Haut.) Cela vous étonne,

naïve enfant... Quand une jeune fille est mariée, vous vous figurez sans doute qu'il n'y a plus qu'à la conduire au domicile conjugal?

COCOTTE.

Dame!... à Argenteuil...

GRANDCASSIS.

A Argenteuil, ce sont des Auvergnats! n'en parlons pas!... mais à Paris... il est un usage... antique et solennel!... Le mari fait choix d'un homme recommandable... comme moi... aux mains duquel il confie sa rougissante compagne...

COCOTTE.

Tiens! pourquoi donc?...

GRANDCASSIS.

Mais pour lui faire comprendre, paternellement, ses devoirs de maîtresse de maison.

COCOTTE.

Ah! oui!... les épreuves!... pour la faire admettre...

GRANDCASSIS, d'abord surpris.

Plaît-il?

COCOTTE.

On m'en avait parlé...

GRANDCASSIS.

Ah!...

COCOTTE.

Mais je croyais que c'était le mari lui-même...

GRANDCASSIS.

Oui... en province!...

COCOTTE.

Comme ça... c'est vous qui allez me dire quelles épreuves?...

GRANDCASSIS.

Mon Dieu, oui!... mon Dieu, oui!...

COCOTTE.

Eh bien, c'est drôle... j'ai moins peur!...

GRANDCASSIS, avec gravité.

Ne craignez rien... placé près de vous par la confiance de monsieur votre mari... je tâcherai de me rendre digne de l'honneur...

COCOTTE.

Par exemple, je vous prierai de supprimer le tambour!...

GRANDCASSIS.

Le tambour?...

COCOTTE.

Oui... ça me fait sauter!...

GRANDCASSIS.

On supprimera le tambour. Veuillez d'abord vous débarrasser de votre fichu...

COCOTTE.

Ça!... ce n'est pas difficile... voilà! c'est fait!...

Elle le plie et le pose sur la cheminée.

GRANDCASSIS, à part.

Dieu!... les belles épaules!... (Par réflexion.) Une chose qui serait bien embêtante... là... mais... bien embêtante... ce serait de voir entrer la veuve Mouchette comme une trombe!.. Où peut être son fiacre à l'heure qu'il est?...

COCOTTE, redescendant.

Eh bien, après?...

GRANDCASSIS.

Maintenant... la couronne... le bouquet...

COCOTTE.

Comment?...

GRANDCASSIS.

C'est indispensable!...

COCOTTE.

Ah bien, non!... je garde ma couronne.

GRANDCASSIS.

Cependant, il y a un programme, ou il n'y en a pas!... comprenez bien!... Je ne suis pas ici pour mon plaisir, moi... c'est une complaisance que j'ai...

COCOTTE.

Je le sais, monsieur Anatole, et je vous en remercie. (A part.) Comme il est sévère!... (Lui remettant sa couronne et son bouquet.) Êtes-vous content?...

GRANDCASSIS.

Ça commence!... (Il remonte porter la couronne et le bouquet sur la toilette. — A part.) Où peut être le fiacre de la mère Mouchette? (Redescendant avec un démêloir et des papillotes qu'il a trouvés dans la toilette.) Maintenant, nous allons passer à la seconde épreuve...

COCOTTE, étonnée.

Qu'est-ce que c'est que ça?

GRANDCASSIS.

L'épreuve des papillotes... Vous allez..

COCOTTE.

Devant vous?... jamais!...

GRANDCASSIS.

Placé près de vous... par la confiance de monsieur votre mari...

COCOTTE.

C'est inutile... je ne veux pas...

GRANDCASSIS.

Puisque c'est dans le programme !...

COCOLTE.

Ça m'est égal...

GRANDCASSIS.

Alors, mademoiselle, j'en suis désolé... mais je ne connais que mon devoir... je me vois forcé de faire mon rapport...

COCOTTE.

Votre rapport?

GRANDCASSIS.

Lequel sera déposé aux archives... et le conseil décidera...

Fausse sortie.

COCOTTE.

Ah! mon Dieu!... le conseil?...

GRANDCASSIS.

Mademoiselle, j'ai bien l'honneur...

COCOTTE, haut, le rappelant.

Ne vous en allez pas, monsieur... donnez... je vais les mettre...

GRANDCASSIS, lui remettant les papillotes.

Dans votre propre intérêt... je vous le conseille... Moi, ça m'est égal... je ne suis pas ici pour mon plaisir...

ACTE DEUXIÈME.

COCOTTE.

Je sais bien que c'est une complaisance...

Elle remonte vers la toilette, et se coiffe.

GRANDCASSIS.

A la bonne heure!... (Regardant Cocotte se coiffer.) Est-elle gentille! Ah! je ne suis pas riche!... mais je donnerais cinquante mille paires de mouchettes pour un cil de ses yeux...

COCOTTE.

Ne vous impatientez pas... je finis...

Elle passe à gauche.

GRANDCASSIS.

Très-bien...

COCOTTE.

Est-ce tout?...

Elle s'assied sur le divan.

GRANDCASSIS, se plaçant près d'elle.

Oui... maintenant, causons... (Avec sentiment.) Ah! Cocotte!...

COCOTTE.

Monsieur Anatole?...

GRANDCASSIS.

Voulez-vous causer?...

COCOTTE.

Je veux bien, monsieur Anatole...

GRANDCASSIS, tendrement.

Vous souvient-il du jour...?

UN COMMISSIONNAIRE, entrant.

Voyon, bourgeois... faut que j'enlève le divan.

COCOTTE et GRANDCASSIS.

Hein?...

GRANDCASSIS.

Plus tard!... tu diras à cette dame que je l'autorise à le laisser ici...

LE COMMISSIONNAIRE.

Ça ne me regarde pas... On m'a dit d'enlever... j'enlève!... Ouste!...

> Il soulève le divan avec brutalité. Grandcassis et Cocotte se lèvent. Le commissionnaire charge le divan sur son épaule et sort.

GRANDCASSIS.

« Ouste!... » butor, va!... (A Cocotte.) Tenez!... asseyez-vous sur ce fauteuil...

COCOTTE, s'asseyant.

Volontiers!...

GRANDCASSIS.

Et moi, sur ce pliant... (Il s'assoit.) tout près de vous!... je suis très-mal... mais enfin!...

COCOTTE.

Je commençais à être lasse...

GRANDCASSIS.

Cocotte!...

COCOTTE.

Monsieur Anatole?...

GRANDCASSIS.

Causons... Voulez-vous causer?...

COCOTTE.

Je veux bien, monsieur Anatole...

ACTE DEUXIÈME.

GRANDCASSIS, tendrement.

Cocotte, vous souvient-il du jour...?

LE COMMISSIONNAIRE, rentrant.

Le fauteuil, à présent!...

COCOTTE, se levant.

Encore!...

GRANDCASSIS, se levant.

Ah! mais... c'est embêtant!...

LE COMMISSIONNAIRE.

On m'a dit d'enlever... j'enlève!... Ouste!...

Il sort en emportant le fauteuil et le pliant.

GRANDCASSIS, à part.

Faire la cour sur une patte... comme les hérons!... ça manque de gaieté!...

Ils se promènent de long en large.

COCOTTE.

Monsieur Anatole... je voudrais pourtant bien m'asseoir...

GRANDCASSIS, lui offrant son bras.

Appuyez-vous sur moi... Causons!... voulez-vous causer?... Cocotte.. vous souvient-il du jour où je vous rencontrai sur les rivages d'Argenteuil?...

COCOTTE, pendue à son bras.

Oh! oui!...

GRANDCASSIS.

Vous étiez sur votre âne... et moi, suivant à pied... j'imitais son silence... autour de vous rangé... Tout à coup Casimir...

COCOTTE.

Butta contre une grosse pierre et fit un faux pas...

GRANDCASSIS.

L'aimable enfant!...

COCOTTE.

Et vous avez eu la bonté de me relever... et de me consoler... parce que j'avais cassé mes œufs...

GRANDCASSIS, amoureusement.

Elle n'a rien oublié!...

COCOTTE, même jeu.

Oh! non!... aussi, chaque fois que je rencontre un âne... je pense bien à vous, allez!...

GRANDCASSIS, transporté.

Ah! que vous êtes bonne!...
Il l'embrasse sur le front. On entend un roulement de tambour.

COCOTTE.

Ah! mon Dieu!...

GRANDCASSIS.

Qui est-ce qui a fourré des tambours dans ma cuisine?...

SCÈNE IX.

COCOTTE, GRANDCASSIS, LE TAMBOUR.

GRANDCASSIS.

Et de la garde nationale encore!...

LE TAMBOUR.

Milord est-il content?

GRANDCASSIS.

Quoi? milord?... d'où tombe-t-il, cet animal-là?...

LE TAMBOUR, tendant la main.

C'est vingt francs.

GRANDCASSIS.

Vingt francs?... allez vous coucher!...

LE TAMBOUR.

Ah! mais je n'entends pas ça!...

GRANDCASSIS.

Vous, vous m'embêtez!...

Il le repousse dans le cabinet et ferme la porte.

SCÈNE X

Les Mêmes, le Portier.

LE PORTIER, entrant vivement.

Monsieur... c'est une dame qui demande à vous parler.

GRANDCASSIS, redescendant avec effroi.

Sapristi!... la veuve Mouchette!...

LE PORTIER.

Non, monsieur... c'est la nouvelle locataire.

Il sort.

GRANDCASSIS.

Comment?... ah! que c'est bête!... (A Cocotte.) J'ai cru que c'était ma femme!...

COCOTTE.

Votre femme!... mais elle en train de mettre ses papillotes.

GRANDCASSIS.

Comment?

COCOTTE.

Eh bien, oui... ses épreuves...

GRANDCASSIS.

Quelles épreuves?

COCOTTE.

Comme moi... chez M. Bouchencœur.

GRANDCASSIS.

Ne plaisantons pas.

COCOTTE.

Elle est chez lui... comme je suis chez vous... c'est dans le programme!

GRANDCASSIS.

Cornebœuf! ma femme!... on a beau avoir épousé une vieille... on n'est pas flatté...

COCOTTE.

Qu'avez-vous donc ?

GRANDCASSIS, poussant un cri.

Ah !... Et Bouchencœur qui a pris un bain de myrte!... vite! partons! courons!

COCOTTE.

Qu'est-ce qui vous presse ?

GRANDCASSIS.

Comment, ce qui me presse?... Quand je vous dis qu'il s'est trempé dans le myrte!... Sera-t-il encore temps, mon Dieu!

ACTE DEUXIÈME.

ENSEMBLE.

AIR : *Ah! quelle aimable fête* (Rossini).

Ah!... Dépêchons, le temps presse :
  Maudit jour de tracas !
Ah!... La chose m'intéresse,
  Partons avec vitesse,
  Car
  Son l'honneur est là-bas !

Pendant l'ensemble, Cocotte prend son écharpe, sa couronne, son bouquet et s'enfuit seule.

ACTE TROISIÈME.

CHEZ BOUCHENCŒUR

Un appartement richement meublé. — Porte au fond. — Une croisée de chaque côté de la porte. — Portes latérales au troisième plan. — A gauche, au premier plan, un guéridon. — Au deuxième plan, une console portant une lampe allumée. — A droite, une cheminée avec pendule et candélabres. — Au premier plan, à droite, une petite porte. — Chaises, fauteuils, sonnette.

SCÈNE PREMIÈRE.

ARTHÉMISE, deux Demoiselles d'honneur.

Arthémise, en costume de mariée, est introduite par ses deux vieilles demoiselles d'honneur.

CHOEUR.

AIR du Cabaret de Lustucru.

C'est l'heure des amours,
C'est l'heure du mystère,
Et la nuit tutélaire
Nous prête son secours !

ARTHÉMISE.

Mon Dieu ! que je suis émue ! je tremble comme une feuille de rose que l'aquilon va détacher !

PREMIÈRE DEMOISELLE.

Calmez-vous!...

ARTHÉMISE.

C'est impossible! mon pauvre cœur bat!

PREMIÈRE DEMOISELLE.

Ce sont les trois étages...

ARTHÉMISE.

Oh! non! ce ne sont pas les trois étages!... (Baissant les yeux.) C'est la situation!... Grandcassis va venir...

DEUXIÈME DEMOISELLE.

Voyons, du courage!... vous avez déjà été mariée une fois, M. Mouchette...

ARTHÉMISE, vivement.

Mouchette ne compte pas!... je ne l'ai jamais aimé!...

LES DEUX DEMOISELLES.

Ah bah!...

ARTHÉMISE.

Je puis le dire... maintenant qu'il n'est plus!... c'était un homme sans poésie... il ronflait.. comme une trompe!... (Avec sentiment.) Aussi, j'apporte à mon Anatole la primeur d'un cœur novice, c'est pour cela que j'ai cru pouvoir réarborer la fleur d'oranger... Écoutez!... Ah! mon Dieu!...

Elle chancelle.

LES DEUX DEMOISELLES, l'assistant.

Qu'avez-vous donc?

ARTHÉMISE.

Rien! il m'avait semblé reconnaître le pas d'Anatole!...

PREMIÈRE DEMOISELLE.

Voulez-vous que nous restions près de vous?

ARTHÉMISE, vivement.

Non!... ah! non!...

DEUXIÈME DEMOISELLE.

Si vous avez peur?

ARTHÉMISE.

J'ai peur... mais je sais me faire une raison... (Les congédiant.) Bonsoir, mesdemoiselles, bonne nuit!...

REPRISE DU CHOEUR PRÉCÉDENT.

C'est l'heure des amours,
Etc.

Les deux demoiselles sortent poussées par Arthémise,

SCÈNE II.

ARTHÉMISE, seule.

J'ai cru qu'elles ne s'en iraient pas!... (Posant la main sur son cœur.) Tic tac! tic tac! tic tac! je ne sais pas ce que j'ai aujourd'hui... je suis comme une enfant!... (Regardant l'ameublement.) Tiens!... c'est très-gentil, ici!... quelle jolie pendule! Paul et Virginie s'abritant sous un cocotier! Paul, c'est Grandcassis, je suis Virginie... et cet appartement, c'est le cocotier! Et moi qui croyais Anatole gêné... il aurait pu vendre tout cela et me payer... il ne l'a pas fait... donc il m'aime!... O merci, mon Dieu! (On entend du bruit au dehors.) C'est lui!... c'est Anatole!... (Mettant la main sur son cœur.) Tic tac! tic tac!... dérobons-lui ma rougeur!...

Elle éteint la lampe. La scène devient obscure.

SCÈNE III.

ARTHÉMISE, BOUCHENCŒUR.

BOUCHENCŒUR, entrant, à part.

Cré coquin de myrte!... cette odeur me barbouille!

ARTHÉMISE, à part; elle tousse.

Hum! hum!

BOUCHENCŒUR, à part.

Elle!... pauvre petite! j'ai peur de l'effaroucher!...

Il frappe doucement à la porte.

ARTHÉMISE, d'une voix très-forte.

Entrez!...

BOUCHENCŒUR, à part.

Mâtin!... elle a un bon creux! (Haut, cherchant dans l'obscurité.) C'est moi!... où es-tu?... où es-tu?

ARTHÉMISE, à part.

Tiens! il est enrhumé! (Haut.) Coucou!...

BOUCHENCŒUR, à part.

Elle joue à cache-cache! (Appelant.) Cocotte! ma Cocotte!

ARTHÉMISE, à part.

Il m'appelle sa Cocotte!... Mouchette m'appelait son petit chien bleu!... quelle différence! (Haut.) Par ici! par ici!... (Rencontrant la main de Bouchencœur et la serrant avec force.) Je t'attendais, enfant, je t'attendais!...

BOUCHENCŒUR, criant.

Aïe!... (A part.) Quelle poigne!... je crois qu'elle sera d'une bonne santé!

ARTHÉMISE.

Parle moi! parle-moi!...

BOUCHENCOEUR.

Oui!... (A part.) Cré coquin de myrte! (Haut.) Si nous allumions!...

ARTHÉMISE.

Oh! non, je ne veux pas que tu me voies rougir!

BOUCHENCOEUR, à part.

C'est juste!... une rosière!...

ARTHÉMISE.

D'ailleurs l'ombre plaît aux amants! où es-tu?... tu te dérobes toujours!...

BOUCHENCOEUR.

Voilà!

ARTHÉMISE.

Ta main... dans la mienne!...
Elle lui prend la main et la serre vigoureusement.

BOUCHENCOEUR.

Aïe!...

ARTHÉMISE.

Tu trembles, enfant?

BOUCHENCOEUR.

Non; mais vous serrez trop fort!

ARTHÉMISE.

Parle-moi!... parle-moi!...

BOUCHENCOEUR.

Oui... figurez-vous que je me suis imprégné de myrte..

ARTHÉMISE.

Je sais que tu aurais pu vendre tes meubles... et tu ne les as pas vendus!...

BOUCHENCOEUR

Plaît-il?...

ARTHÉMISE.

Alors, tu m'aimes, n'est-ce pas?

BOUCHENCOEUR, à part.

Tiens! pour une rosière!... (Haut.) Eh bien, oui, Cocotte... oui, Cocotte!...

ARTHÉMISE, lui prenant la tête.

Oh! merci!... (L'embrassant au front avec transport.) Tu es beau! tu es beau!...

BOUCHENCOEUR, se dégageant, à part.

Sacrebleu! est-ce qu'elles sont toutes comme ça, à Argenteuil?...

ARTHÉMISE.

Tiens! voilà ma couronne! tiens! voilà mon bouquet!... prends!

Elle les lui donne.

BOUCHENCOEUR.

Si nous allumions?

ARTHÉMISE.

Oh! non!... l'ombre! l'ombre!... où est ma chambre?

BOUCHENCOEUR.

Là!... à droite... permettez-moi de vous y conduire.

Il l'accompagne et lui dérobe un baiser sur le cou.

ARTHÉMISE, avec pudeur.

Ne me suivez pas!... je vous défends de me suivre! (Avant de sortir et avec grâce.) Je sonnerai!

Elle disparaît à gauche.

SCÈNE IV.

BOUCHENCŒUR, seul.

Elle sonnera! diable!... (Allumant une bougie sur la cheminée.) Cocotte est une rose... mais une rose du Bengale qui se souvient de son soleil! (Regardant autour de lui.) Personne! profitons de ce moment de solitude pour procéder à mon petit maquillage... (Il s'approche de la console à gauche et s'accommode.) D'abord, une couche de blanc... après, une couche de rouge... et ensuite je me dessinerai quelques veines. Le visage de l'homme est comme un appartement : il faut de temps à autre boucher les crevasses et rafraîchir les peintures!... j'ai envie de me planter un petit signe sur la lèvre... (La sonnette de gauche s'agite avec impatience.) Mazette!... déjà! (Criant.) Voilà! voilà!... où est ma crème de riz?... (La sonnette s'agite avec impétuosité.) Voilà! voilà!... Sapristi!... est-ce qu'elles sont toutes comme ça, à Argenteuil?... Vite! ma coiffure!...

Il ôte sa perruque et la peigne.

SCÈNE V.

BOUCHENCŒUR, COCOTTE.

COCOTTE, entrant par le fond.

Enfin! j'ai pu m'échapper!...

BOUCHENCŒUR, se retournant.

Hein? elle!... on n'entre pas!

Il remet vivement sa perruque à l'envers.

COCOTTE.

Comment, monsieur, vous portez perruque?..

BOUCHENCOEUR, à part.

Elle m'a vu! (Haut.) Non!... je faisais ma raie... et alors... Comme c'est plus commode... Sacrebleu! on n'entre pas comme ça! on frappe!

COCOTTE.

Mais je sonne depuis deux heures!

BOUCHENCOEUR.

Parbleu!... je l'ai bien entendu!... je ne suis pas sourd!... Rentrez, que diable! j'ai besoin d'être seul!

COCOTTE.

Ne vous fâchez pas!... je rentre... (A part.) Oh! qu'il est laid!

Elle entre à droite sans être vue de lui.

BOUCHENCOEUR, seul.

Ah! mais!... décidément, elles n'ont pas de patience, les rosières d'Argenteuil! (Apercevant dans la glace sa perruque à l'envers.) Oh! saprelotte!... et ma perruque... à l'envers! (Il la rajuste.) Me voilà dépoétisé!... j'ai perdu mon charme!...

SCÈNE VI.

BOUCHENCOEUR, GRANDCASSIS.

GRANDCASSIS, dans la coulisse.

Il faut que je lui parle!... il le faut!

BOUCHENCOEUR.

Hein?... qu'est-ce?

GRANDCASSIS, entrant.

Ah! le voilà!

BOUCHENCOEUR.

Vous chez moi! à cette heure!

GRANDCASSIS.

Mon ami, répondez-moi franchement...

BOUCHENCOEUR.

Quoi?...

GRANDCASSIS.

Quel événement!... c'est le père Reculé... un sourd... Parlez!... la femme que vous avez trouvée ici...?

BOUCHENCOEUR.

Ah! mon ami!... charmante! délicieuse!

GRANDCASSIS, terrifié.

Ah! mon Dieu!

BOUCHENCOEUR.

Quand je suis entré... elle était sans lumière...

GRANDCASSIS.

Cristi!...

BOUCHENCOEUR.

Elle m'a dit : « Tu es beau! tu es beau!... » Elle m'a embrassé... elle m'a pris la tête... et...

GRANDCASSIS, se laissant tomber sur un fauteuil à droite.

Ah!...

BOUCHENCOEUR.

Eh bien!... qu'est-ce que vous faites?... Il se trouve mal, à présent!... (Le secouant.) Monsieur! monsieur!... Ah! mais il est embêtant!... j'ai affaire!... (Appelant.) Catherine! Catherine!...

LA BONNE, paraissant à droite, premier plan, avec un balai qu'elle pose près de la cheminée.

Monsieur!...

BOUCHENCŒUR.

Aide-moi à rouler ce monsieur dans l'office.

LA BONNE

Comme il est pâle!...

BOUCHENCŒUR, tout en soutenant Grandcassis.

Tu lui feras boire du vinaigre!... pourvu qu'il n'aille pas faire une maladie chez moi!... (Grandcassis disparaît à droite, premier plan, soutenu par la bonne. — Seul.) En voilà un animal! il vient secouer ses nerfs dans mon domicile... un jour de noces!... (La sonnette de droite s'agite.) Voilà! voilà!... pauvre Cocotte!... (La sonnette de gauche s'agite à son tour avec rage. Duo prolongé des deux sonnettes.) Hein?... par là aussi!... deux sonnettes pour un homme seul!... Qu'est-ce que cela veut dire?...

SCÈNE VII.

BOUCHENCŒUR, ARTHÉMISE.

ARTHÉMISE, entrant, un cordon de sonnette à la main. Elle est en peignoir.

Ah çà! monsieur, vous êtes donc sourd?...

BOUCHENCŒUR, stupéfait.

Madame Grandcassis!...

ARTHÉMISE, de même.

Bouchencœur!...

BOUCHENCOEUR.

Mais expliquez-moi...

ARTHÉMISE, croisant vivement son peignoir.

Ne me regardez pas!...

BOUCHENCOEUR.

Vrai! je n'y pensais pas!...

ARTHÉMISE.

Que venez-vous faire ici, dans ma chambre nuptiale... à une pareille heure?

BOUCHENCOEUR.

Comment, dans votre chambre? mais vous êtes chez moi!...

ARTHÉMISE, chancelant.

Chez vous?... ah! mon Dieu! et tout à l'heure, croyant parler à Anatole... Ah!...

Elle se trouve mal et tombe sur un fauteuil à gauche.

BOUCHENCOEUR.

Allons! bon!... à l'autre! mais ce ménage-là ne me laissera donc pas tranquille! (Appelant.) Catherine!... il doit rester du vinaigre!...

ARTHÉMISE, se relevant vivement comme poussée par un ressort.

Monsieur, c'est un rapt!... un guet-apens!... je m'adresserai aux tribunaux!

BOUCHENCOEUR.

Mais, madame...

ARTHÉMISE.

Ne me regardez pas!...

BOUCHENCOEUR

Eh! je n'y pense pas!...

ARTHÉMISE.

D'abord je ne vous connais pas! je ne veux pas d'un vieux mari!...

BOUCHENCOEUR.

Ni moi d'une vieille femme!... j'épouse une rosière et on me livre une veuve!... c'est de la falsification!...

ARTHÉMISE.

Insolent! quand je pense qu'il a eu l'audace de m'embrasser!...

BOUCHENCOEUR.

Vous!... c'est vous!...

ARTHÉMISE.

Monsieur!... je vous défends de me retenir!...

BOUCHENCOEUR.

Moi?... (Criant.) Cordon, s'il vous plaît!...

ARTHÉMISE.

Où est Anatole? je veux aller retrouver Anatole!... que va-t-il penser?...

VOIX DE GRANDCASSIS, en dehors.

Merci!... ça va mieux!...

ARTHÉMISE.

Lui! ici? comment se fait-il? Silence, monsieur!... qu'il ignore vos vivacités!...

BOUCHENCOEUR.

Les vôtres!... permettez!...

SCÈNE VIII.

ARTHÉMISE, BOUCHENCŒUR, GRANDCASSIS.

GRANDCASSIS, entrant.

Arthémise!...

ARTHÉMISE, se précipitant dans ses bras.

Lui!... toi!... Anatole!...

GRANDCASSIS.

Arrière, madame!...

ARTHÉMISE.

Quoi!... tu me soupçonnes... moi?... je te jure qu'il ne s'est rien passé que d'honorable...

BOUCHENCŒUR, embarrassé.

Absolument rien!...

ARTHÉMISE.

Demande à M. Bouchencœur...

BOUCHENCŒUR, balbutiant.

Certainement!... Nous avons passé la soirée à jouer aux dominos...

ARTHÉMISE.

Aux dominos.

GRANDCASSIS, soupçonneux.

Aux dominos?...

BOUCHENCŒUR.

A preuve que j'ai gagné six sous... à madame...

ACTE TROISIÈME.

ARTHÉMISE, vivement.

Et que je les ai perdus!...

BOUCHENCŒUR.

Les voilà!... (Il les montre.) C'est une preuve, ça!

GRANDCASSIS, les comptant et les empochant.

Deux... quatre... six!... (A part.) Disent-ils vrai, mon Dieu!... (Haut.) Et après?...

ARTHÉMISE.

Et après... comme il se faisait tard... et qu'on ne pouvait pas trouver de voiture...

BOUCHENCŒUR.

Madame...

GRANDCASSIS, avec ironie.

S'est mise en peignoir...

ARTHÉMISE.

Pas davantage!...

BOUCHENCŒUR.

Voilà!... voilà tout!...

GRANDCASSIS.

Mais cette femme qui vous a dit : « Tu es beau! tu es beau!... »

BOUCHENCŒUR.

C'est Cocotte!...

ARTHÉMISE.

C'est Cocotte!... d'abord je trouve monsieur extrêmement laid!...

BOUCHENCŒUR.

Moi aussi... c'est-à-dire...

ARTHÉMISE.

Comment aurions-nous pu nous tromper... rien qu'à la voix!... celle de monsieur est affreuse!...

BOUCHENCOEUR.

Et la taille!... la taille de madame est monstrueuse!...

GRANDCASSIS.

C'est juste!...

ARTHÉMISE, offensée.

Plaît-il?...

GRANDCASSIS.

Ainsi ce baiser...

BOUCHENCOEUR.

C'est Cocotte!...

ARTHÉMISE.

C'est Cocotte!

GRANDCASSIS.

Ah! je respire!...

COCOTTE, appelant dans la coulisse.

Monsieur Bouchencoeur!

GRANDCASSIS.

C'est elle!...

ARTHÉMISE, à part.

Ciel!...

BOUCHENCOEUR, à part.

Sapristi!... elle va tout déranger!...

SCÈNE IX.

Les Mêmes, COCOTTE.

COCOTTE, entrant, une perruque à la main.

Comment, monsieur, encore une perruque!...

BOUCHENCOEUR, la prenant vivement et la mettant dans sa poche.

Il ne s'agit pas de ça!... (Lui faisant des signes.) N'est-ce pas, ma chère amie, que nous ne nous sommes pas quittés de la soirée?...

COCOTTE, baissant les yeux.

Vous savez bien que si, monsieur Bouchencœur...

ARTHÉMISE et BOUCHENCOEUR, toussant pour l'avertir.

Hum! hum!...

COCOTTE.

Je ne pouvais pas être ici... puisque j'étais chez M. Grandcassis...

GRANDCASSIS.

Aïe!...

ARTHÉMISE.

Comment?...

BOUCHENCOEUR.

Qu'entends-je?... vous étiez chez M. Grandcassis?...

COCOTTE.

Mais oui!... on m'y a conduite... de votre part...

BOUCHENCOEUR et ARTHÉMISE.

De $\genfrac{}{}{0pt}{}{sa}{ma}$ part?

GRANDCASSIS.

Hum! hum!...

BOUCHENCOEUR.

Parlez!...

COCOTTE.

Vous savez bien!... les épreuves...

BOUCHENCOEUR.

Quelles épreuves?

COCOTTE.

Les épreuves du mariage!

GRANDCASSIS, à part.

Patatras!...

COCOTTE.

C'est vous qui aviez choisi M. Anatole?

BOUCHENCOEUR.

Moi?...

COCOTTE.

Ah! il a été bien bon pour moi!...

GRANDCASSIS.

Hum! hum!... (A part.) La voilà partie!

COCOTTE.

Je lui ai donné mon bouquet, j'ai mis mes papillotes, et...

ARTHÉMISE.

C'est horrible!...

BOUCHENCOEUR.

C'est ignoble!...

COCOTTE.

Il m'a dit que c'était pour vous faire plaisir!...

BOUCHENCŒUR.

Me faire plaisir!... Rentrez! petite malheureuse!...

COCOTTE, reculant.

Ah! mon Dieu!

BOUCHENCŒUR.

Rentrez!... nous causerons tout à l'heure!...

COCOTTE.

Qu'est-ce qu'il a?

Elle disparaît à gauche.

SCÈNE X.

BOUCHENCŒUR, GRANDCASSIS, ARTHÉMISE.

ARTHÉMISE.

Ah! je suffoque! (A Grandcassis.) Monsieur, c'est une infamie!

BOUCHENCŒUR.

Une ignominie!

ARTHÉMISE.

Me tromper!

BOUCHENCŒUR.

Le jour de mes noces!

GRANDCASSIS, riant.

C'est un petit malheur....mais convenez que c'est drôle!

BOUCHENCŒUR.

Ah! vous le prenez comme ça? vous blaguez papa?... Eh bien, nous n'avons pas joué aux dominos!...

GRANDCASSIS.

Hein?...

BOUCHENCOEUR, tendant la main.

Rendez-moi mes six sous!... (Triomphant.) Nous avons eu aussi nos petites épreuves.

GRANDCASSIS, foudroyé.

Qu'entends-je?

ARTHÉMISE.

C'est faux!

BOUCHENCOEUR.

Elle m'a dit : « Tu es beau!... tu es beau!... » Elle m'a embrassé... elle m'a pris la tête... Enfin nous sommes quittes!

GRANDCASSIS et ARTHÉMISE.

Quittes!

ARTHÉMISE.

Ne le crois pas!...

BOUCHENCOEUR, à part.

Comme ça, il ne me blaguera pas.

ARTHÉMISE, à Bouchencœur.

Monsieur!... monsieur!... expliquez-vous!... je vous somme de raconter les faits!... tous les faits!...

BOUCHENCOEUR.

Vous le voulez?

ARTHÉMISE.

Oui!...

BOUCHENCOEUR.

Je commence!... Le bocage était sans lumière... le rossignol était sans voix... nos deux mains se rencontrèrent dans l'ombre...

ACTE TROISIÈME.

ARTHÉMISE, avec explosion.

Anathème et malédiction!... cet homme est un monstre!... Anatole!... mon Anatole!...

GRANDCASSIS.

Ne touchez pas, madame!... il n'y a plus rien de commun entre nous!

Il remonte la scène.

ARTHÉMISE.

Où vas-tu?

GRANDCASSIS.

Chez mon avoué!

BOUCHENCŒUR et ARTHÉMISE.

Son avoué?...

GRANDCASSIS.

Je vais lui commander un bon petit procès en séparation!

ARTHÉMISE, jetant un cri.

Ah!...

BOUCHENCŒUR.

Tiens! c'est une idée!... je l'appliquerai à Cocotte!

ARTHÉMISE.

Écoute-moi!

GRANDCASSIS.

Arrière, veuve Mouchette!

Il sort par le fond.

ARTHÉMISE, éclatant.

Ah! c'est comme ça!... il refuse de m'écouter!... (A Bouchencœur.) Et c'est toi qui es cause... Ah! nous allons voir!...

Elle saute sur le balai qui se trouve dans un coin, elle en casse la tête en mettant le pied dessus et s'avance sur Bouchencœur en exécutant un brillant moulinet.

IX. 13

BOUCHENCŒUR.

Madame!... pas de violence!...

ARTHÉMISE, menaçant.

Ah! gueux!... ah! gredin!

Elle le poursuit derrière les tables, de droite à gauche, en tournant.

BOUCHENCŒUR.

Elle joue du bâton!... au secours! au secours!

ENSEMBLE.

AIR : *C'est trop d'impertinence.*

Il faut que je t'assomme,
Infâme suborneur!
Si je ne suis pas homme,
Du moins, j'en ai le cœur.

BOUCHENCŒUR.

Mais c'est qu'elle m'assomme!
En vérité j'ai peur...
On croirait voir un homme
Qui frappe de tout cœur!

Bouchencœur disparaît par la porte à gauche.

SCÈNE XI.

ARTHÉMISE, puis LA BONNE.

ARTHÉMISE, seule.

Il fuit, le lâche!... (Elle jette son balai et éclate en sanglots.) Ah! ah! ah! pauvre faible femme!... Anatole me croit coupable!... il a parlé d'un procès!... J'irais m'asseoir sur les bancs de la police correctionnelle, entre deux gendarmes, côte à côte avec Bouchencœur!... un homme si laid!... je serais condamnée!... Jamais!... jamais!... mon parti est pris!... (Elle sonne.) On parlera de moi dans l'his toire!...

LA BONNE, paraissant.

Madame a sonné ?

ARTHÉMISE.

Apportez-moi du thé... et un réchaud de charbon allumé..

LA BONNE.

Un réchaud?...

ARTHÉMISE.

C'est pour le thé.

LA BONNE.

Madame désire-t-elle du sucre ?

ARTHÉMISE.

Non!... pas de sucre!... (A la bonne.) Allez!... (La bonne sort. — A part, avec amertume.) Il n'y a plus de sucre pour moi dans ce bas monde!... Demain, on lira mon nom dans la *Gazette des Tribunaux!*... (S'attendrissant.) à côté de celui des petits enfants qui mangent continuellement des allumettes chimiques par imprudence!...

LA BONNE, rentrant avec un plateau et une théière sur un réchaud, elle pose le plateau sur la table à gauche.

Voici le thé, madame; où faut-il placer le réchaud?...

ARTHÉMISE.

Donnez...

Elle prend le réchaud.

LA BONNE.

Je vais ouvrir la fenêtre...

ARTHÉMISE, vivement.

Non!... je l'ouvrirai moi-même...

LA BONNE.

Mais, madame...

ARTHÉMISE.

C'est bien, sortez!...

LA BONNE prend la bougie allumée et l'emporte.

Je m'en vais... (A part.) Qu'est-ce qu'elle a?...

Elle sort par la droite.

ARTHÉMISE, seule ; elle pose le réchaud près de la table.

L'heure est solennelle!... dois-je me déshabiller?.. Non!... dans ma robe de fiancée!... ma couronne sur la tête!... (Par réflexion.) C'est peut-être une bêtise... que je vais faire là?...

VOIX DE FORMOSE, dans la coulisse.

Madame y est?... très-bien!

ARTHÉMISE.

Du monde!... je ne veux pas qu'on surprenne... où cacher?... Ah!... là!... sous cette console.

Elle place le réchaud sous la console.

SCÈNE XII.

ARTHÉMISE, FORMOSE, puis COCOTTE et BOUCHENCŒUR, puis GRANDCASSIS.

FORMOSE, entrant.

Comment! vous ici?

ARTHÉMISE, à part.

M. Formose!

FORMOSE

Je vous dérange, peut-être?

ACTE TROISIÈME.

ARTHÉMISE, embarrassée.

Non!.. du tout!... c'est que... j'allais déjeuner... (A part.) Comment le renvoyer?

FORMOSE.

Moi aussi, je suis invité... Tiens! ça fume ici.

ARTHÉMISE, vivement.

C'est le thé!

FORMOSE.

Du thé?... ah!... j'en accepterai une tasse...

Il s'assoit.

ARTHÉMISE, à part.

Voilà qu'il s'assoit!

COCOTTE, entrant, suivie de Bouchencœur.

Non! non! non!... je ne signerai pas!...

BOUCHENCŒUR, tenant un papier et une plume.

Si, madame, vous signerez! (Flairant autour de lui.) Quelle drôle d'odeur! ça sent le chou!

ARTHÉMISE.

Qu'est-ce donc?

COCOTTE.

C'est monsieur qui veut absolument me faire signer une demande en séparation!

ARTHÉMISE.

Le sacripant!

FORMOSE.

Déjà!

COCOTTE.

Un lendemain de noce! Qu'est-ce qu'on penserait de moi à Argenteuil?

BOUCHENCŒUR.

Il ne s'agit pas d'Argenteuil!... voici la plume, dépêchons-nous !

COCOTTE, arrachant la plume et la brisant avec rage.

Non! non! non!

BOUCHENCŒUR.

Madame!...

GRANDCASSIS, entrant par le fond avec un papier à la main et une plume derrière l'oreille.

Je viens de chez mon avoué !

ARTHÉMISE.

Anatole!

GRANDCASSIS.

Arrière, madame!... il m'a donné une consultation

BOUCHENCŒUR.

Qu'est-ce qu'il a dit? parlez.

GRANDCASSIS.

Nous sommes parfaitement dans notre droit!... il y a injure grave et... (A part, flairant autour de lui.) Tiens! ça sent le haricot de mouton!... (Haut, présentant le papier à Arthémise.) Veuillez prendre connaissance...

ARTHÉMISE.

Qu'est-ce que c'est que ça ?

GRANDCASSIS.

Une petite demande en séparation.

Formose se lève.

ARTHÉMISE.

Jamais!

Elle déchire l'acte.

ACTE TROISIÈME.

COCOTTE.

Jamais!

Elle déchire l'acte.

GRANDCASSIS.

Prenez-y garde, madame!... si vous voulez du scandale... nous en ferons!... Nous... nous...

Il bâille sans pouvoir achever sa phrase.

BOUCHENCOEUR.

Oui... nous verrons si... si...

GRANDCASSIS.

Eh bien!... eh bien!...

Il s'assied

BOUCHENCOEUR.

J'ai envie de dormir!...

Il s'assied.

ARTHÉMISE

Ma tête tourne!

Elle s'assied.

BOUCHENCOEUR.

Les meubles dansent!

ARTHÉMISE.

Ah! je me rappelle!... là!... un réchaud de charbon allumé!...

TOUS.

Un réchaud?...

COCOTTE.

Au secours!

Ils gigottent tous les cinq en criant

TOUS, abasourdis.

Au secours! au secours!

AIR du *Miserere (il Trovatore.* Verdi).

ARTHÉMISE.

La mort m'environne!

TOUS.

Nous somm's flambés!

FORMOSE.

Déjà l'heure sonne!

TOUS.

Nous somm's flambés!

BOUCHENCOEUR.

Mon âme frissonne!

TOUS.

Nous somm's flambés!

COCOTTE.

Mourir, c'est affreux!

TOUS, avec éclat.

Nous somm's flambés!

GRANDCASSIS.

Cré nom! je succombe

TOUS.

Nous somm's flambés!

GRANDCASSIS.

Je sens que je tombe!
Dormons dans la tombe!
Vivons dans les cieux!

BOUCHENCOEUR, à Cocotte.

N'ayons qu'une tombe
   Pour nous deux!

COCOTTE.

Ah! ma pauvre Cocotte,
Oui, c'en est fait de moi!

GRANDCASSIS.

Un souvenir, un souvenir de toi!
Cocotte, bonsoir, oh! saprelotte!
Bonsoir! bonsoir!

TOUS.

Nous somm's flambés!

SCÈNE XIII.

Les Mêmes, RECULÉ.

RECULÉ, en dehors frappant.

Ouvrez donc!... ouvrez donc!...

Il paraît à la porte.

TOUS.

Ah!... de l'air!... de l'air!...

Ils se lèvent, et courent aux fenêtres dont ils cassent les carreaux.

BOUCHENCOEUR

Ah!... ça va mieux!...

GRANDCASSIS.

Je respire!...

TOUS

Il était temps!...

RECULÉ, tirant des papiers de sa poche.

Mes enfants, je vous apporte la copie de vos actes de mariage...

BOUCHENCŒUR.

C'est cet animal qui est cause de tout!

GRANDCASSIS.

Vieille brute!...

BOUCHENCŒUR.

Vieux crétin!...

RECULÉ.

Merci!... j'ai pris mon café... (Lisant.) « Primo... Acte de mariage entre Anatole Grandcassis et Félicité Cocotte... »

BOUCHENCŒUR.

Hein?

GRANDCASSIS.

Cocotte!...

COCOTTE, descendant vivement près de Grandcassis.

Est-il possible!...

RECULÉ, lisant.

« Secundo... Entre Martial Bouchencœur et Arthémise, veuve Mouchette... »

ARTHÉMISE, courant près de Bouchencœur.

Mais non!...

BOUCHENCŒUR.

Qu'est-ce qu'il chante?...

Bouchencœur et Grandcassis ont arraché chacun leur acte de mariage à Reculé.

GRANDCASSIS, avec joie.

Mais ça y est!... c'est écrit!... il m'a marié avec Cocotte!...

ACTE TROISIÈME.

BOUCHENCŒUR.

Et moi avec la veuve!...

ARTHÉMISE.

Horreur!...

BOUCHENCŒUR.

J'allais le dire...

RECULÉ.

Vous êtes contents?

COCOTTE, BOUCHENCŒUR et ARTHÉMISE.

Comment se fait-il...?

GRANDCASSIS.

Je comprends : nous étions quatorze à la mairie... il s'est trompé!...

FORMOSE.

Il s'est empêtré dans les futurs!...

GRANDCASSIS.

O Providence!...

BOUCHENCŒUR.

Oui, mais ça ne compte pas!...

ARTHÉMISE.

Ce mariage est nul!...

GRANDCASSIS.

Si le mariage est nul, nous sommes libres... alors j'épouse Cocotte!...

COCOTTE.

Oh! je veux bien!...

BOUCHENCŒUR et ARTHÉMISE.

Sapristi!...

GRANDCASSIS.

D'ailleurs... ne vaut-il pas mieux rester comme le hasard... qui est aveugle... et sourd... nous a placés?

BOUCHENCŒUR et ARTHÉMISE.

Mais permettez...

GRANDCASSIS.

C'est infiniment plus moral!...

BOUCHENCŒUR.

C'est plus moral... mais c'est moins drôle... ça n'est même pas drôle du tout!

ARTHÉMISE, à part, regardant Bouchencœur.

Un petit vieux... avec une perruque!... ce n'est pas là le jeune homme que j'avais rêvé!...

GRANDCASSIS, embrassant Cocotte.

Ah! Cocotte!... chère petite femme!... soyez tranquille! j'achèterai des meubles... et nous causerons de Casimir.

BOUCHENCŒUR, se résignant.

Allons!... chère madame Mouchette...

ARTHÉMISE, croisant sa camisole.

Ne me regardez pas!...

BOUCHENCHOEUR.

Ah! mon Dieu!... (A part.) Est-ce que j'aurais épousé une sinécure? Cré coquin de myrte!

ACTE TROISIÈME.

CHOEUR.

AIR : *Quadrille des Lanciers*

Puisque tout est bien
Qui finit bien,
Eh bien !
Soyons heureux,
Joyeux ;
Car tout est pour le mieux !

FIN DES NOCES DE BOUCHFNCŒUR.

LA
STATION CHAMPBAUDET

COMÉDIE-VAUDEVILLE
EN TROIS ACTES

Représentée pour la première fois, à Paris, sur le théâtre du Palais-Royal.
le 7 mars 1862.

COLLABORATEUR : M. MARC-MICHEL

PERSONNAGES

PAUL TACAREL.	MM. Gil-Pérès.
LETRINQUIER, rentier.	Lhéritier.
THÉODORE GARAMBOIS, employé au télégraphe.	Pellerin.
ARSÈNE, domestique.	Lassouche.
DUROZOIR, vieil employé.	Mercier.
MADAME CHAMPBAUDET, veuve (47 ans).	Mmes Thierret.
NINA LETRINQUIER, sœur de Letrinquier.	Delille.
CAROLINE, fille de Letrinquier.	Damain.
VICTOIRE, bonne.	Victorine.
Une Dame voilée.	Louisa Dusrs.
Invités.	

La scène est à Paris.

LA STATION CHAMPBAUDET

ACTE PREMIER.

Un petit salon octogone chez madame Champbaudet. — Ameublement confortable. — A gauche, premier plan, contre la cloison, une toilette, sur laquelle sont des flacons, des cosmétiques, une sonnette. — Au deuxième plan, une porte. — Porte d'intérieur dans le pan coupé de gauche. — Porte principale au fond, donnant sur l'escalier, que l'on voit quand la porte est ouverte. — Fenêtre au pan coupé de droite. — Porte au second plan. — Table avec tapis au premier plan de droite. — Tapis sur le parquet. — Gravures encadrées aux murs. — Chaises. — Fauteuils.

SCÈNE PREMIÈRE.

MADAME, CHAMPBAUDET, puis ARSÈNE.

MADAME CHAMPBAUDET, debout et se regardant dans une petite glace à main.

Je ne veux pas me flatter..., non !... mais il y a des matins... quand le ciel est pur... et que ma toilette est terminée... où je me donnerais tout au plus... tout au plus trente ans. (Minaudant.) Mon petit bonnet rose me coiffe comme un bijou... J'ai l'air d'une petite fleur ; mais il ne tient pas... Sonnons ma femme de chambre.

Elle se rassied devant sa toilette et sonne.

ARSÈNE, paraissant par la porte du pan coupé de gauche.

Madame a sonné?

MADAME CHAMPBAUDET.

Pas vous, mon garçon... Justine.

ARSÈNE.

Justine? Elle n'est plus ici... Madame l'a renvoyée hier pour inconduite.

MADAME CHAMPBAUDET.

Ah ! c'est juste. Mon Dieu, que faire?... il va venir. (A Arsène.) Sauriez-vous attacher une épingle?

ARSÈNE.

Des fois.

MADAME CHAMPBAUDET.

Eh bien... tenez... placez-moi celle-ci... là, à gauche... et prenez garde de me piquer.

ARSÈNE, à lui-même.

J'étais en train de faire les lampes... mais ça ne fait rien. (Il s'essuie les mains avec son tablier et coiffe madame Champbaudet en lui disant :) Madame!... un malheur... le robinet de la fontaine *s'a* cassé... C'est celui à l'eau filtrée... et je guette le fontainier quand il passera avec sa petite trompette... Je l'entends tous les jours vers une heure...

MADAME CHAMPBAUDET.

Aïe! vous me piquez!

ARSÈNE.

C'est pas moi..... c'est l'épingle..... Pour lors, madame m'autorise à acheter un autre robinet?

MADAME CHAMPBAUDET, se levant.

Mais oui... vous m'ennuyez avec votre fontaine !... Le coiffeur n'a rien apporté pour moi ?

ARSÈNE.

Non, madame...

MADAME CHAMPBAUDET.

C'est bien... merci...

ARSÈNE.

Puisque madame m'autorise... je vas guetter le fontainier.

Il sort.

SCÈNE II.

MADAME CHAMPBAUDET, seule.

Dans un quart d'heure Paul sera ici... Paul Tacarel, vingt-six ans... et architecte !... un front d'artiste !... Je dis Paul parce qu'il n'est pas là... mais, quand il y est, je l'appelle monsieur Paul... J'ai toujours eu de la tenue ! Un jour, ce jeune homme... que je n'avais jamais vu... se présente chez moi et me dit : « Madame, vous avez eu le malheur de perdre monsieur votre mari, un ancien marchand de bois. — C'est vrai, monsieur. — Est-ce que vous ne songez pas à lui élever un monument ? — Pourquoi faire, monsieur ? — Mais pour consacrer sa mémoire. — Mon Dieu, je vous avoue que je n'y pensais pas... » Et c'est la vérité, jamais l'idée ne m'était venue de... Mais ce jeune architecte est si bien... si respectueux... si assidu... Il déroule avec tant de grâce ses plans, ses devis... il les explique avec tant de charme... que, ma foi !... je me suis décidée à consacrer la mémoire de feu Champbaudet... Depuis deux mois, Paul vient tous les jours à une heure... Nous causons du mausolée... Il me regarde, je le regarde... Je m'abreuve de son souffle enivrant... car il m'aime! une voix secrète me le dit... Mais il est comme moi... il n'ose... il n'ose se déclarer... Ah! si j'étais homme, il me semble que j'oserais, moi!... (La pendule sonne.) Une heure!... Il va venir. (Coup de sonnette à la porte extérieure.) C'est lui!... Quelle exactitude!... Ah! c'est de l'amour!

SCÈNE III.

MADAME CHAMPBAUDET, TACAREL.

TACAREL, entrant avec un carton-portefeuille sous le bras.

Madame, je vous présente mon respect... Je ne suis pas en retard ?

MADAME CHAMPBAUDET.

Oh! non!... Et laissez-moi vous remercier de toutes les forces de mon âme...

TACAREL.

De quoi ?

MADAME CHAMPBAUDET.

Mais de votre ponctualité... (A part.) De la tenue! de la tenue!

TACAREL.

C'est mon devoir... (A part.) Elle a dû être très-bien, cette femme-là... vers la pointe de 1830 !

Il va poser son chapeau sur une chaise, au fond, puis il vient placer son carton sur la petite table de droite.

MADAME CHAMPBAUDET, à part.

Il ne me dit rien de mon petit bonnet rose. (Elle joue avec ses rubans pour attirer son attention.) **Hum!**

TACAREL.

Madame, je vous apporte quelques **nouveaux croquis de monuments tumulaires**...

MADAME CHAMPBAUDET.

Dessinés par vous, cela doit être ravissant!

Elle s'assied.

TACAREL.

Ah! madame! (A part.) J'entends marcher là-haut... Le mari d'Aglaé n'est pas encore parti. (Haut, s'asseyant et montrant ses plans.) Voici un petit sarcophage dans le style grec... avec colonnettes, architraves, fronton et stylobate...

MADAME CHAMPBAUDET.

Ah, c'est charmant! le délicieux petit chalet!... Et quel serait le prix?

TACAREL.

Trois mille francs.

MADAME CHAMPBAUDET.

C'est trop cher!...

TACAREL.

En voici un autre dans des prix plus doux... une simple colonne surmontée d'un buste en marbre... c'est de très-bon goût.

MADAME CHAMPBAUDET.

Est-ce qu'on ne pourrait pas supprimer la colonne?

TACAREL.

Sur quoi poserions-nous le buste? On ne peut pas pendre comme un réverbère.

Il rit.

MADAME CHAMPBAUDET, riant.

C'est juste... Et... quel serait le prix ?

TACAREL.

Dix-huit cents francs.

MADAME CHAMPBAUDET.

Oh! c'est trop cher?

TACAREL, à part.

Elle liarde avec la mémoire de Champbaudet. (Haut.) Dame, quand on veut du marbre...

MADAME CHAMPBAUDET, vivement.

Mais je ne demande pas de marbre.

TACAREL.

Oh! très-bien!... Alors je vous proposerai de la brique de Bourgogne.

MADAME CHAMPBAUDET, gaiement.

Justement, Champbaudet était de la Bourgogne.

TACAREL.

Et puis c'est gentil, c'est riant! Comme mausolée, c'est ce qu'on fait de plus gai dans ce moment.

MADAME CHAMPBAUDET.

Voilà mon affaire! Et.. quel serait le prix ?

TACAREL.

Douze cents francs!

MADAME CHAMPBAUDET, se levan

Ah! c'est trop cher!

TACAREL, à lui-même

Encore!

ACTE PREMIER.

MADAME CHAMPBAUDET.

Mon mari était un homme simple... économe... avare même. (S'attendrissant tout à coup.) Ah! monsieur Paul, il m'a rendue bien malheureuse... allez!

TACAREL.

Il n'y est plus! consolez-vous!

MADAME CHAMPBAUDET.

Si vous saviez! Je ne pouvais pas garder de cuisinières.

TACAREL.

Il était difficile sur la nourriture?

MADAME CHAMPBAUDET.

Non; il était coureur, emporté!... infidèle!...

TACAREL.

Très-bien! il fallait me dire ça plus tôt! Nous lui offrirons du moellon de Nanterre à treize francs le mètre...

MADAME CHAMPBAUDET.

Cube?

TACAREL.

Cube! (A part.) Je n'entends plus marcher là-haut... il doit être parti.

MADAME CHAMPBAUDET.

Nous en recauserons, monsieur Paul... Je ne suis pas encore décidée.

TACAREL

Oh! quand vous voudrez... Je ne suis pas pressé...

MADAME CHAMPBAUDET, assise à gauche, près de la toilette.

Cela ne vous dérange donc pas, de venir ainsi tous les jours chez une pauvre veuve?

TACAREL.

Au contraire, cela m'arrange... parce que...

MADAME CHAMPBAUDET.

Parce que?...

TACAREL.

J'éprouve un plaisir infini à me rencontrer avec un esprit aussi charmant que le vôtre.

MADAME CHAMPBAUDET.

Ah! monsieur Paul... (A part.) Il va oser!

TACAREL.

Plaisir qui s'augmente encore, s'il est possible...

MADAME CHAMPBAUDET, émue.

Ah! monsieur Paul!

TACAREL.

Par la considération respectueuse qui est due à l'honorabilité de votre caractère... imposant.

MADAME CHAMPBAUDET, désappointée.

Ah!... (A part.) Il n'ose pas!

TACAREL, regardant le plafond, à part.

Aglaé doit être seule... Impossible de m'en assurer.

MADAME CHAMPBAUDET, se levant.

Monsieur Paul... je le vois bien... vous manquez de confiance en moi!

TACAREL, à part, sans l'écouter

Elle me gêne... il faut la renvoyer!

MADAME CHAMPBAUDET.

Vous me croyez le cœur sec... c'est une erreur... J'ai encore là... des trésors d'illusions.

TACAREL, à part

J'ai mon moyen!

MADAME CHAMPBAUDET.

Vous me comprenez... car vous êtes artiste.

TACAREL.

Architecte!... et, à ce titre, voulez-vous me permettre une légère observation sur l'édifice de votre coiffure?

MADAME CHAMPBAUDET.

Mon bonnet rose!... Comment le trouvez-vous?

TACAREL.

A vous parler franchement, je préférais celui que vous portiez hier!

MADAME THAMPBAUDET.

Mon bleu?

TACAREL.

Précisément; le bleu, c'est la couleur du ciel!

MADAME CHAMPBAUDET, vivement.

Oh! je vais le mettre!... je vais le mettre!... Attendez-moi, Paul... (Se reprenant.) monsieur Paul. (A part.) De la tenue! de la tenue!

Elle entre dans sa chambre, à droite.

SCÈNE IV.

TACAREL, seul. Il tire de sa poche une petite trompette de marchand de robinets.

Avertissons bien vite Aglaé de ma présence.. Elle demeure au-dessus... au troisième... (Il met la trompette à sa bouche et la retire.) C'est une femme mariée à un employé du télégraphe... Elle n'a pas encore couronné ma flamme... et je tiens fortement à liquider cette aventure avant fin courant... car on s'occupe de me marierr... Il y a un notaire qui se remue pour ça... et il se peut que d'un moment à l'autre... (Il met la trompette à sa bouche et la retire.) Sous prétexte de mausolée, j'ai fait la connaissance de la veuve Champbaudet... Son petit local m'est très-commode. Avant de monter au troisième, je m'arrête au second... C'est ma station... la station Champbaudet... Dix minutes d'arrêt! (Montrant sa trompette.) Je donne le signal avec ceci... et j'attends la réponse... Quand M. Garambois, son mari, est sorti, Aglaé joue sur son piano : (Chantant.) *J'ai du bon tabac...* et je monte. — Quand il est là-haut, et que je ne dois pas monter, elle joue : (Chantant.) *Marie, trempe ton pain!...* C'est très-ingénieux.... (Achevant l'air.) *dans la sauce!* Voyons ce qu'elle va me jouer!

Il souffle dans sa trompette et en tire deux ou trois sons.

SCÈNE V.

TACAREL, ARSÈNE, MADAME CHAMPBAUDET.

ARSÈNE, entrant vivement par le côté gauche, pan coupé.

Le voilà... je l'ai entendu! (Il court à la fenêtre et l'ouvre en criant :) Marchand de robinets! marchand de robinets!

Il regarde dans la rue.

TACAREL, à part, cachant sa trompette.

Qu'est-ce qu'il veut, celui-là?

MADAME CHAMPBAUDET, entrant en bonnet bleu.

Ce tapage... Qu'y a-t-il?

TACAREL.

Je ne sais pas!

ARSÈNE, quittant la fenêtre

Je ne vois dans la rue qu'une laitière.

ACTE PREMIER.

MADAME CHAMPBAUDET.

On aurait juré que ce bruit venait d'ici.

TACAREL.

La fenêtre était ouverte, et, vous savez, le bruit monte.

ARSÈNE.

Madame, je vais courir après le marchand, il me faut mon robinet.

Il sort par la gauche, pan coupé.

TACAREL, à part.

C'est drôle, le piano ne répond pas...

MADAME CHAMPBAUDET, à part.

Il ne voit donc pas mon bonnet bleu !

SCÈNE VI.

TACAREL, MADAME CHAMPBAUDET, GARAMBOIS.

GARAMBOIS, entrant brusquement par le fond.

Votre serviteur, madame !

MADAME CHAMPBAUDET.

Ah ! mon Dieu, monsieur... vous m'avez fait peur !...

TACAREL, à part.

Quel est celui-là ?

GARAMBOIS.

Madame, je suis votre voisin... je demeure au-dessus.

TACAREL, à part.

Garambois ! le mari !

GARAMBOIS.

Et je viens vous présenter une requête. (Apercevant Tacarel et saluant froidement.) Monsieur...

TACAREL, troublé.

Monsieur...

GARAMBOIS, à part.

C'est le petit sigisbée dont le portier m'a parlé, et qui vient tous les jours.

TACAREL, à part.

Il m'épluche !

MADAME CHAMPBAUDET.

Eh bien, monsieur ?

GARAMBOIS.

Monsieur est votre parent ? (Avec intention.) Je suis indiscret peut-être ?...

MADAME CHAMPBAUDET.

Mais pas du tout...

GARAMBOIS, à part.

Elle a rougi !

TACAREL.

Je suis l'architecte de madame.

GARAMBOIS, incrédule.

L'architecte ?... madame fait construire ?...

MADAME CHAMPBAUDET.

Voyons, monsieur, cette requête ?

GARAMBOIS, à part.

Elle a encore rougi ! (Haut.) Madame, je viens vous prier de ne pas sonner de la trompette aussi souvent que cela !...

ACTE PREMIER.

MADAME CHAMPBAUDET

Moi, monsieur?

TACAREL, à part.

Ah! bon.

GARAMBOIS.

Oui, madame, tous les jours, à une heure précise, quand je descends l'escalier pour me rendre à mon télégraphe électrique... j'entends votre instrument criard.

MADAME CHAMPBAUDET.

Eh! monsieur, c'est le marchand de robinets qui passe dans la rue.

TACAREL, vivement.

C'est le marchand de robinets.

GARAMBOIS.

Vous croyez?... J'aurais pourtant juré...

TACAREL.

Vous savez, le bruit monte!

GARAMBOIS.

N'en parlons plus.

MADAME CHAMPBAUDET.

Pardon, de mon côté, j'ai aussi une requête à vous adresser.

GARAMBOIS.

A moi?

MADAME CHAMPBAUDET.

Pourriez-vous prier madame, quand elle joue du piano, de varier un peu ses airs?

TACAREL, à part, inquiet.

Aïe! aïe!

GARAMBOIS.

Comment?

MADAME CHAMPBAUDET.

Tous les jours à une heure précise... elle joue : *J'ai du bon tabac* : c'est agaçant.

TACAREL, à part.

Pour me prévenir qu'elle est seule !

GARAMBOIS.

Vous faites erreur, madame, ma femme ne joue qu'un air... toujours le même, c'est *Marie, trempe ton pain!* pour l'apprendre à son perroquet.

TACAREL, à part.

Et pour m'avertir que tu es là-haut !

MADAME CHAMPBAUDET.

Mais je vous assure que j'ai entendu le *Bon Tabac.*

GARAMBOIS.

C'est impossible! vous aurez confondu le *Bon Tabac* avec *Marie, trempe ton pain.* (On entend jouer au-dessus :) *J'ai du bon tabac.*

MADAME CHAMPBAUDET.

La!... écoutez!

GARAMBOIS.

Hein?... Le *Bon Tabac!* c'est absurde! elle va embrouiller son perroquet.

MADAME CHAMPBAUDET.

Ça a l'air d'être une réponse à la trompette du fontainier.

TACAREL, vivement.

Oh! quelle plaisanterie! (A part.) Elle vend la mèche !

GARAMBOIS.

C'est bien drôle !... bien drôle !... serait-ce un signal ?... Que je suis bête !... Un marchand de robinets !...

TACAREL, riant.

Ah !... ah !... un marchand de robinets !

GARAMBOIS, froidement.

Monsieur... je me fais l'honneur de parler à madame. (A lui-même.) Je suis fou !... Allons donc ! je vais à mon télégraphe électrique. (Fausse sortie.) Ah ! madame, j'oubliais, les locataires de la maison sont dans l'intention de faire placer un tapis dans l'escalier... Seriez-vous disposée à contribuer pour votre quote-part ?...

MADAME CHAMPBAUDET, impatientée.

Je ne sais pas, monsieur, je suis en affaires...

GARAMBOIS.

Très-bien, j'aurai l'honneur de vous revoir. (Saluant.) Madame... monsieur... désolé de vous avoir dérangés... (A part.) C'est une belle femme.

TACAREL, à part.

Bon, il file !

GARAMBOIS, à lui-même.

Où donc est mon parapluie ?... Je l'ai oublié là-haut, je remonte...

Il sort.

SCÈNE VII.

MADAME CHAMPBAUDET, TACAREL

TACAREL, à part, prenant son chapeau.

Le voilà parti... je grimpe !... (Haut.) Madame...

MADAME CHAMPBAUDET.

Comment! vous partez déjà?

TACAREL.

Mille pardons, mais une affaire...

MADAME CHAMPBAUDET.

Ah! restez... nous n'avons encore rien décidé.

TACAREL.

Ce sera pour demain... un rendez-vous très-important... On m'attend à une heure et demie.

MADAME CHAMPBAUDET.

Oh! quel malheur! moi qui vous avais préparé une petite collation...

TACAREL, à part.

Un buffet!... Ma station a un buffet!

MADAME CHAMPBAUDET.

De la crème, des chatteries...

TACAREL.

Oh! impossible! je le regrette.

MADAME CHAMPBAUDET, l'accompagnant.

A demain... sans faute.

TACAREL.

Sans faute. (Il est sur le seuil de la porte, lorsqu'on entend au dessus l'air de *Marie, trempe ton pain!*) (S'arrêtant.) Ah! sapristi!

MADAME CHAMPBAUDET, sans le voir.

Encore ce piano!

Elle redescend.

TACAREL, à part.

Marie, trempe ton pain!... « Ne montez pas!... » Je vais attendre!

ACTE PREMIER.

MADAME CHAMPBAUDET, qui le croit parti, s'est assise près de sa toilette. — Rêveuse et à part.

Dès qu'il est parti, il me semble que le soleil se couche et que la nuit vient!

TACAREL, qui est redescendu et s'est assis à droite, près de la table.

Pardon, je fais une réflexion.

MADAME CHAMPBAUDET, se retournant et avec joie.

Comment! vous? mais votre rendez-vous?

TACAREL, galamment et se levant.

Il y a des personnes près desquelles on oublie tous les rendez-vous!

MADAME CHAMPBAUDET, avec élan.

Paul! (Se reprenant.) Monsieur Paul!

TACAREL, s'approchant d'elle.

Excusez ma franchise...

MADAME CHAMPBAUDET

Ainsi vous acceptez ma petite collation?

TACAREL.

Mais c'est-à-dire...

MADAME CHAMPBAUDET, se levant et passant à droite en sautillant et frappant dans ses mains.

Ah! que je suis contente! ah! que je suis contente!

TACAREL, à part, passant à gauche.

C'est criminel de faire sautiller ainsi une femme d'âge.

MADAME CHAMPBAUDET, ôtant le carton de dessus la table

Nous allons faire là notre petite dinette.

TACAREL, à part.

Je voudrais bien savoir si le Garambois est toujours là.

haut. (Il tire machinalement sa trompette et la recache vivement.) Pas devant elle!... Il faut qu'elle change encore de bonnet. (Haut.) Tiens! vous avez mis un bonnet bleu!...

MADAME CHAMPBAUDET, à part.

Il l'a vu. (Haut.) C'est vous qui m'en avez priée.

TACAREL.

Moi ?...

MADAME CHAMPBAUDET.

Vous m'avez dit : « Le bleu, c'est la couleur du ciel! »

TACAREL.

Oui, mais le rose vous va si bien!

MADAME CHAMPBAUDET, étonnée.

Ah!

TACAREL.

Le rose, c'est la couleur du printemps

MADAME CHAMPBAUDET.

Petit capricieux!

TACAREL.

Mais...

MADAME CHAMPBAUDET, tendrement.

Taisez-vous! on va le remettre!...

TACAREL.

Ah! que vous êtes bonne!

MADAME CHAMPBAUDET.

Mais attendez-moi... (D'un ton de reproche affectueux.) Hier vous m'avez envoyée revêtir mon bonnet mauve... et, quand je suis revenue, vous étiez parti... vilain!

TACAREL.

Ce n'est pas ma faute... On avait joué là-haut *J'ai du*

ACTE PREMIER.

bon tabac... Et c'est plus fort que moi, quand j'entends cet air-là... ça me prend sur les nerfs, il faut que je monte... (Se reprenant.) il faut que je parte!

MADAME CHAMPBAUDET.

C'est intolérable !... je déménagerai !...

TACAREL, vivement.

Oh! mais non! je ne veux pas!

MADAME CHAMPBAUDET.

Pourquoi ?

TACAREL, tendrement.

Il y a des souvenirs qu'on ne déménage pas!

MADAME CHAMPBAUDET.

Ah! Paul! (Se reprenant.) Monsieur Paul! (A part, en sortant.) C'est un ange! un ange!

ENSEMBLE.

AIR du *Secrétaire de Madame.*

MADAME CHAMPBAUDET.

Je vais donc, pour vous satisfaire,
Me coiffer au gré de vos vœux ;
Car le bonnet que je préfère
Est celui qui vous plaît le mieux.

TACAREL.

Quittez donc, pour me satisfaire,
Votre bonnet à rubans bleus ;
C'est le rose que je préfère,
C'est celui qui vous sied le mieux.

Elle sort à droite.

SCÈNE VIII.

TACAREL, puis ARSÈNE
et MADAME CHAMPBAUDET.

TACAREL, seul.

Ma sortie du bonnet commence à s'user... Demain, il faudra que je trouve autre chose. (Tirant sa petite trompette.) Tâchons de savoir définitivement ce qui se passe là-haut.

Il sonne de la trompette.

ARSÈNE, entrant vivement et se précipitant à la fenêtre.

C'est lui... c'est lui! Marchand de robinets! marchand de robinets!

MADAME CHAMPBAUDET, accourant en bonnet rose.

Encore! c'est trop fort!

TACAREL, qui a caché sa trompette et feignant l'étonnement.

Avez-vous entendu?

ARSÈNE, se retirant de la fenêtre.

Pas un chat dans la rue!

TACAREL.

Il y a peut-être un fontainier... en chambre... dans la maison!

MADAME CHAMPBAUDET.

C'est possible. (A Arsène.) Il faut s'informer... Arsène, courez chez le portier.

ARSÈNE.

Oui, madame... Ah! à propos!... voilà ce que votre coiffeur vient d'apporter pour vous.

Il tire d'un papier une longue fausse natte.

ACTE PREMIER.

MADAME CHAMPBAUDET, s'en saisissant vivement. — A part.

Hein? Maladroit!... devant lui!

Elle la fourre dans sa poche.

TACAREL, à part.

Une rallonge!

ARSÈNE, soulevant un bout de la natte qui sort de la poche.

Madame... il en passe.

MADAME CHAMPBAUDET, cachant la natte et furieuse.

Mais taisez-vous donc! imbécile! bête! butor!

ARSÈNE.

Quoi qu'y a?

TACAREL, à part.

Ne touchez pas à la mèche.

MADAME CHAMPBAUDET.

Sortez de chez moi!... allez-vous-en!... je vous chasse

ARSÈNE.

Ah! bon! ça m'est ben égal! (A part.) J'ai une place en réserve.

MADAME CHAMPBAUDET.

Excusez-moi, monsieur Tacarel...

ARSÈNE, qui remontait, redescendant

Ah! monsieur Tacarel, quoique chassé, je veux bien vous dire que j'ai fait entrer dans la cuisine un clerc de notaire qui demande à vous parler.

TACAREL.

Un clerc de notaire?

MADAME CHAMPBAUDET.

Dans la cuisine?... Faites entrer!

TACAREL, à part.

Oh! c'est pour mon mariage... (Haut.) Non, non... J'y cours... Vous permettez, madame?

MADAME CHAMPBAUDET.

Comment donc!

TACAREL, en sortant.

Dans la cuisine!... a-t-on jamais vu!...

Tacarel et Arsène sortent par le pan coupé.

SCÈNE IX.

MADAME CHAMPBAUDET, puis GARAMBOIS.

MADAME CHAMPBAUDET, seule.

L'animal! me remettre devant ce jeune homme... l'a-t il vu? Mon Dieu! l'a-t-il vu?

GARAMBOIS, entrant brusquement.

Votre serviteur, madame!

MADAME CHAMPBAUDET, sursautant.

Ah! mon Dieu!... monsieur!... vous me faites des frayeurs!...

GARAMBOIS, très-animé pendant toute la scène.

Madame, je viens encore d'entendre la trompette.

MADAME CHAMPBAUDET.

Moi aussi... Après?

GARAMBOIS.

Et je veux savoir si, cette fois, le piano répondra. (Il se campe sur une chaise près de la table.) Vous permettez?

ACTE PREMIER.

MADAME CHAMPBAUDET.

Que faites-vous?...

GARAMBOIS.

Je serai très-bien ici pour entendre!

MADAME CHAMPBAUDET.

Par exemple! prendre mon appartement pour observatoire!

GARAMBOIS, se levant.

Elles sont dures, vos chaises!... madame, ma position est affreuse...

MADAME CHAMPBAUDET.

Mais, monsieur...

GARAMBOIS, montrant un porte-cigares, avec rage.

Que dites-vous de ceci, madame?

MADAME CHAMPBAUDET, outrée.

Un porte-cigares! monsieur, je ne fume pas.

GARAMBOIS, furieux.

Moi, non plus, madame!... Eh bien, que penseriez-vous... répondez..... si vous aviez trouvé cet ustensile..... dans la chambre de votre femme?... (Violemment.) Mais répondez donc!

MADAME CHAMPBAUDET.

Eh! vous m'ennuyez! est-ce que cela me regarde?...

GARAMBOIS.

C'est vrai! nous ne nous connaissons pas!

MADAME CHAMPBAUDET.

Eh bien, alors...

GARAMBOIS, furieux.

Oh! Aglaé!... si je savais!

Il renverse une chaise.

MADAME CHAMPBAUDET.

Bien! elle est cassée!

GARAMBOIS.

Elles ne sont pas solides, vos chaises!... elles sont dures... et pas solides! C'est de la camelotte! Mais, aujourd'hui, on veut du bon marché.

MADAME CHAMPBAUDET.

Ah çà! monsieur, de quoi vous mêlez-vous?

GARAMBOIS, brusquement.

Madame, je ne vous parle pas... Chacun a ses affaires... Vous avez un architecte... moi, j'ai des inquiétudes!

MADAME CHAMPBAUDET.

J'ai un architecte! Comment l'entendez-vous?

GARAMBOIS.

Du mauvais côté!

MADAME CHAMPBAUDET, outrée.

Monsieur, sortez!

GARAMBOIS, se jetant dans un fauteuil près de la toilette.

J'attends le piano!...

MADAME CHAMPBAUDET.

Mais, monsieur...

GARAMBOIS.

Vos fauteuils ne sont pas meilleurs! Tout, cela c'est de la pacotille!...

MADAME CHAMPBAUDET.

Pacotille?

GARAMBOIS.

Chut! (On entend au-dessus l'air : *J'ai du bon tabac.*) C'est bien ça.. Le *Bon tabac!* (Se levant.) Plus de doute! c'est un signal pour appeler le musicien... On me croit à mon télégraphe!... (Serrant la main de madame Champbaudet avec énergie.) On me croit à mon télégraphe!...

MADAME CHAMPBAUDET, se dégageant.

Mais vous me cassez les doigts!

GARAMBOIS.

Taisez-vous; je couve un stratagème!... (A lui-même.) Je vais envoyer Aglaé... la coupable Aglaé, dîner chez sa tante... je m'installe au piano... et je joue : *J'ai du bon tabac* jusqu'à extinction! Je verrai bien si l'on viendra! (Sortant brutalement.) Madame, je vous remercie!

Il sort par le fond.

SCÈNE X.

MADAME CHAMPBAUDET, puis TACAREL.

MADAME CHAMPBAUDET, seule, très-agitée.

Cet homme m'a exaspérée, j'étouffe... j'ai besoin d'air!
Croyant tirer son mouchoir, elle prend sa natte pour s'éventer.

TACAREL, rentrant par la gauche, pan coupé.

Madame, mille fois pardon...

MADAME CHAMPBAUDET, s'éventant.

Ah! monsieur Paul!... si vous aviez été là, vous m'auriez protégée! une pauvre femme seule! (Apercevant sa natte.) Oh!

TACAREL, de même.

Oh! (A part.) Elle marivaudait avec sa natte!

MADAME CHAMPBAUDET, à part.

Il l'a vue!

Elle la fourre vivement dans sa poche.

TACAREL.

Madame, il en passe !

MADAME CHAMPBAUDET, rentrant vivement le bout.

Ce n'est pas à moi !..... C'est pour une de mes amies de province qui a eu des chagrins.

TACAREL.

Je m'en doutais...

MADAME CHAMPBAUDET.

Attendez-moi là... j'ai mille choses à vous dire... Je vais chercher notre petite collation. (A part, en sortant.) C'est peut-être mal de le tromper?... Mais, quand nous serons mariés, je lui avouerai toutes mes petites annexions ! (Haut.) A bientôt, à bientôt !

Elle entre dans une pièce latérale, à gauche.

SCÈNE XI.

TACAREL, puis UNE DAME VOILÉE,
puis MADAME CHAMPBAUDET.

TACAREL, seul.

Je ne sais pas si Aglaé a répondu... Ce clerc de notaire est bègue... Il n'en finissait plus de me raconter comme quoi il m'avait cherché chez moi, à mon cercle... et dans mille autres lieux... pour me remettre une lettre de son patron... La voici... très-pressée. (Lisant.) « Mon cher client, je vous ai enfin découvert un parti qui réunit toutes les convenances. » (Parlé.) Très-bien... (Lisant.) La première entrevue aura lieu ce soir. » (Parlé.) Ah !

sapristi! (Lisant.) « Vous êtes attendu à dix heures précises, chez M. Letrinquier, père de la jeune personne, rue du Foin, au Marais, n° 15... Vous vous présenterez comme architecte... Le père est censé faire bâtir... et vous êtes censé ne rien savoir... Brûlez ma lettre! » (Parlé.) Ce soir, à dix heures! (On entend l'air du *Bon Tabac* joué plus vigoureusement que jamais à l'étage supérieur.) Le *Bon Tabac!*... Elle m'appelle!... (Tirant sa montre.) Quatre heures!... j'ai encore six heures de célibat pour régulariser mon opération Garambois... Allons-y!

Il va vers la porte du fond et l'ouvre. — Une dame voilée se laisse entrevoir.

LA DAME VOILÉE, vivement.

Ne montez pas. C'est mon mari qui joue!

Elle disparaît.

TACAREL.

Bigre! le mari!... Et sa femme descend l'escalier... Si je lui proposais mon bras... (S'adressant au plafond.) Pianote, mon bonhomme, pianote!... Je vais la suivre!

MADAME CHAMPBAUDET, entrant avec un plateau servi.

Où allez-vous?

TACAREL, sur le seuil.

Adieu! adieu!...

MADAME CHAMPBAUDET.

Mais ma collation?

TACAREL

Impossible! N'entendez-vous pas l'air : *J'ai du bon tabac?* (Il indique l'étage au-dessus, où l'on entend jouer du piano avec rage.) *J'ai du bon tabac!*... Bonsoir!

Il disparaît par le fond en courant.

MADAME CHAMPBAUDET, éplorée.

A demain! (Montrant le poing au plafond.) Oh!... l'air qui le fait partir! (Tombant sur une chaise, à droite, près de la table.) Ah! je donnerai congé!

ARSÈNE, un paquet à la main.

Si madame veut visiter mes hardes...

L'orchestre joue fortissimo l'air *J'ai du bon tabac.* — Le rideau tombe.

ACTE DEUXIÈME.

Un salon chez Letrinquier. — A gauche, au deuxième plan, fenêtre. — Au troisième plan, porte latérale; deux portes au fond, entre lesquelles est une cheminée, avec pendule et flambeaux. — Celle de ces deux portes qui est à gauche sert aux entrées du dehors; celle de droite conduit dans la salle à manger. — A gauche, premier plan, une table avec deux chaises. — Au fond, devant la cheminée, une table à jeu avec cartes, flambeaux, jetons. — A droite, deuxième plan, une porte. — A droite, premier plan, un guéridon avec plusieurs chaises alentour; des ouvrages de femme sur le guéridon. — Lampe. — Petit meuble à droite de la cheminée. — Tapis sur le paquet.

SCÈNE PREMIÈRE.

LETRINQUIER, MADEMOISELLE NINA, VICTOIRE, puis ARSÈNE. Ils sont occupés à disposer le salon pour une soirée.

LETRINQUIER, réglant une lampe, au fond.

Allons, bon, voilà une lampe qui file!

MADEMOISELLE NINA, tenant un sucrier en argent.

C'est que vous ne savez pas vous y prendre... Le verre est trop haut.

Elle vaut l'aider.

LETRINQUIER.

Non, laissez, ma sœur... occupez-vous des housses.

MADEMOISELLE NINA, montrant Victoire.

Victoire les ôte... Et la table de jeu?

LETRINQUIER, apportant la lampe sur le guéridon.

Je l'ai préparée moi-même... Avez-vous sorti le sucrier en argent?

MADEMOISELLE NINA.

Le voici... Je le fais reluire. (Elle le frotte avec une peau.) Nous prendrons le thé dans la salle à manger...

LETRINQUIER.

Oui, on dit que c'est plus distingué... Caroline, ma fille, est-elle prête?

MADEMOISELLE NINA.

Elle achève de s'habiller...

LETRINQUIER, regardant la pendule.

Déjà neuf heures et demie... et c'est pour dix heures!

MADEMOISELLE NINA.

Dépêchez-vous, Victoire...

LETRINQUIER.

Ah çà! mais où est donc notre nouveau domestique?

VICTOIRE.

Monsieur, depuis une heure qu'il est ici, il est dans la cuisine à examiner les robinets de la fontaine.

LETRINQUIER.

Pour quoi faire?... Appelez-le...

VICTOIRE, appelant à la cantonade, au fond à droite.

Hé!... dites donc!... Monsieur vous demande.

Arsène paraît.

ACTE DEUXIÈME.

ARSÈNE.

Quoi qu'y a?

MADEMOISELLE NINA.

Approchez, mon garçon.

ARSÈNE.

Madame...

MADEMOISELLE NINA, sèchement.

Demoiselle... je vous prie.

ARSÈNE.

Pardon... c'est faute de savoir... Mam'zelle, il y en a un qui fuit.

MADEMOISELLE NINA.

Un quoi?

LETRINQUIER.

Qu'est-ce qui fuit?

ARSÈNE.

Un robinet, monsieur.

LETRINQUIER.

Il ne s'agit pas de robinets... Nous donnons aujourd'hui une petite soirée.

ARSÈNE.

Ah tant mieux! j'aime le monde... (A part.) Il y aura des gâteaux.

MADEMOISELLE NINA.

Je pense que vous êtes au courant du service.

ARSÈNE.

Pour ça, oui... j'étais bonne chez une dame seule.

MADEMOISELLE NINA, scandalisée.

Comment!

ARSÈNE.

C'est moi que je lui piquais ses épingles.

LETRINQUIER.

C'est bien!... Vous vous tiendrez dans l'antichambre et vous annoncerez à haute et intelligible voix les personnes qui arriveront... Savez-vous annoncer?

ARSÈNE.

Dame!... un petit peu.

LETRINQUIER.

Voyons, annoncez-moi... J'entre chez le ministre... C'est une supposition... La porte s'ouvre à deux battants, et vous dites...

Il simule son entrée par la porte principale.

ARSÈNE, annonçant.

V'là le bourgeois!

MADEMOISELLE NINA.

Hein

LETRINQUIER.

Mais non! imbécile!... Vous dites : « Monsieur Letrinquier!... » avec déférence.

ARSÈNE, annonçant.

Monsieur Létriquier, avec déférence!

MADEMOISELLE NINA, aidée de Victoire, lui met les housses sur les bras.

Tenez, emportez ça!

ARSÈNE.

Alors c'est donc pas moi qui *passera* les gâteaux?

MADEMOISELLE NINA.

Vous ferez ce qu'on vous dira.

ARSÈNE, à part.

Ça m'a encore l'air d'une baraque, cette maison-là !...
Il sort avec Victoire, à droite, au fond.

SCÈNE II.

LETRINQUIER, MADEMOISELLE NINA,
puis CAROLINE.

MADEMOISELLE NINA.

Encore une jolie acquisition que nous avons faite là.

LETRINQUIER.

Il se dégourdira. (Inspectant le salon.) Voyons si rien ne cloche... si rien n'a l'air affecté... apprêté... (Il range quelques chaises.) Vous savez ce dont nous sommes convenus ?

MADEMOISELLE NINA.

Oui, il faut avoir l'air...

LETRINQUIER.

De ne pas avoir l'air... C'est parfaitement ça !...

CAROLINE, venant de la gauche, deuxième plan, très-habillée, fleurs et rubans dans les cheveux, bracelets.

Ma tante, voulez-vous m'agrafer mon bracelet ?

MADEMOISELLE NINA.

Viens, mon enfant !... (Elle remet à Letrinquier le sucrier d'argent qu'elle frottait, ainsi que la peau, et agrafe le bracelet de Caroline. — A son frère :) Eh bien ! regardez-la !

LETRINQUIER, frottant machinalement le sucrier et examinant sa fille.

Toilette simple et sans prétention... Très-bien, ma fille !...

CAROLINE, regardant le salon.

Mais papa... qui attends-tu donc ce soir?

LETRINQUIER, à Nina.

Faut-il lui dire?

MADEMOISELLE NINA.

C'est le plus simple.

LETRINQUIER.

Eh bien, ma fille, il s'agit.

MADEMOISELLE NINA.

De te présenter un prétendu.

CAROLINE.

Ah!

LETRINQUIER.

M. Paul Tacarel.

MADEMOISELLE NINA.

Architecte.

LETRINQUIER.

Qui m'est chaudement recommandé par mon notaire, maître Toupineau.

CAROLINE.

Est-il brun ou blond?

MADEMOISELLE NINA, pudiquement.

Ma nièce!

LETRINQUIER.

Maître Toupineau ne s'explique pas sur sa nuance... Voici sa lettre... (Gêné pour ouvrir sa lettre, il passe le sucrier d'argent et la peau à sa fille; elle frotte machinalement. — Lisant.) « Cher M. Letrinquier... je crois avoir enfin trouvé un prétendu pour votre fille, M. Paul Tacarel. Il se présentera ce soir à dix heures chez vous en qualité d'architecte. Je lui ai dit que vous aviez une maison à faire construire. »

CAROLINE.

Mais vous n'en avez pas.

MADEMOISELLE NINA.

Précisément!

LETRINQUIER.

C'est une ruse... dans les affaires, on ruse... Je n'ai que des obligations de l'Ouest. (Lisant.) « M. Tacarel est un garçon sobre, rangé, d'une conduite exemplaire... Il possède un immeuble dont la façade est en pierres de taille, rue de Trévise, n° 17. Le jeune homme ne sait absolument rien... et vous êtes censé ne rien savoir... Brûlez ma lettre! »

MADEMOISELLE NINA.

Quelle finesse!

LETRINQUIER.

Ah! ce Toupineau est fin comme un cheveu!... Il ne sait rien... et nous sommes censés ne rien savoir... (A sa fille.) Tu comprends? — Donne-moi le sucrier.

Il le reprend.

MADEMOISELLE NINA.

De cette façon, nous pourrons l'examiner... l'éplucher...

LETRINQUIER.

Tout en causant architecture. J'ai dessiné, sur un morceau de papier, un grand carré au crayon... ce sera le plan de mon terrain.

MADEMOISELLE NINA.

Très adroit!

LETRINQUIER.

J'ai convoqué tous nos grands parents pour avoir leur avis... J'ai surtout fait prévenir Théodore. Il est observateur... il a le coup d'œil sûr!...

MADEMOISELLE NINA.

Je ne l'ai pas non plus trop mauvais.

LETRINQUIER.

Ni moi!

CAROLINE.

Ni moi!

LETRINQUIER.

Ainsi, gardons-nous de nous trahir... Faisons semblant, tout bêtement, de prendre un petit thé en famille... (A sa fille.) Et, si je t'adresse, comme par mégarde, quelques frêles questions, ne va pas te troubler...

MADEMOISELLE NINA.

Et surtout tiens-toi droite.

LETRINQUIER.

Oui! mais sans avoir l'air!... Dix heures! (On sonne au dehors.) On sonne... C'est lui, sans doute. (Indiquant le guéridon.) Mettez-vous là, brodez... du sang-froid... Moi, je vais lire le journal.

Ils se placent précipitamment, Nina et Caroline au guéridon, Letrinquier à la droite de la table de gauche, un journal à la main

SCÈNE III.

Les Mêmes, ARSÈNE, puis Les Invités.

ARSÈNE, annonçant.

Monsieur et madame l'Animal!

Un monsieur et une dame paraissent.

LETRINQUIER, se levant.

Hein? (Le reprenant.) Lamiral! animal!

ARSÈNE.

Monsieur et madame Casterole!

MADEMOISELLE NINA.

Cassagnol!

Deux autres invités entrent. On va au-devant des arrivants.

ARSÈNE, annonçant.

Monsieur et madame...

LETRINQUIER, l'interrompant.

Assez! n'annoncez plus... courez chez le pâtissier!

ARSÈNE.

Chez le pâtissier?... ça me va!

Il sort par la droite, au fond.

LETRINQUIER, aux invités.

Je vous demande mille pardons... c'est un nouveau domestique.

On se salue

ENSEMBLE.

AIR d'*Edgard et sa Bonne.*

Exacts à l'heure convenue,

Peut-on, sans être curieux,
De cette soirée imprévue
Savoir le but mystérieux ?

LETRINQUIER

Exacts à l'heure convenue,
Vous allez, amis curieux,
De cette soirée imprévue
Savoir le but mystérieux.

Mes chers parents, je vous ai convoqués pour avoir votre avis sur un prétendu qui brigue la main de ma fille.

TOUS.

Ah !

LETRINQUIER.

Il va venir tout à l'heure... comme architecte... Il ne sait rien... et nous sommes censés ne rien savoir... Vous le regarderez... sans avoir l'air... et vous me ferez part de vos observations.

TOUS.

Très-bien ! très-bien !

On sonne de nouveau

LETRINQUIER, vivement.

C'est lui... prenons des positions naturelles... Les dames à ce guéridon... brodez... toutes!... Les messieurs à la table de jeu. Ayez l'air de jouer à l'écarté... Et, moi, je vais faire semblant de lire le journal... Du sang-froid

Tous prennent précipitamment et tumultueusement les position indiquées. — Letrinquier a repris sa place, seul, près de la table de gauche, un journal à la main.

VICTOIRE, annonçant au fond.

M. Paul Tacarel !

Tacarel entre et donne son pardessus à la bonne, qui le pose sur une chaise au deuxième plan et sort.

SCÈNE IV.

Les Mêmes, TACAREL.

Tacarel entre; il salue les dames, puis les invités. On s'incline légèrement, et l'on feint de ne donner aucune attention à sa présence, tout en l'observant à la dérobée pendant toute la scène. Tacarel salue Letrinquier, absorbé par son journal.

LETRINQUIER, se levant en tenant son journal, d'un air froidement poli.

Pardon, monsieur... mais je n'ai pas l'honneur de vous remettre...

TACAREL.

M. Tacarel... architecte... je vous suis adressé par maître Toupineau...

LETRINQUIER.

Mon notaire.

TACAREL.

Pour une construction sur laquelle il m'a dit que vous désiriez me consulter...

LETRINQUIER, comme se souvenant.

Ah! très-bien... en effet...

CAROLINE, bas, à Nina.

Il est blond!

TACAREL, à part.

La petite me lorgne!

LETRINQUIER.

Il s'agit d'une maison... d'une grande maison... à trois... quatre... ou six étages...

TACAREL.

Je vois ça d'ici... une maison très-haute!

LETRINQUIER.

Et très-longue... nous nous comprenons!... Mais permettez-moi d'abord de vous présenter ma sœur.. mademoiselle Nina Letrinquier... celle qui a le plus de cheveux...

LES AUTRES DAMES, offusquées.

Hein?

Nina se lève, salue froidement et se rassied.

LETRINQUIER.

Et ma fille Caroline... la plus jolie des six...

LES AUTRES DAMES, offusquées.

Hein?

LETRINQUIER.

Incontestablement!

Caroline se lève et salue Tacarel, qui s'incline; puis elle se rassied et reprend sa broderie.

TACAREL, à part.

Très-gentille!

CAROLINE, bas, à sa tante.

Il n'est pas mal.

MADEMOISELLE NINA, bas.

Silence!

LETRINQUIER, indiquant les autres personnes.

Quant au reste... des parents... des cousins... (Tacarel va pour les saluer, il le retient du geste, en disant :) Non! cela n'a pas d'importance! (Les invités du fond, qui s'étaient levés, se rasseyent.) Je vais donc vous soumettre un petit plan de mon terrain... que j'ai esquissé moi-même sur un grand carré de papier...

TACAREL.

Monsieur dessine?

LETRINQUIER.

Je ne dessine pas positivement... je fais des carrés... Où l'ai-je donc mis?

CAROLINE

Dans le tiroir, papa.

Elle se lève.

LETRINQUIER.

Ah! oui! ne te dérange pas!... (Elle se rassied. — A Tacarel.) Vous permettez?

Il remonte chercher son plan dans le tiroir d'un petit meuble, à droite de la cheminée.

TACAREL, à part, sur le devant.

La petite est charmante... mieux qu'Aglaé... Pauvre Aglaé!... A propos, je l'ai décidée à ne pas aller dîner chez sa tante!... Nous avons mangé un gâteau... chez Véfour!... Cette femme a vraiment des qualités de cœur!

LETRINQUIER, revenant avec une feuille de papier.

Asseyons-nous... (Étalant le papier sur la table.) Voici mon terrain...

TACAREL, assis, prenant le papier.

Permettez...

LETRINQUIER, à part.

Je suis fâché que Théodore ne soit pas là... il a le coup d'œil sûr!

TACAREL.

Ce carré est très-bien dessiné...

LETRINQUIER.

Oh!... j'ai pris une règle... Je voudrais faire construire

là-dessus... comme qui dirait une maison confortable...
avec des fenêtres partout... (Marquant avec son crayon.) là...
là... là... là... et là...

TACAREL.

Pardon... mais vous oubliez la porte d'entrée...

LETRINQUIER.

C'est possible! moi, je ne suis pas architecte... vous arrangerez cela!...

TACAREL.

Oui... oui... Vous désirez quelque chose dans le goût moderne...

LETRINQUIER.

Naturellement... Je ne voudrais pas d'une architecture qui remontât... par exemple... à Alexandre le Grand.

TACAREL, riant avec complaisance.

Ce serait de l'histoire ancienne.

LETRINQUIER, riant aussi, ainsi que tous les autres.

Très-ancienne! N'est-ce pas, ma fille?

CAROLINE.

Papa?

LETRINQUIER.

Pourrais-tu me dire en quelle année est mort Alexandre le Grand? (A part.) Comme c'est adroit!

CAROLINE.

Trois cent vingt-quatre ans avant notre ère.

Murmure de satisfaction de l'assistance.

LETRINQUIER.

Très-forte en histoire! (A sa fille.) Ce qui fait aujourd'hui?

CAROLINE.

Deux mille cent quatre-vingt-quatre ans...

LETRINQUIER.

Très-forte en arithmétique! Tout le monde ne sait pas ça!

TACAREL.

Certainement... et moi-même...

LETRINQUIER, se levant et allant aux invités du fond.

Il ne le savait pas!... et pourtant il est architecte!... (Baissant la voix.) Je la fais briller sans en avoir l'air!

TACAREL, à part.

Je sens leurs regards qui me chatouillent le dos... Ça me trouble!

LETRINQUIER, revenant s'asseoir, et indiquant sur son plan.

Dans le jardin, nous placerons... si faire se peut... une fontaine monumentale...

TACAREL, distrait.

Oui, sous des cyprès... en briques de Bourgogne...

LETRINQUIER.

Comment, des cyprès!... en briques de Bourgogne!

TACAREL.

Ah! pardon... je confondais...

LETRINQUIER, reprenant.

La fontaine formera... si faire se peut... ça vous regarde, je ne suis pas architecte... formera, dis-je... une petite rivière en zig-zag... (Traçant avec son doigt.) comme ça... comme qui dirait l'Adige!

TACAREL, étonné.

L'Adige?

LETRINQUIER.

A propos, Caroline!

CAROLINE.

Papa?

LETRINQUIER.

Où se jette l'Adige?

MADEMOISELLE NINA, bas.

Ne te trouble pas.

CAROLINE.

Dans l'Adriatique, papa.

LETRINQUIER

Quelles sont les villes qu'elle arrose?

TACAREL, à part.

Ah çà! c'est un examen de bachelier!

CAROLINE, se levant et récitant comme une leçon.

Villes arrosées par l'Adige : Méran, Trente, Roveredo, Rivoli, Legnago, Rovigo.....

TOUS, l'interrompant avec une explosion d'admiration.

Ah! très-bien, très-bien!...

LETRINQUIER, se levant enthousiasmé.

Legnago! Rovigo! (Nina se lève et embrasse Caroline, Letrinquier l'embrasse aussi, puis elle va étourdiment vers Tacarel qui s'avance pour l'embrasser, mais Letrinquier la retient; elle retourne à sa place et s'assied. — A Tacarel.) N'est-ce pas qu'elle est étonnante?

TACAREL.

C'est un prodige!... (A part.) Ce père est un idiot!

LETRINQUIER.

Ceci n'est rien... elle vous dirait tous les rois de France qui ont eu lieu... sans broncher!

ACTE DEUXIÈME.

TACAREL.

Vraiment?... Oh! si je ne craignais pas d'abuser...

CAROLINE, se levant.

Pharamond, Clovis, Mérovée...

LETRINQUIER, l'interrompant.

Non, il s'en rapporte... (Elle se rassied. — A Tacarel.) Et les travaux d'aiguille!... demandez à ma sœur...

MADEMOISELLE NINA, se levant.

Voyez, monsieur.

Elle prend l'ouvrage que brode Caroline et le montre à Tacarel. Letrinquier a pris la lampe pour éclairer. Tous se sont approchés, Caroline est restée assise.

TACAREL.

Oh! mais c'est un travail de fée.

Tous reprennent leurs places, excepté Tacarel et Letrinquier qui restent debout.

MADEMOISELLE NINA.

Elle nous a brodé, cet hiver, une délicieuse tapisserie pour un coffre à bois.

LETRINQUIER.

C'est tellement joli..... que j'ai résolu de m'en faire une calotte grecque.

TACAREL.

Avec un coffre à bois!... C'est merveilleux!

UNE DAME.

Faites-nous-la donc voir...

CAROLINE, se levant à demi.

Je vais la chercher...

LETRINQUIER.

Ne te dérange pas!... nous avons des domestiques... Sonnez, ma sœur!

MADEMOISELLE NINA sonne. — A part.

C'est très-adroit!... nous n'avons pas l'air!

SCÈNE V.

Les Mêmes, ARSÈNE

ARSÈNE, entrant par le fond à droite.

Monsieur a sonné?

TACAREL, à part.

Le domestique de la Champbaudet!... oïe!... oïe!...

Il se détourne.

MADEMOISELLE NINA, à Arsène.

Allez dans ma chambre... vous ouvrirez l'armoire à glace... vous verrez une tapisserie enveloppée dans un journal... vous nous l'apporterez.

ARSÈNE.

Bon, dans un journal...

Il sort.

TACAREL, à part.

Il s'est placé ici, cet animal!

LETRINQUIER, à Tacarel.

Vous allez voir... ça vous intéressera... car entre l'architecture et la tapisserie..... il y a naturellement un lien..... naturel!

TACAREL.

Les arts sont frères.

LETRINQUIER.

Comme vous dites.. donc la tapisserie est frère... de l'architecture...

Tous rient.

TACAREL.

Voilà! (A part.) Je donnerais quelque chose pour avoir son buste!

ARSÈNE, rentrant.

V'là un paquet!... C'est-y ça?

Il en tire une longue natte de cheveux.

TOUS, jetant un cri d'étonnement.

Hein?

LETRINQUIER, vivement.

Ce n'est pas à ma fille! c'est à ma sœur!

MADEMOISELLE NINA, jetant un cri désespéré.

Ah!

Elle arrache la natte des mains d'Arsène et la fourre vivement dans sa poche.

ARSÈNE, obligeamment.

Madame, il en passe!

MADEMOISELLE NINA, outrée.

Imbécile! butor! sortez!... retournez à votre cuisine! (A part.) Ah! il me le payera!

ARSÈNE, à part.

Ah! ben!... C'est-y ma faute si elles en portent toutes!...

Il sort à droite au fond.

MADEMOISELLE NINA.

D'ailleurs, ce n'est pas à moi... c'est pour une de mes amies de province... qui a eu des chagrins.

LETRINQUIER.

Oui... son mari la traînait par les cheveux, et alors...

TACAREL.

Elle se les est fait couper... c'est tout naturel.

LETRINQUIER, à part.

Rompons les chiens!... (Haut.) Pour en revenir à notre immeuble... (Bas, à Tacarel.) Entre nous, la mèche est à elle.

TACAREL, bas, riant.

Je m'en doutais. (Haut et tenant le plan de Letrinquier.) Pardon... vous n'auriez pas une règle et un compas?

LETRINQUIER.

Si... là... dans mon cabinet... je vais vous accompagner...

TACAREL.

Non! je ne souffrirai pas! vous avez du monde...

LETRINQUIER.

Au moins, ne manquez pas de regarder au-dessus de mon bureau une tête de Romulus aux deux crayons... ouvrage de ma fille!

TACAREL, galamment à Caroline.

Tous les talents... et toutes les grâces!

TOUS, le complimentant de sa galanterie.

Ah!

TACAREL, saluant.

Mesdames, messieurs... (A part.) Ils ont de bonnes têtes, rue du Foin.

Il sort par la droite, deuxième plan.

SCÈNE VI.

LETRINQUIER, CAROLINE, MADEMOISELLE NINA, Invités, puis ARSÈNE.

Aussitôt que Tacarel est sorti, tous quittent leurs places et se réunissent en groupe.

LETRINQUIER.

Eh bien, comment le trouvez-vous?

TOUS.

Charmant!

UN MONSIEUR.

Spirituel!

UNE DAME.

Joli garçon!

MADEMOISELLE NINA.

Modeste!

CAROLINE.

Et très-galant!

LETRINQUIER.

Quant à moi, voici mon impression... c'est un jeune homme... qui a des manières... certainement... de l'usage et même... des souliers vernis... mais je trouve qu'il a l'air délicat!...

TOUS.

Mais non!

LETRINQUIER.

Ah! je suis fâché que Théodore ne soit pas là!... Il a le

coup d'œil sûr]... Il faudrait prendre des renseignements.

MADEMOISELLE NINA.

Si nous interrogions son paletot?

TOUS.

Oh! oui! le paletot!

Un des invités l'a pris sur la chaise et le donne à Nina.

MADEMOISELLE NINA, le prenant et le flairant.

Tiens! tiens! il fume!

LETRINQUIER, de même.

Oui!... il fume! (Fouillant les poches.) Visitons-le.

CAROLINE.

Mais, papa... ce n'est pas convenable!

LETRINQUIER.

Ma fille... le devoir d'un père est de se renseigner! (Il fouille dans une des poches.) Un papier!

TOUS.

Un billet?

LETRINQUIER.

Non!... une note de restaurant... « Véfour... » (Lisant.) » Deux douzaines d'huîtres... » (Parlé.) Il aime les huîtres...

MADEMOISELLE NINA lisant.

» Deux canards aux olives!

CAROLINE, lisant.

» Deux cailles rôties!

MADEMOISELLE NINA, lisant.

» Deux homards! »

TOUS.

Oh!

ACTE DEUXIÈME.

LETRINQUIER.

C'est un fort mangeur!

CAROLINE.

Il a peut-être dîné avec un ami!

LETRINQUIER.

C'est juste! (Tirant d'une autre poche la petite trompette du premier acte.) Ah! sac à papier! qu'est-ce que c'est que ça?

TOUS, stupéfaits.

Ah!

MADEMOISELLE NINA.

Une poire à poudre!

Toutes les dames se reculent effrayées.

LETRINQUIER.

Non! c'est percé des deux bouts.

On se rapproche.

UN INVITÉ.

Un cornet acoustique!

CAROLINE.

Est-ce qu'il serait sourd?

LETRINQUIER.

Allons donc! puisqu'il parle! — Peut-être un ustensile d'architecture.

Il souffle dans la trompette qui rend un son aigu

TOUS, effrayés.

Ah!

ARSÈNE, accourant du fond, côté droit, et se précipitant vers la fenêtre, à travers tout le monde.

C'est lui!... (Criant.) Marchand de robinets! marchand de robinets!

TOUS.

Hein? qu'est-ce que c'est?... qu'y a-t-il?

ARSÈNE, à lui-même, quittant la fenêtre.

Personne!... En voilà un qui me fait trimer!

LETRINQUIER, à Arsène.

Pourquoi ce cri dénaturé... au milieu d'un salon?

ARSÈNE, ahuri.

Puisqu'il fuit, monsieur!...

VOIX DE TACAREL, dans la coulisse.

C'est bien, je vous remercie...

LETRINQUIER.

C'est lui!

MADEMOISELLE NINA.

Il revient!

Elle rejette le paletot sur la chaise.

LETRINQUIER, fourrant la trompette dans la poche d'Arsène.

Cache ceci!

ARSÈNE, ahuri.

Hein?

LETRINQUIER, vivement.

Reprenons nos positions naturelles! vite! vite!...

On reprend les positions; mais, dans le trouble et l'empressement on se trompe de places, les messieurs se placent au guéridon et les dames à la table de jeu. Caroline et Nina à la table de gauche.

ARSÈNE, à part, ébahi

Qu'est-ce qu'ils font?

SCÈNE VII.

Les Mêmes, TACAREL.

TACAREL, entrant un papier à la main.

Voici notre petit projet.

ARSÈNE, l'apercevant.

Bah!

TACAREL, très-vivement à Arsène.

Vingt francs!... tu ne me connais pas!

ARSÈNE, étonné, à part.

Vingt francs?

Il remonte.

TACAREL, allant à la table où il croit trouver Letrinquier.

Monsieur... (Voyant Nina qui tient machinalement le journal et Letrinquier au guéridon, tenant la broderie. — A part.) Ah çà! ils ont donc joué aux quatre coins!

ARSÈNE, annonçant.

Monsieur, le thé... *elle* est servie!

LETRINQUIER, se levant, ainsi que tous les autres

Passons dans la salle à manger. (Bas, à ses invités.) C'est plus distingué!

MADEMOISELLE NINA, à Tacarel.

Monsieur Tacarel voudra-t-il accepter une tasse de thé?...

TACAREL.

De votre main?... avec bonheur, mademoiselle...

MADEMOISELLE NINA, bas, à Letrinquier

Il est charmant!

LETRINQUIER, bas.

Oui... j'ai envie de l'arrêter!... N'oubliez pas le sucrier d'argent.

Nina court le prendre sur un meuble.

TACAREL, offrant son bras à Caroline.

Mademoiselle...

LETRINQUIER, l'arrêtant.

Pardon... un mot pendant qu'on sert le thé.

Caroline remonte et prend le bras d'une des dames.

CHOEUR.

AIR du *Chapeau de paille d'Italie.*
Allons de la feuille odorante
Savourer l'arome si doux;
Mais venez vite, car l'attente
Est bien pénible loin de vous.

LETRINQUIER et TACAREL

Ils vont de la feuille odorante
Savourer l'arome si doux;
Pour moi, la saveur qui me tente
C'est de deviser avec vous.

Tout le monde passe dans la salle à manger, porte du fond, à droite, excepté Letrinquier et Tacarel.

SCÈNE VIII.

TACAREL, LETRINQUIER.

LETRINQUIER, très-aimable.

Je désirerais causer avec vous...

ACTE DEUXIÈME.

TACAREL.

De notre petit plan... Si vous voulez y jeter un coup d'œil?

LETRINQUIER.

Non... plus tard!... Je vous ai retenu pour autre chose!

TACAREL.

Ah! monsieur...

LETRINQUIER, à part

Comment attaquer la question... sans avoir l'air?... (Haut et tout à coup, après un moment d'hésitation.) Vous êtes marié, je crois?

TACAREL.

Pas encore... Et mademoiselle votre fille?

LETRINQUIER.

Non plus!

TACAREL.

Ah! voilà une rencontre...

LETRINQUIER.

Bien extraordinaire! — Votre immeuble est situé, je crois, rue de Trévise, n° 17.

TACAREL, étonné.

Hein? vous savez?...

LETRINQUIER.

Du moins, je le suppose... car maître Toupineau ne m'a rien dit...

TACAREL.

La neuvième maison à gauche...

LETRINQUIER.

Façade en pierre de taille. — Quant à moi, la dot que je donne à ma fille...

TACAREL.

Est en obligations de l'Ouest.

LETRINQUIER, étonné.

Hein?... vous savez?...

TACAREL.

Du moins, je le suppose... car maître Toupineau ne m'a rien dit.

LETRINQUIER.

Ni à moi... Je ne savais absolument rien.

TACAREL.

C'est comme moi! — Cependant, en entrant, mon cœur battait...

LETRINQUIER.

Et le mien donc! Quand vous avez sonné... j'ai éprouvé ce mouvement de terreur mélancolique qui s'empare de tous les pères dont un architecte va enlever la fille!

TACAREL.

Ce que c'est que les pressentiments!

LETRINQUIER.

Jeune homme, vous me plaisez; vous me paraissez doux, gai, poli, d'un commerce agréable... et je vous arrête!...

TACAREL.

Ah! monsieur! (A part.) Il ne manque plus que le denier à Dieu!

LETRINQUIER.

Or donc, je vous autorise à commencer dès demain vos visites.

TACAREL.

Ah! monsieur!

ACTE DEUXIÈME. 289

LETRINQUIER.

Et à accepter, dès ce soir, une tasse de thé des mains de ma fille Caroline.

TACAREL.

Quelle heureuse surprise! car je ne m'attendais à rien.

LETRINQUIER.

Moi non plus!... Allez, jeune homme,... je vous rejoins.

Tacarel entre dans la salle à manger.

SCÈNE IX.

LETRINQUIER, puis GARAMBOIS,
puis MADEMOISELLE NINA.

LETRINQUIER, seul.

Distingué!... éminemment distingué!... (Se frappant le front.) Tiens! j'ai oublié de lui demander pourquoi, comme architecte, il portait une trompe dans son paletot!...

GARAMBOIS, entrant vivement par le fond.

Bonjour, mon ami!...

LETRINQUIER, se retournant, et joyeux.

Théodore! enfin, voilà Théodore!

GARAMBOIS, très-agité.

Je t'ai promis de venir; me voici!...

LETRINQUIER.

Figure-toi, mon ami, qu'un jeune architecte...

GARAMBOIS.

Il faut que je m'en aille...

LETRINQUIER.

Hein?

GARAMBOIS.

J'ai envoyé ma femme dîner chez sa tante... Je vais la chercher à l'omnibus de Chaillot.

LETRINQUIER.

Comment! quand je t'attends depuis une heure?...

GARAMBOIS.

Oui... c'est *le Bon Tabac* qui m'a retenu... J'en ai joué jusqu'à dix heures un quart.

LETRINQUIER.

Quoi, *le Bon Tabac?*

GARAMBOIS.

Mais personne n'est venu!

LETRINQUIER.

De quoi parle-t-il?

MADEMOISELLE NINA, *venant vivement de la salle à manger.*

Oh! il est charmant. Il est d'une politesse, d'une complaisance... Il a aidé Caroline à servir le thé...

GARAMBOIS.

Qui?

LETRINQUIER.

Le prétendu... il est ici...

GARAMBOIS.

Ah! il y a un prétendu?

MADEMOISELLE NINA.

Tout le monde en raffole!

LETRINQUIER.

Je t'attendais pour te le montrer... parce que tu as le coup d'œil sûr.

ACTE DEUXIEME.

MADEMOISELLE NINA.

Je vais vous le présenter...

GARAMBOIS.

Impossible! je n'ai pas le temps.

Il remonte.

LETRINQUIER, *le lui montrant par la porte ouverte.*

Tiens! il est là... ce petit jeune homme... bien pris dans sa taille... à côté de ma fille.

GARAMBOIS.

Bah!!! Lui!!!

LETRINQUIER et MADEMOISELLE NINA.

Quoi donc?

Ils redescendent.

GARAMBOIS.

Mais c'est M. Tacarel, un architecte?

LETRINQUIER.

Oui.

GARAMBOIS.

Je connais ses mœurs... Il a une passion, une chaîne!

LETRINQUIER et MADEMOISELLE NINA.

Comment?

GARAMBOIS.

A l'étage au-dessous de moi... madame veuve Champ, baudet, une dame qui ne veut pas de tapis.

LETRINQUIER.

Quels tapis?... Mais ce n'est pas possible!

GARAMBOIS.

Il vient tous les jours à une heure... depuis deux mois... quand le fontainier passe...

LETRINQUIER.

Quel fontainier?

GARAMBOIS.

Enfin cela fait scandale... c'est la fable de la maison!

LETRINQUIER.

Mais es-tu sûr?...

SCÈNE X.

Les Mêmes, ARSÈNE.

ARSÈNE, venant de la salle à manger un sucrier à la main.

Monsieur... faut-il laisser le sucrier d'argent au milieu de tous ces gens-là?

LETRINQUIER, outré.

Animal!

GARAMBOIS, reconnaissant Arsène.

Tiens! le domestique de la veuve Champbaudet!... Interroge-le!...

MADEMOISELLE NINA.

Son domestique?

ARSÈNE.

Et un peu sa femme de chambre.

LETRINQUIER.

Réponds, connais-tu M. Tacarel?

ARSÈNE, faisant le discret.

Des fois!...

MADEMOISELLE NINA.

Comment!... des fois?...

ACTE DEUXIEME.

LETRINQUIER.

Voyons, parle !

MADEMOISELLE NINA.

Allait-il chez cette dame ?

ARSÈNE.

Des fois !

LETRINQUIER, le menaçant.

Brute !... crétin !... t'expliqueras-tu à la fin ?

ARSÈNE.

Ça ne se peut pas... il m'a donné vingt francs pour ne rien dire.

Il se sauve par la droite.

LETRINQUIER.

Il l'a stipendié !

MADEMOISELLE NINA.

Le doute n'est plus permis !

GARAMBOIS, tirant sa montre.

Onze heures, je me sauve !... La ! qu'est-ce que je vous disais ! Vous voilà prévenus, bonsoir.

ENSEMBLE.

AIR du *Tigre du Bengale.*

LETRINQUIER et NINA.

Pour ma $\genfrac{}{}{0pt}{}{\text{fille}}{\text{nièce}}$ ceci m'inspire
Des craintes, des soupçons jaloux.
A $\genfrac{}{}{0pt}{}{\text{tes}}{\text{vos}}$ conseils je veux souscrire,
Méfions-nous ! méfions-nous !

GARAMBOIS.

Je suis pressé, je me retire,
Mais sur ce futur, entre nous,

Je n'ai qu'un seul mot à vous dire :
Méfiez-vous! méfiez-vous!

Il sort en courant par le fond

SCÈNE XI.

LETRINQUIER, MADEMOISELLE NINA,
puis TACAREL.

LETRINQUIER.

Et moi qui viens de l'arrêter!... Ce Théodore!... quel coup d'œil!... En deux minutes il vous perce un homme.

MADEMOISELLE NINA.

Une chaîne! c'est très-grave!

LETRINQUIER.

Il faut qu'il rompe ce lien funeste!

MADEMOISELLE NINA.

Mais qui nous garantira une rupture sincère... et complète?

LETRINQUIER.

Attendez... J'ai une idée... Cette dame Champbaudet est veuve...

MADEMOISELLE NINA, apercevant Tacarel qui sort de la salle à manger.

Chut, le voici!

TACAREL, une tasse de thé à la main.

Beau-père, je vous apporte une tasse de thé.

LETRINQUIER, refusant, froidement.

Mille remercîments, monsieur... Je n'en prendrai pas!

TACAREL, à Nina, lui offrant la tasse.

Mademoiselle...

MADEMOISELLE NINA, très-froidement.

Ni moi!... Je n'en prendrai pas...

TACAREL, assis, à part.

Tiens!... Qu'est-ce qu'ils ont?

LETRINQUIER, très-gourmé.

Monsieur, nous oserons, ma sœur et moi, réclamer de vous un moment d'entretien...

TACAREL.

Un entretien?

LETRINQUIER, lui avançant une chaise à droite.

Seyez-vous, monsieur...

Tous trois s'asseyent, Nina et Letrinquier à gauche, près de la table.

TACAREL, assis, à part.

Ma tasse me gêne!

Il boit machinalement.

LETRINQUIER, digne et froid.

Monsieur, un fait nouveau et d'une extrême gravité vient de se produire... Ne soyez donc pas étonné de rencontrer en moi l'œil irrité d'un père... au lieu du front bienveillant d'un ami.

TACAREL, tenant sa tasse.

Qu'est-ce que j'ai fait?

MADEMOISELLE NINA.

Il le demande!

LETRINQUIER.

Monsieur,... je gazerai... à cause de ma sœur qui est demoiselle. (Le regardant fixement.) Vous avez une amante!

TACAREL.

Moi?

MADEMOISELLE NINA, avec pudeur

Mon frère!

LETRINQUIER.

Oui... J'ai été trop loin!... (A Tacarel.) Vous avez un lien... un attachement... Ce qu'on appelle une chaîne à la Comédie-Française...

TACAREL, se levant vivement.

Mais c'est faux! c'est une calomnie!

Il laisse tomber sa tasse qui se casse

LETRINQUIER, se levant.

Ah! sapristi!

MADEMOISELLE NINA, se levant.

Cassée! c'est agréable!

TACAREL.

Je vous demande pardon!

Tous trois sont accroupis et ramassent les morceaux.

LETRINQUIER, accroupi.

Mon Dieu! ce n'est pas pour la valeur de la chose en elle-même... mais cela décomplète la douzaine.

MADEMOISELLE NINA, de même.

Reste à onze!

LETRINQUIER, de même.

Et si par hasard nous sommes douze... on sera obligé d'attendre qu'une personne soit partie pour servir le thé!

MADEMOISELLE NINA, de même.

Et, comme ils ne partent jamais que lorsque le thé est servi...

ACTE DEUXIÈME.

TACAREL, se relevant, ainsi que les autres.

Je suis vraiment désolé...

MADEMOISELLE NINA, aigrement.

Désolé!... ça ne raccommode pas!
Elle va déposer les débris de la tasse sur la table, à gauche.

LETRINQUIER.

Voyons, ma sœur!... l'incident est vidé.

MADEMOISELLE NINA.

Au moins, donnez-moi la soucoupe.
Elle la lui prend.

TACAREL.

J'y aurais pris garde!... (A part.) Ne rien casser dans cette maison.

LETRINQUIER, reprenant.

Donc, vous avez un lien...

TACAREL.

Monsieur, je proteste énergiquement...

MADEMOISELLE NINA.

Oh! nos renseignements sont précis!...

TACAREL.

Cependant...

LETRINQUIER.

Prenez garde! d'un mot, je peux vous foudroyer...

TACAREL.

Quel mot?

LETRINQUIER, d'une voix qu'il cherche à rendre terrible.

Champbaudet!!!

TACAREL, à part.

Saperlotte! le domestique a parlé... le gredin!

LETRINQUIER.

Depuis deux mois, vous hantez cette dame... tous les jours... à une heure... qu'allez-vous faire chez elle?

MADEMOISELLE NINA, pudiquement.

Mon frère!

LETRINQUIER.

Oui... (A Tacarel.) Dites-nous-le... en latin.

TACAREL.

C'est bien simple... je vais chez cette dame en qualité d'architecte.

LETRINQUIER.

Allons donc!

MADEMOISELLE NINA.

Nous la connaissons, celle-là!

TACAREL.

Permettez!...

LETRINQUIER.

Loin de moi un rigorisme qui n'est plus dans nos mœurs... En vous fiançant à ma fille, dont le passé est pur... comme l'azur des cieux...

TACAREL, à part.

Je l'espère bien!

LETRINQUIER.

Je n'ai pas prétendu exiger de vous la même... réciprocité...

MADEMOISELLE NINA.

Pourtant, mon frère...

LETRINQUIER.

Non, ma sœur... nous autres hommes, nous avons certains priviléges que vous ne sauriez avoir. (A Tacarel.) Mais j'ai le droit d'exiger que les erreurs de votre passé ne viennent pas altérer, troubler, saccager dans l'avenir le bonheur de mon unique enfant.

Il s'attendrit en disant ces derniers mots.

MADEMOISELLE NINA, pleurnichant.

Ce serait affreux !

TACAREL.

Oh! ne pleurez donc pas!... Puisque je vous assure que mes visites à cette dame sont très-innocentes... Mais, si elles vous inquiètent... je vous promets de ne plus les renouveler... je renoncerai à cette... construction...

LETRINQUIER.

Vous ne le pourrez pas... la force de l'habitude!

MADEMOISELLE NINA.

L'entraînement des souvenirs...

TACAREL.

Mais je vous jure...

LETRINQUIER.

Je conclus!... il nous faut une garantie sérieuse... Or donc, vous n'épouserez ma fille que lorsque madame veuve Champbaudet sera mariée elle-même..

TACAREL.

Elle?

LETRINQUIER.

On la dit belle encore!...

TACAAEL.

Mais c'est impossible! si vous la voyiez... d'abord elle a uarante-deux ans...

MADEMOISELLE NINA, vivement et aigrement.

Eh bien, après?... quarante-deux ans... il me semble que ce n'est pas un âge...

TACAREL.

Oh! pardon! mais elle perd ses cheveux... elle porte de fausses nattes.

MADEMOISELLE NINA, de même.

Mais, monsieur...

LETRINQUIER, toussant pour l'avertir.

Hum! hum! hum!

TACAREL, à Nina.

Ah! oui!... pardon!

LETRINQUIER.

Ces détails ne nous regardent pas!... mais ne vous représentez ici qu'avec l'acte de mariage de madame Champbaudet.

TACAREL.

Autant m'imposer la tâche de trouver un mari à la tour Saint-Jacques!

LETRINQUIER.

Voilà notre ultimatum!

SCÈNE XII.

LES MÊMES, CAROLINE, puis ARSÈNE.

CAROLINE, venant de la salle à manger.

Papa, vous ne venez donc pas? Tous nos invités s'en vont! (A Tacarel.) Nous vous reverrons demain, monsieur?

ACTE DEUXIÈME.

MADEMOISELLE NINA et LETRINQUIER.

Impossible!

TACAREL.

Mon Dieu, mademoiselle...

LETRINQUIER, faisant passer sa fille à gauche.

Monsieur va faire un petit voyage!

Il salue Tacarel pour le congédier, et se retourne vers sa fille.

ARSÈNE, venant de la salle à manger et portant un grand plateau chargé de tasses et de gâteaux. — A part.

J'ai sauvé un gâteau.

Il le mange.

CAROLINE.

Un voyage! Comment?

Letrinquier et Nina parlent à Caroline.

ARSÈNE, un peu au fond, à part.

Eh bien, ils s'en fourrent là-bas!

TACAREL, remontant pour sortir et s'arrêtant près d'Arsène

Gredin! tu as parlé?

ARSÈNE.

Non!

TACAREL.

Tiens!

Il lui allonge un coup de pied. Le plateau tombe avec fracas Tacarel sort par le fond.

ARSÈNE, poussant un cri.

Ah!

Tout le monde accourt en tumulte de la salle à manger.

LETRINQUIER.

Le reste de la douzaine! animal!

MADEMOISELLE NINA

Butor!

ARSÈNE.

Mais... c'est monsieur... Tacarel...

MADEMOISELLE NINA.

Je vous chasse! sortez!

ENSEMBLE.

CHOEUR.

AIR du *Chapeau de paille d'Italie.*

Quel bruit affreux, quels cris, quelle colère
Viennent troubler ce paisible logis?
Qui l'eût prévu, quand nous étions naguè
Si bien d'accord et tous si bons amis!

ACTE TROISIÈME.

Chez madame Champbaudet. Même décor qu'au premier acte.

SCÈNE PREMIÈRE.

MADAME CHAMPBAUDET, puis ARSÈNE.

MADAME CHAMPBAUDET, seule, assise devant sa glace et ajustant un bonnet.

Midi et demi!... il va venir!... Hier, quand ce vilain piano l'a mis en fuite, Paul m'a dit : « A demain!... » Je me suis arrangé ce petit bonnet avec des rubans pensée... C'est un emblème... Il le comprendra. (Arrangeant son bonnet.) Mon Dieu, que c'est donc difficile de se coiffer seule!... Je n'ai plus ni femme de chambre ni domestique... (S'impatientant.) Je ne parviendrai jamais à placer cette épingle!

ARSÈNE, qui est entré par le fond avec son paquet.

Madame, voulez-vous que je vous aide?

MADAME CHAMPBAUDET, étonnée.

Vous ici!

ARSÈNE.

J'ai erré toute la nuit en pleurant sur les dalles de nos

quais déserts... Ce matin, je me suis retrouvé au Marché aux fleurs... et naturellement j'ai pensé à vous.

MADAME CHAMPBAUDET, flattée.

Ah! monsieur Arsène...

ARSÈNE, à part.

Elle gobe ça!... que les femmes sont câlines!

MADAME CHAMPBAUDET.

Ainsi, vous n'avez pas cherché à vous placer?

ARSÈNE.

Moi? (Avec dignité.) Ah! madame, vous êtes cruelle!

MADAME CHAMPBAUDET.

Mais...

ARSÈNE.

Non! ce n'est pas gentil!... demander à un homme qui toute la nuit a regardé la rivière d'un œil sinistre... s'il a cherché à se placer!

MADAME CHAMPBAUDET, émue.

Oh! pauvre garçon!... je vous reprends!...

ARSÈNE.

Aux mêmes conditions?

MADAME CHAMPBAUDET.

Sans doute...

ARSÈNE.

Cinq cents francs et quatre bouteilles de vin?

MADAME CHAMPBAUDET.

Ah! non! Quatre cents francs et cinq bouteilles de vin!.. Ne confondons pas!

ARSÈNE.

Pardon!... c'est l'émotion... (A part.) Elle ne gobe pas!

ACTE TROISIÈME.

MADAME CHAMPBAUDET.

Je vous reprends... mais une autre fois soyez plus discret sur les mystères de ma toilette... Voyons, aidez moi...

ARSÈNE.

Oh! avec bonheur!
Il pique des épingles dans son bonnet.

MADAME CHAMPBAUDET.

Aïe! vous me piquez!

ARSÈNE.

Ce n'est pas moi... c'est la joie! (Piquant une autre épingle.) Encore une dans votre postiche!

MADAME CHAMPBAUDET, agacée et se levant.

Je vous défends de parler de cela!

ARSÈNE.

Faut pas en rougir, madame... Cette année, on en porte beaucoup.

MADAME CHAMPBAUDET.

Allons! c'est bien! (Montrant la toilette.) Rangez tout cela Je vais changer de col et mettre mes manchettes.

ARSÈNE.

Voulez-vous que j'aille vous aider?

MADAME CHAMPBAUDET, sévèrement.

Mais non! Ces détails ne sont pas de votre compétence.
Elle entre dans sa chambre.

SCÈNE II.

ARSÈNE, puis TACAREL et DUROSOIR.

ARSÈNE, seul.

Compétence!... Elle est encore fâchée! (Examinant la toilette, qu'il range.) En voilà-t-y des petits pots!... Du blanc, du bleu, du rouge!... Ah! ben, moi, il ne m'en faut pas tant que ça... Je fais ma toilette dans un verre d'eau... et il en reste!... Ma foi!... je ne suis pas fâché d'être rentré ici... D'abord, j'ai une chambre au midi... tandis que les Letrinquier m'avaient campé au nord... loin de mesdemoiselles les cuisinières... Tiens! ça me fait penser que j'ai emporté la clef de leur cuisine... je la leur rapporterai ce soir... quand madame sera couchée...

TACAREL, introduisant Durozoir.

Entrez donc, Durozoir, pas de fausse honte...

DUROZOIR, costume de vieil employé habillé.

Dame, je suis un peu ému...

TACAREL.

Allons! de l'aplomb! vous n'êtes pas un collégien !

ARSÈNE, saluant.

Monsieur Tacarel...

TACAREL, étonné.

Comment!... te voilà revenu ici, toi?

ARSÈNE.

Oui, madame m'a fait redemander...

TACAREL, à demi-voix.

Eh bien, ne lui dis pas que tu m'as vu hier chez les Letrinquier... ou sinon...

Il fait le geste de donner un coup de pied.

ARSÈNE.

Oui... je sais...

TACAREL.

Gare à tes oreilles !...

ARSÈNE, à part.

Il appelle ça mes oreilles !... Voilà un drôle d'architecte ! (Haut.) Monsieur, oserais-je vous prier de me garder aussi le secret ?

TACAREL.

Quel secret ?

ARSÈNE.

De ne pas dire à madame que vous m'avez vu dans une autre maison... ça lui ferait de la peine...

TACAREL.

C'est bien... annonce-moi...

ARSÈNE.

Monsieur Tacarel et monsieur... ?

Il indique Durozoir.

TACAREL.

Annonce-moi seul...

ARSÈNE, sortant.

Monsieur Tacarel seul !... Très-bien !

Il entre à droite.

SCÈNE III.

TACAREL, DUROZOIR.

DUROZOIR.

Je ne vous le cache pas... je tremble comme une feuille.

TACAREL.

Voyons! pas d'enfantillages! Arrangez votre cravate.
Il lui relève son faux-col.

DUROZOIR.

Si j'allais ne pas lui plaire!

TACAREL.

Allons donc! vous êtes encore très-présentable... Quel âge avez-vous?

DUROZOIR.

Mais... je frise mes cinquante-neuf!...

TACAREL.

Chut!... nous dirons quarante-neuf... Boutonnez votre habit...

DUROZOIR.

Mais comment cette idée de me marier vous est-elle venue... comme ça... tout à coup?

TACAREL.

Vous êtes mon vérificateur, mon plus ancien commis... je vous estime, je vous aime... et je veux vous faire une position

DUROZOIR.

Que vous êtes bon, monsieur Tacarel! — Et, dites-moi...

(Tacarel lui ôte un cheveu sur son habit.) Qu'est-ce que vous faites?

TACAREL, déposant le cheveu sur la tête de Durozoir.

Je le mets à la caisse d'épargne.

DUROZOIR.

Dites-moi... et la personne en question est ornée de quelques attraits?

TACAREL.

Une femme superbe!

DUROZOIR.

Ce sont celles que je préfère.

TACAREL.

Eh! eh! papa Durozoir!

DUROZOIR.

Je l'avoue, j'ai été gâté!... A-t-elle des cheveux?

TACAREL.

Énormément!... Elle en a tant qu'elle les laisse traîner partout.

DUROZOIR.

C'est magnifique, une chevelure qui traîne!

TACAREL.

Et quinze mille livres de rente!... Ce n'est pas laid!...

DUROZOIR.

C'est un rêve!...

TACAREL.

Redéboutonnez votre habit... cela fait mieux.

DUROZOIR.

Quelle chance que je sois resté célibataire jusqu'à présent!

TACAREL.

Est-ce que vous n'avez jamais songé à vous marier?

DUROZOIR.

A vous parler franchement... tant que j'ai été jeune et que je me suis bien porté... mais à présent que j'ai des rhumatismes...

TACAREL.

Taisez vous! n'allez pas lui parler de ça!

DUROZOIR.

Oh! non!... pas avant!

TACAREL.

Il faut lui garder ça comme surprise.

DUROZOIR.

Et vous dites que c'est une forte femme?

TACAREL.

Robuste... des bras... de taureau!

DUROZOIR.

Tant mieux!... pour mon rhumatisme!... Elle pourra me frictionner!

TACAREL.

Ne parlez donc pas de ça!

DUROZOIR.

Non!... pas avant!

TACAREL.

C'est la surprise!... Soyez tendre, galant, poétique...

DUROZOIR.

Je tâcherai...

TACAREL.

Reboutonnez votre habit... Décidément, cela fait mieux!

VOIX DE MADAME CHAMPBAUDET, dans la coulisse.

Monsieur Paul! me voici! ne vous impatientez pas!

DUROZOIR.

C'est elle?

TACAREL.

Hein! quel organe!

DUROZOIR.

C'est une harpe!... sa voix me trouble...

TACAREL.

Entrez au salon!... Je vais vous annoncer...

DUROZOIR.

Oui... oui..

TACAREL.

Arrangez-vous... tâchez de vous faire une mèche!

DUROZOIR, très-ému, passant la main sur son front chauve.

Oui... oui... je vais y travailler.

Il entre à gauche.

SCÈNE IV.

TACAREL, puis MADAME CHAMPBAUDET.

TACAREL, seul.

C'est un peu audacieux, ce que je fais là... Madame Champbaudet voudra-t-elle se marier... à son âge?... Mon futur est légèrement déjeté... mais je n'en ai pas d'autres sous la main... et le père Letrinquier est pressé, moi aussi. Je suis pincé! j'aime sa fille!

MADAME CHAMPBAUDET, entrant.

Monsieur Paul... je vous ai fait attendre.

TACAREL.

C'est mon devoir...

MADAME CHAMPBAUDET.

Ce n'est pas un reproche... mais vous êtes en avance de cinq minutes...

TACAREL.

Lorsqu'il s'agit de venir près de vous... il me semble que je suis toujours en retard...

MADAME CHAMPBAUDET, tendrement.

Oh! taisez-vous!... car vous finiriez par m'inspirer de l'amour... (Achevant vivement.) propre!!! (A part.) J'ai failli me trahir! (Haut.) Voulez-vous que nous causions de notre petite bâtisse? Où sont vos plans?

TACAREL.

Ne pourrions-nous parler aujourd'hui... de choses plus sérieuses... plus intéressantes?

Il lui prend la main et la fait asseoir à gauche.

MADAME CHAMPBAUDET, à part.

Il m'a serré la main!

TACAREL.

Le voulez-vous?... (A part.) Une grosse maman comme ça... elle ne voudra jamais se marier!... (S'asseyant près d'elle, haut.) Madame Champbaudet, depuis deux mois, vous avez bien voulu m'admettre dans le cercle de votre intimité... Je vous dois le récit de mes impressions!...

MADAME CHAMPBAUDET, à part, très-émue.

Il va se déclarer!

TACAREL.

Le premier jour où je vous vis, je ne pus m'empêcher de m'écrier : « Que cette femme est belle! »

ACTE TROISIÈME.

MADAME CHAMPBAUDET, sévèrement.

Monsieur Paul!...

TACAREL.

Plaît-il?

MADAME CHAMPBAUDET, souriant.

Rien... continuez!

TACAREL.

Le second jour, je me dis: « Qu'elle est aimable! qu'elle est spirituelle! »

MADAME CHAMPBAUDET.

Flatteur!

TACAREL.

Mais bientôt je devins triste...

MADAME CHAMPBAUDET.

Oh! pourquoi?

TACAREL.

En contemplant votre isolement, je ne pus m'empêcher de songer à ces belles fleurs du désert qui meurent, hélas!..., sans avoir été respirées!

MADAME CHAMPBAUDET.

Mais...

TACAREL.

Je ne parle pas de M. Champbaudet...

MADAME CHAMPBAUDET.

N'en parlons pas!

TACAREL.

Femme austère! il est temps d'essuyer vos larmes... rentrez dans la vie!... Elle est belle, la vie, pour ceux qui savent aimer!

MADAME CHAMPBAUDET, avec élan.

Oh! oui!... (Se reprenant.) Du moins, je le suppose...

TACAREL.

Il est beau de dire à un homme... quel que soit son âge : « Tiens! voilà mon cœur! donne-moi le tien!... et partons pour Asnières. »

Il se lève.

MADAME CHAMPBAUDET, troublée, se levant.

Certainement... (A part.) Pas un mot de mariage! Viendrait-il m'offrir le déshonneur?

TACAREL, à part.

Elle est émue... c'est le moment! (Haut.) Madame Champbaudet... si un galant homme, un homme tendre et sensible... se présentait pour vous épouser...?

MADAME CHAMPBAUDET, avec passion.

Oh! Paul! j'attendais ce mot!

TACAREL.

Ah bah! (A part.) Il fallait donc le dire! (Haut.) Ainsi vous consentiriez à vous remarier?

MADAME CHAMPBAUDET, avec élan.

Oui!... oui!!... oui!!!...

TACAREL, à part.

A la bonne heure! elle y va carrément. (Haut.) Ça suffit... attendez un moment... (Courant à la porte de gauche et appelant.) Monsieur Durozoir!... monsieur Durozoir!...

MADAME CHAMPBAUDET, étonnée, à part.

Qu'est-ce que c'est que M. Durozoir?

SCÈNE V.

Les Mêmes, DUROZOIR.

Durozoir est troublé.

TACAREL, le présentant.

Madame... j'ai l'honneur de vous présenter M. Edmond Durozoir... un ami de ma famille... homme probe, exact, honorable... et qui a toute ma confiance...

DUROZOIR.

Cher ami... Madame...

Il salue sans oser la regarder.

MADAME CHAMPBAUDET, saluant.

Monsieur... (A part.) C'est un grand parent chargé de faire la demande.

DUROZOIR.

Madame... c'est en tremblant que je viens... (Il la regarde. Bas, à Tacarel.) Elle est un peu mûre.

TACAREL, bas.

Elle paraît comme ça le matin... à jeun ; mais, le soir elle est splendide.

MADAME CHAMPBAUDET.

Monsieur, je vous écoute avec la plus vive sympathie.

DUROZOIR.

Madame, c'est en tremblant...

MADAME CHAMPBAUDET.

Pourquoi trembler?

DUROZOIR.

C'est bien naturel...

TACAREL.

L'émotion!

DUROZOIR.

Et puis la solennité du moment. (Bas à Tacarel.) Quel âge a-t-elle?

TACAREL, bas.

Trente-cinq ans... Allez!

DUROZOIR.

Madame... enhardi par votre accueil... et fort de l'approbation de M. Paul Tacarel, mon patr...

TACAREL, l'interrompant vivement.

Parent et ami!

DUROZOIR.

Parent et ami, j'ai l'honneur de... vous demander votre main.

MADAME CHAMPBAUDET, à part.

Ah! enfin!

TACAREL, à part.

V'lan! ça y est!

MADAME CHAMPBAUDET.

Monsieur... je n'ai plus de famille...

DUROZOIR.

Tant mieux.

TACAREL, avec onction.

Pauvre orpheline!

MADAME CHAMPBAUDET.

C'est donc à moi de vous répondre... Lorsque j'eus le malheur de perdre mon mari, feu Champbaudet... j'avais juré de me consacrer à sa mémoire... Je m'étais liée par un serment.

TACAREL.

Oh! c'était dans le carnaval.

MADAME CHAMPBAUDET.

Mais je pense que mon changement de résolution se trouve suffisamment justifié par le mérite de celui qui en est l'objet.

DUROZOIR, saluant.

Ah! madame!

TACAREL, à part.

Elle n'est pas difficile!

MADAME CHAMPBAUDET.

Quand on a le bonheur de rencontrer, sur le chemin de l'existence, un homme qui joint à l'élégance des manières, les dons plus précieux encore du cœur, de l'esprit et de l'âme!...

DUROZOIR.

Oh! oh! madame!

TACAREL, à part.

Elle est myope!

MADAME CHAMPBAUDET.

Une femme serait bien folle de refuser de pareils avantages...

TACAREL.

Ce serait bouder contre son cœur.

MADAME CHAMPBAUDET.

Aussi, j'ose le dire sans rougir... j'accepte, monsieur Durozoir, j'accepte!...

DUROZOIR.

Oh! madame!

TACAREL, à part.

Comme ça prend feu, les vieilles maisons!

DUROZOIR.

Je n'ose prolonger plus longtemps cette première visite... mais me permettrez-vous de la renouveler ce soir?

MADAME CHAMPBAUDET.

Certainement.

TACAREL, bas, à Durozoir.

Avec un bouquet!

MADAME CHAMPBAUDET.

Je serai toujours heureuse de vous voir... ne vous dois-je pas mon bonheur?

DUROZOIR, avec passion.

Et moi donc! (Il lui baise la main.) A ce soir!

MADAME CHAMPBAUDET.

A ce soir.

TACAREL.

Avec un bouquet.

> Durozoir, troublé, va sortir par la gauche, Tacarel le ramène vers le fond. Durozoir trébuche et laisse tomber son chapeau; Tacarel le ramasse, le lui donne, et l'éconduit.

<h2 style="text-align:center">SCÈNE VI.</h2>

TACAREL, MADAME CHAMPBAUDET.

MADAME CHAMPBAUDET.

Quel charmant vieillard!

ACTE TROISIÈME.

TACAREL.

Comment!... vieillard? il n'a que quarante-neuf ans!

MADAME CHAMPBAUDET.

Alors il est bien fatigué...

TACAREL.

Il paraît comme cela le matin... à jeun... mais, aux lumières, il est splendide!

MADAME CHAMPBAUDET.

Oh! peu m'importe!... pour ce que je veux lui dire.

TACAREL, étonné.

Hein?

MADAME CHAMPBAUDET, tendrement.

Paul!... Laissez-moi vous appeler Paul?

TACAREL.

Mais...

MADAME CHAMPBAUDET, avec passion.

Oh! qu'il est beau, mon Paul!

TACAREL, à part.

Ah çà! est-ce qu'elle voudrait déjà... chagriner Durozoir? C'est trop tôt!

MADAME CHAMPBAUDET.

Je vous quitte... pour un instant... je vais faire part à mes amies de pension de la nouvelle... de la grande nouvelle... Je reviens... A bientôt, mon Paul... à bientôt!.. (En sortant.) Ah! je n'ai que vingt-cinq ans!

Elle entre à gauche.

SCÈNE VII.

TACAREL, puis ARSÈNE et LETRINQUIER.

TACAREL.

Qu'est-ce qu'elle a?... enfin la voilà casée, c'est le principal!

ARSÈNE, introduisant Letrinquier.

Entrez donc, monsieur Letrinquier.

TACAREL, à part.

Le beau-père!

LETRINQUIER, à Arsène.

Imbécile! qui emporte la clef de ma cuisine!... Si je ne t'avais pas rencontré sur l'escalier en montant chez Théodore?

ARSÈNE.

Je vous l'aurais rapportée ce soir... après dîner.

LETRINQUIER.

Après dîner! c'est très-commode!... Voyons! où est-elle?

ARSÈNE.

Dans ma veste... Attendez un moment... je vais la chercher...

Il sort par le fond.

LETRINQUIER.

Ah çà! où suis-je ici?

TACAREL, se montrant.

Chez madame veuve Champbaudet.

ACTE TROISIÈME.

LETRINQUIER.

Vous!... Au fait, j'aurais dû m'en douter... il est une heure... je dérange votre petit rendez-vous...

TACAREL.

Du tout!... j'allais chez vous... Vous m'avez imposé la tâche... pénible... de marier madame Champbaudet.

LETRINQUIER.

Pénible! Je vous comprends...

TACAREL.

Quand vous l'aurez vue... vous me comprendrez davantage... Monsieur Letrinquier, j'ai l'honneur de vous faire part du mariage de madame veuve Champbaudet avec M. Edmond Durozoir.

LETRINQUIER.

Comment! vous l'avez colloquée à un autre?

TACAREL.

Ah! beau-père!

LETRINQUIER.

Farceur!... (Confidentiellement.) Dites donc... Théodore m'a dit que c'était une femme superbe... Est-ce que je ne pourrais pas la voir un peu?

TACAREL.

Mais... je ne sais pas...

LETRINQUIER.

Il faut bien que je sache si elle se marie... je ne suis pas obligé de vous croire!

TACAREL.

C'est juste. (Apercevant madame Champbaudet qui entre.) La voici... je vais vous présenter.

SCÈNE VIII.

LETRINQUIER,
TACAREL, MADAME CHAMPBAUDET.

MADAME CHAMPBAUDET, sans voir Letrinquier.

Je viens d'écrire trois lettres... mettons des timbres.
Elle va à sa toilette.

LETRINQUIER, à part, la regardant.

Les voilà donc, ces femmes qui enveloppent la jeunesse dans leurs replis tortueux!

TACAREL.

Madame, j'ai l'honneur de vous présenter M. Letrinquier...

MADAME CHAMPBAUDET, à part.

Encore un grand parent! (Haut.) Soyez le bienvenu, monsieur... Voulez-vous me donner la main... à l'anglaise?
Ils se donnent la main.

LETRINQUIER, à part.

Elle est bon garçon! (Haut.) A mon tour, permettez-moi, chère belle, de vous saluer... à la française? (Il lui embrasse la main. — A part.) Superbe femme!

TACAREL, à demi-voix.

Eh! eh! papa Letrinquier!

LETRINQUIER, bas.

Chut! ne le dites pas à ma sœur! (Haut, prenant des airs de jeune homme.) Eh bien, chère belle, quoi de nouveau dans le monde galant?

ACTE TROISIÈME.

MADAME CHAMPBAUDET et TACAREL, étonnés.

Hein?...

LETRINQUIER, à part.

Tant pis! je suis chez une petite dame!

MADAME CHAMPBAUDET, à part.

C'est un vieux mauvais sujet!

LETRINQUIER.

Paul vient de m'apprendre une nouvelle désastreuse.

MADAME CHAMPBAUDET.

Quoi donc?

LETRINQUIER.

Vous allez vous marier... Les amours sont en deuil... Il est vrai que je suis un peu la cause de ce malheur public... C'est moi qui ai exigé de Paul ce mariage...

MADAME CHAMPBAUDET.

Oh! merci!

LETRINQUIER.

Je lui ai dit : « Tant que la petite Champbaudet ne sera pas mariée... vous n'aurez pas ma fille! »

MADAME CHAMPBAUDET.

Comment, votre fille?...

LETRINQUIER.

Oui, Caroline! Il épouse Caroline!

MADAME CHAMPBAUDET.

Hein?... C'est impossible!... Eh bien, et moi?

LETRINQUIER.

Vous!... vous épousez Durozoir!

MADAME CHAMPBAUDET.

Par exemple!... C'est Paul que j'épouse! mon **Paul!**

LETRINQUIER.

Comment?

TACAREL, à part.

Qu'est-ce qu'elle chante?... (Haut.) Permettez, madame...

MADAME CHAMPBAUDET.

M. Durozoir ne vient-il pas de me faire la demande à l'instant?

TACAREL.

Pour lui-même!

MADAME CHAMPBAUDET.

Lui! un vieux sans cheveux?... Je n'en veux pas!!!

LETRINQUIER.

Ah! mais ceci change la thèse!

TACAREL.

Que vous importe que madame se marie ou ne se marie pas?... si je vous prouve que vos soupçons sont injustes!

LETRINQUIER.

Comment cela?

TACAREL.

Interrogez madame... elle vous dira que nos relations sont purement architecturales et que le respect le plus absolu...

LETRINQUIER, le laissant passer à droite.

Chut! pas de signes d'intelligence!... Est-il vrai, madame, que ce jeune homme vous soit complétement... étranger?

TACAREL.

Vous allez voir!... Répondez, madame!

MADAME CHAMPBAUDET, à part.

Un pareil aveu!... c'est le perdre à jamais!...

LETRINQUIER.

Eh bien, madame?

MADAME CHAMPBAUDET, baissant les yeux.

Monsieur Letrinquier... je suis bien coupable!

TACAREL.

Hein?

MADAME CHAMPBAUDET.

Mais le cœur d'une femme est bien faible quand elle aime.

LETRINQUIER, éclatant.

Voilà qui est clair!

TACAREL, abasourdi et outré.

Comment, madame, vous osez soutenir...?

LETRINQUIER.

Assez!... Or donc, mariez madame, rompez votre chaîne... sinon vous n'aurez pas ma fille!... (Saluant madame Champbaudet.) Chère belle...

TACAREL.

Mais, monsieur Letrinquier...

LETRINQUIER.

Ma résolution est irréfragable!... (A part.) Je monte chez Théodore. (A Tacarel, en sortant.) Irréfragable!...

Letrinquier sort par le fond.

SCÈNE IX.

TACAREL, MADAME CHAMPBAUDET.

TACAREL.

Mon compliment, madame, c'est du joli!

MADAME CHAMPBAUDET.

Grâce, mon Paul! grâce!... J'allais vous perdre... et je me suis rattrapée à cette planche de salut.

TACAREL, sévèrement.

Il y a des planches, madame, auxquelles une femme qui se respecte ne se rattrape jamais!

MADAME CHAMPBAUDET.

Pardonne-moi...

TACAREL.

Ne me tutoyez pas!... on ne tutoie pas son architecte!

MADAME CHAMPBAUDET.

J'ai peut-être été un peu loin...

TACAREL.

Voilà donc la récompense de mes soins... de mon exactitude... moi qui venais tous les jours faire votre petite partie!... de mausolée, sans honoraires!... Pour me remercier vous me compromettez... vous me faites manquer mon établissement...

MADAME CHAMPBAUDET.

J'avais cru lire dans vos regards...

TACAREL.

Rien du tout! rien du tout!

ACTE TROISIÈME.

MADAME CHAMPBAUDET.

Cependant vous m'avez parlé d'amour...

TACAREL.

Pour Durozoir!

MADAME CHAMPBAUDET.

Vous me faisiez changer mes bonnets...

TACAREL.

Au point de vue de l'art... comme architecte...

MADAME CHAMPBAUDET.

Ah! vous avez beau dire, on ne vient pas tous les jours, pendant deux mois, chez une femme.. jeune encore... sans avoir un motif...

TACAREL.

Certainement... j'en avais un... (Regardant le plafond.) un motif supérieur...

MADAME CHAMPBAUDET.

Lequel? Paul, ouvrez-moi votre cœur!

TACAREL, à part.

Il faut l'amadouer... Je vais l'étourdir... (Haut.) Vous allez tout savoir... Personne ne peut nous entendre?

MADAME CHAMPBAUDET.

Personne!

TACAREL.

Eh bien, oui! je ne le cache pas... subjugué, vaincu par la puissance de vos charmes, de votre esprit, oui, je vous ai aimée!...

MADAME CHAMPBAUDET.

Ah! merci!

TACAREL, avec passion.

Je vous ai aimée!... (Changeant de ton.) pendant trois jours!

MADAME CHAMPBAUDET.

Ah! pas plus?

TACAREL.

Dieu m'est témoin que je voulais vous offrir mon nom... Je suis même allé à la mairie... faire lever votre extrait de naissance...

MADAME CHAMPBAUDET, effrayée.

Ah! mon Dieu!

TACAREL, d'une voix lente et grave.

On m'a livré cette pièce... moyennant quarante sous... et j'y ai lu une date... (A part.) Quel âge peut-elle bien avoir?... (Haut.) Une date à jamais célèbre pour ceux qui estiment le vin de la comète... 1811!

MADAME CHAMPBAUDET, vivement.

C'est faux!... Je suis de 1814!... Je n'ai que quarante-sept ans!

TACAREL.

Tiens! l'âge de maman!

MADAME CHAMPBAUDET, désespérée.

Ah!

TACAREL.

Ce doux rapprochement... ouvrit à mon cœur des horizons nouveaux... Mon amour s'épura... et je me pris à vous aimer... comme un fils aime sa mère!

MADAME CHAMPBAUDET, protestant.

Sa mère?... Ah! non!

ACTE TROISIÈME.

TACAREL, à part.

Ça ne prend pas! (Haut.) Comme un frère aime sa sœur!

MADAME CHAMPBAUDET.

J'aime mieux ça!

TACAREL, à part.

Chauffons cette corde! (Haut, avec feu.) Savez-vous ce que c'est qu'une sœur?... cet ange... dont on ne demande jamais l'âge!

MADAME CHAMPBAUDET, froidement.

Sans doute, sans doute!...

TACAREL, à part.

Elle est froide! (Haut.) Voilà ce que j'espérais trouver en vous... Mais non! je n'ai rencontré qu'une femme implacable!

MADAME CHAMPBAUDET.

Comment?

TACAREL.

Qui se fait un plaisir cruel de s'asseoir sur ma destinée.

MADAME CHAMPBAUDET.

Moi? Paul!

TACAREL.

Allez! continuez votre œuvre de destruction!... Ma fiancée en mourra, la pauvre créature!

MADAME CHAMPBAUDET.

Ah! mon Dieu!...

TACAREL.

Quant à son père... le noble vieillard!... il en deviendra fou... Il n'était qu'idiot!

MADAME CHAMPBAUDET.

Assez!

TACAREL.

Et moi... moi, je pars! je quitte cette plage inhospitalière...

MADAME CHAMPBAUDET.

Où vas-tu?

TACAREL.

En Amérique... Je m'engage... avec le Nord ou avec le Sud... ça m'est parfaitement égal... Je vais chercher une autre fiancée... la fièvre jaune!

Il remonte.

MADAME CHAMPBAUDET, l'arrêtant.

Paul... mon enfant... (Se reprenant.) mon frère! tu ne feras pas cela!

Le ramenant en lui jetant les bras autour du cou.

TACAREL.

Si!...

MADAME CHAMPBAUDET.

Non!...

TACAREL.

Si!...

MADAME CHAMPBAUDET.

Non!... parle!... que veux-tu? quel sacrifice exiges-tu de moi?

TACAREL.

Le sacrifice Durozoir

MADAME CHAMPBAUDET.

Ah! jamais!

ACTE TROISIÈME.

TACAREL.

Vous avez entendu ce père... irréfragable!

MADAME CHAMPBAUDET.

Oui, mais Durozoir...

TACAREL.

Alors adieu! vous m'écrirez sur les bords du Potomac!... poste restante.

MADAME CHAMPBAUDET, avec un effort douloureux.

Paul, je consens... Ne me laissez pas réfléchir! allez me chercher cet homme!...

TACAREL.

Vous l'apprécierez plus tard...

MADAME CHAMPBAUDET.

Allez! allez!...

TACAREL.

J'y cours!... (A part.) Elle sera très-heureuse avec Durozoir!

Il sort par le fond.

SCÈNE X.

MADAME CHAMPBAUDET, puis ARSÈNE.

MADAME CHAMPBAUDET, seule, tombant assise près de la table, à droite.

Oh! mes rêves!... mes rêves perdus!...

Elle sanglote.

ARSÈNE, entrant par la gauche, et la voyant pleurer.

Elle pleure... Quoi que vous avez, madame?

MADAME CHAMPBAUDET.

Rien !

ARSÈNE.

C'est-y M. Tacarel qui vous fait du chagrin?

MADAME CHAMPBAUDET.

L'ingrat! l'infidèle! il m'a aimée pourtant!

ARSÈNE.

Lui? allons donc! il se moquait de vous!

MADAME CHAMPBAUDET.

Malheureux!... ne le calomnie pas!... il m'aimait du moins comme une sœur!

ARSÈNE.

Il vous aimait... comme un soldat aime sa guérite!

MADAME CHAMPBAUDET, se levant.

Sa guérite?

ARSÈNE.

Oui... vu qu'il venait uniquement chez vous pour monter sa faction... et attendre le signal de la dame d'au dessus.

MADAME CHAMPBAUDET.

Que dis-tu?

ARSÈNE.

C'est la bonne d'en haut qui vient de me conter ça... Vous savez bien, la trompette du marchand de robinets?

MADAME CHAMPBAUDET.

Oui...

ARSÈNE.

C'était lui qui soufflait...

ACTE TROISIÈME.

MADAME CHAMPBAUDET.

Comment°

ARSÈNE.

Ça voulait dire : « Je suis en bas chez la vieille... (se reprenant.) chez la veuve! J'attends votre signal! »

MADAME CHAMPBAUDET, outrée.

Oh! si cela était!...

ARSÈNE.

Vous savez bien : *J'ai du bon tabac.*

MADAME CHAMPBAUDET.

L'air qui le faisait partir?

ARSÈNE.

Pardi!... Ça voulait dire : « Mon mari n'y est pas... montez! »

MADAME CHAMPBAUDET.

Trahison!... Et l'autre : *Marie, trempe ton pain?*

ARSÈNE.

« Mon mari y est... ne montez pas!... » Le plus cocasse, c'est que la bonne a pincé le même signal pour avertir son amoureux... elle tapote aussi!...

MADAME CHAMPBAUDET.

Non! c'est impossible!... tu mens!...

ARSÈNE, tirant la trompette de sa poche

Tenez! v'là son instrument!

MADAME CHAMPBAUDET, saisissant la trompette.

Donne! je veux m'assurer par moi-même...

Elle souffle dans la trompette.

ARSÈNE, machinalement, criant.

Marchand de robinets!... Tiens, c'est madame qui trompette...

MADAME CHAMPBAUDET, écoutant.

Chut!... rien!... Tu vois bien que c'est une calomnie... il ne s'est pas joué de moi à ce point... (A ce moment, on entend jouer au-dessus l'air de : *Marie, trempe ton pain.*) « Marie, trempe ton pain!... »

ARSÈNE.

Paraît que le mari est là-haut!

MADAME CHAMPBAUDET, furieuse.

Oh! je me vengerai!... je me vengerai!... Ah! il est là-haut!... Eh bien, je vais lui écrire... je vais tout lui apprendre!... (Elle se met à sa table, et écrit vivement.) « Monsieur, votre femme vous trompe avec mon architecte... »

Elle continue à écrire.

ARSÈNE, à part.

Nous allons avoir du grabuge!

MADAME CHAMPBAUDET, pliant sa lettre et la cachetant d'un coup de poing.

Voilà ce que c'est!

SCÈNE XI.

Les Mêmes, TACAREL.

TACAREL, entrant radieux par le fond.

Me voilà!...

MADAME CHAMPBAUDET, se levant.

Lui!... (Elle le regarde fixement un instant, puis dit à Arsène.) Portez ce billet à son adresse!

ARSÈNE, tragiquement, d'une voix de basse.

On y va! (A Tacarel.) On y va!

Il sort par le fond.

TACAREL.

Durozoir me suit... il se fait friser...

MADAME CHAMPBAUDET, marchant à lui et lui saisissant le poignet.

Monsieur... que penseriez-vous d'un polisson qui, sous prétexte de mausolée, viendrait allumer l'incendie dans le cœur d'une pauvre veuve sans défiance?...

TACAREL, troublé.

Mais... je ne comprends pas...

MADAME CHAMPBAUDET.

Que penseriez-vous d'un polisson qui choisirait le domicile d'une honnête femme pour y faire sonner la trompette de ses signaux amoureux?

TACAREL.

Mais, madame...

MADAME CHAMPBAUDET, lui secouant la main avec force.

Je sais tout!

TACAREL, retirant sa main.

Vous me faites mal!

MADAME CHAMPBAUDET, d'une voix sombre, sans chanter.

« J'ai du bon tabac dans ma tabatière! »

TACAREL.

Comment!... Vous savez?...

MADAME CHAMPBAUDET, tragiquement.

« Marie, trempe ton pain!... Marie, trempe ton pain dans la sauce! »

TACAREL.

Écoutez-moi!... Je vais tout vous dire...

MADAME CHAMPBAUDET.

Je te pardonne... car je suis vengée.

TACAREL.

Vengée?...

MADAME CHAMPBAUDET.

Cette lettre que je viens d'envoyer quand vous êtes entré, était pour M. Garambois...

TACAREL.

Dieu!

MADAME CHAMPBAUDET, avec un rire amer.

On a joué *Trempe ton pain*... donc il est chez lui!...

TACAREL.

Eh bien?...

MADAME CHAMPBAUDET.

Ma lettre l'instruit de votre intrigue avec sa femme..

TACAREL.

Qu'avez-vous fait!

MADAME CHAMPBAUDET.

Ce qui plait aux femmes... Je me suis vengée!

TACAREL, boutonnant son habit.

Très-bien!... Le mari va venir un poignard à la main.

MADAME CHAMPBAUDET.

Hein?

TACAREL.

Je l'attends... Je ne me défendrai pas!...

ACTE TROISIÈME.

MADAME CHAMPBAUDET.

Dieu! qu'ai-je fait?

On entend du bruit sur l'escalier.

TACAREL.

Le voici!... Je suis prêt!

MADAME CHAMPBAUDET, le jetant derrière elle et le couvrant de son corps.

Non!... mets-toi là... derrière moi!...

SCÈNE XII.

Les Mêmes, GARAMBOIS, LETRINQUIER, puis ARSÈNE et DUROZOIR.

Garambois paraît une lettre à la main, il est accompagné par Letrinquier.

MADAME CHAMPBAUDET.

Lui!

TACAREL, bas.

Avec son témoin.

GARAMBOIS.

Madame, je viens de recevoir une lettre.

MADAME CHAMPBAUDET, à part.

La mienne.

GARAMBOIS.

Qui nécessite quelques explications.

TACAREL, résolument.

A vos ordres.

MADAME CHAMPBAUDET, éplorée.

Non pas de sang!

GARAMBOIS, LETRINQUIER.

Quoi?

MADAME CHAMPBAUDET.

C'est faux! n'en croyez pas un mot!

LETRINQUIER.

Qu'est-ce qui est faux?

GARAMBOIS.

Permettez-moi d'abord de vous en donner lecture. (Lisant.) « Les locataires soussignés, tous majeurs et sains d'esprit, s'engagent à contribuer au prorata de leurs loyers... »

TACAREL, surpris.

Hein?

MADAME CHAMPBAUDET, de même.

Quoi?

GARAMBOIS, continuant de lire.

« A l'établissement d'un tapis dans l'escalier. »

TACAREL, joyeux.

Un tapis?

MADAME CHAMPBAUDET, joyeuse.

Comment, c'était...?

TACAREL, bas.

Il ne sait rien!

MADAME CHAMPBAUDET, bas

Sauvé!

GARAMBOIS.

Tous les locataires ont signé...

MADAME CHAMPBAUDET, avec un transport de joie.

Mais je signe aussi!

TACAREL.

Nous signons!

GARAMBOIS.

Pas vous.

LETRINQUIER, à part, prenant une plume sur la table.

Ces femmes-là ne regardent pas à l'argent.

ARSÈNE, entrant brusquement et montrant un robinet qu'il tient.

J'en ai un, madame, j'en ai un!

TOUS.

Quoi?

ARSÈNE.

Un robinet! (Remettant une lettre à Garambois.) Ah! monsieur... une lettre pour vous de madame...

MADAME CHAMPBAUDET.

Ciel!

Elle repousse Arsène.

TACAREL.

Sacrebleu!

Il lance un coup de pied à Arsène.

ARSÈNE, jette un cri et sort par le fond.

Aïe!

MADAME CHAMPBAUDET, éperdue, à Garambois.

Donnez! donnez-moi cette lettre.

GARAMBOIS, la refusant.

Puisqu'elle est pour moi...

MADAME CHAMPBAUDET, très-émue.

Oui, mais elle n'est plus utile...

TACAREL.

Puisque vous voilà...

MADAME CHAMPBAUDET.

Je puis vous dire de vive voix...

GARAMBOIS.

Quoi?

LETRINQUIER, à part.

Qu'est-ce qu'ils ont?

MADAME CHAMPBAUDET, bas, vivement à Tacarel.

Je vous sauve. (Haut, balbutiant, à Garambois.) Je vais... me marier, et, comme je suis seule... sans famille...

TACAREL.

Oui... orpheline...

MADAME CHAMPBAUDET.

Je venais vous prier, en qualité de voisin...

TACAREL.

Oui... de voisin...

MADAME CHAMPBAUDET.

De vouloir bien me servir de témoin.

TACAREL.

Et d'assister au repas.

MADAME CHAMPBAUDET.

Chez Lemardelay...

GARAMBOIS.

Comment donc, belle dame!

Il fait le mouvement de lui rendre la lettre.

ACTE TROISIÈME.

LETRINQUIER s'en empare vivement.

Voyons le nom du prétendu...

MADAME CHAMPBAUDET, à part.

Ciel!

TACAREL.

Sacrebleu!

ARSÈNE, annonçant.

M. *l'Arrosoir.*

MADAME CHAMPBAUDET.

C'est lui!

DUROZOIR, entrant avec un bouquet.

Durozoir!

MADAME CHAMPBAUDET, vivement et saisissant la lettre.

Le voilà... le prétendu!

Elle passe la lettre à Tacarel, qui la roule et la met dans sa bouche.

LETRINQUIER et GARAMBOIS, riant en regardant Durozoir

Ah bah! il a une bonne tête.

MADAME CHAMPBAUDET.

Enfin!

TACAREL, bas.

Merci, ma sœur!

LETRINQUIER.

Mon gendre, je n'ai qu'une parole! Ma fille est à vous

DUROZOIR, descendant et offrant son bouquet.

Belle dame, daignez accepter... (Il jette un cri.) Ah!

TOUS.

Quoi?

DUROZOIR, se frottant les reins.

Rien! c'est mon rhumatisme!

MADAME CHAMPBAUDET.

Il a des rhumatismes!

TACAREL.

Dans le dos! aux lumières, ça ne paraît pas!

CHŒUR.

AIR du *Gendre en surveillance.*

A ce double mariage
D'heureux destins sont promis;
Il faut pour un bon ménage
Des époux bien assortis.

FIN DE LA STATION CHAMPBAUDET.

LE POINT DE MIRE

COMÉDIE-VAUDEVILLE

EN QUATRE ACTES

Représentée pour la première fois, à Compiègne, sur le théâtre de la Cour le 4 décembre 1864.

Et à Paris, au GYMNASE, le 12 décembre 1864.

COLLABORATEUR : M. DELACOUR

PERSONNAGES

	ACTEURS qui ont créé les rôles
DUPLAN père, ancien notaire.	MM. Lesueur.
CARBONEL.	Blaisot.
PÉRUGIN.	Ménéhand.
MAURICE DUPLAN.	Boudier.
EDGARD LAJONCHÈRE.	Victorin.
JULES PRIÈS, architecte.	Widmer.
CÉSÉNAS.	Francès.
MADAME CARBONEL.	Mmes Mélanie.
MADAME PÉRUGIN.	C. Lesueur.
MADAME CÉSÉNAS.	Martin Dermont.
BERTHE, fille de Carbonel.	B. Pierson.
LUCIE, fille de Pérugin.	C. Montaland.
JOSÉPHINE, domestique de Carbonel.	Alexandre.
UN DOMESTIQUE, muet.	
UN JARDINIER.	MM. Ulric.
UN CHASSEUR, en livrée.	Bordier.

De nos jours. — Premier acte, a Paris, chez Carbonel. — Deuxième acte, à Paris, chez Césénas. — Troisième acte, à Montmorency, chez Pérugin. — Quatrième acte, à Courbevoie, chez Duplan père.

LE POINT DE MIRE

ACTE PREMIER.

Chez Carbonel, salon bourgeoisement meublé. — Une cheminée à gauche. — Une fenêtre à droite. — Portes latérales. — Porte au fond. — Canapé près de la cheminée. — Guéridon au milieu. — Coffre à bois près de la cheminée.

SCÈNE PREMIÈRE.

CARBONEL, MADAME CARBONEL, JOSÉPHINE, puis BERTHE.

Au lever du rideau, Joséphine est agenouillée devant la cheminée et allume le feu. Madame Carbonel entre et place des albums, un stéréoscope sur la table du salon, où sont des journaux. Carbonel essuie un candélabre.

MADAME CARBONEL.

Enlève tous ces journaux, Carbonel... Mon salon a l'air d'un cabinet de lecture.

CARBONEL.

Je t'assure que des journaux font très-bien sur une table.

MADAME CARBONEL.

C'est possible... quand on n'a pas autre chose à y mettre... j'ai mes albums, mon stéréoscope... Il manque un vase avec des fleurs.

CARBONEL.

Il y en a un dans le salon de madame Césénas.

MADAME CARBONEL.

J'en achèterai un pour mercredi prochain.

CARBONEL, mettant des bougies aux candélabres.

Décidément, c'est le mercredi que tu as choisi pour être notre jour?

MADAME CARBONEL.

Sans doute.

CARBONEL.

Et c'est aujourd'hui notre début... l'inauguration. Crois-tu qu'il nous vienne du monde?...

MADAME CARBONEL.

Certainement!... j'ai envoyé des cartes à toutes nos connaissances, avec ces mots : « Madame Carbonel restera chez elle le mercredi! »

CARBONEL.

Oui, et pourquoi pas « monsieur et madame Carbonel? »

MADAME CARBONEL.

Quand on dit madame... cela signifie monsieur, puisque nous ne faisons qu'un.

CARBONEL.

C'est juste!

MADAME CARBONEL.

Eh bien, Joséphine, et ce feu?...

ACTE PREMIER.

JOSÉPHINE.

Voilà, madame, il est prêt!

Elle sort.

CARBONEL.

Il va falloir ouvrir la fenêtre maintenant...

MADAME CARBONEL.

Pourquoi?

CARBONEL.

Chaque fois qu'on allume du feu dans le salon, ça fume... dès qu'on ouvre la fenêtre, ça ne fume plus... et, aussitôt qu'on la referme, ça refume... C'est très-agréable.

MADAME CARBONEL.

Tu devais voir le propriétaire.

CARBONEL.

Je l'ai vu.

MADAME CARBONEL.

Eh bien?...

CARBONEL.

Il m'a dit: « Que voulez-vous, mon cher! vous avez un bail... nous verrons cela à la fin de votre bail... »

MADAME CARBONEL.

Mais il a encore huit ans à courir, notre bail.

CARBONEL.

Nous serons passés à l'état de jambonneau. (Montrant la cheminée.) Tiens! voilà que ça commence... je vais ouvrir la fenêtre...

Il va l'ouvrir.

MADAME CARBONEL.

C'est intolérable!

CARBONEL.

Oh! ce n'est ennuyeux que le mercredi... à cause de notre jour... car, comme m'a très-bien dit le propriétaire, le salon est une pièce qu'on n'habite pas.

BERTHE, entrant.

Maman, me voilà prête.

MADAME CARBONEL.

Ah! tu as mis ta robe neuve?...

BERTHE.

Puisque c'est notre jour!

CARBONEL, à part.

Elle est jolie, ma fille!

BERTHE.

Et puis, hier, j'ai rencontré Henriette!

CARBONEL.

Qui ça, Henriette?

BERTHE.

Madame Césénas... et elle m'a annoncé sa visite pour aujourd'hui!

MADAME CARBONEL.

Les Césénas vont venir!

CARBONEL.

Saperlotte! quel dommage que nous n'ayons pas notre vase! des millionnaires! les seuls que nous connaissions.

MADAME CARBONEL.

Sais-tu si elle viendra avec sa voiture?...

BERTHE.

Ça, je ne le lui ai pas demandé.

CARBONEL.

Ça ferait pourtant bien devant la porte.

BERTHE.

Et son chasseur!

CARBONEL.

Oui!... un grand gaillard tout galonné qui reste dans l'antichambre en tenant le paletot de monsieur... C'est magnifique!... Dis donc, ma bonne amie, tu aurais peut-être le temps d'aller acheter le vase?...

On entend sonner au dehors

MADAME CARBONEL.

Chut! on sonne.

CARBONEL.

Déjà! il n'est que midi!

MADAME CARBONEL.

Une visite!... je cours mettre mon bonnet.

CARBONEL.

Et moi, mon habit...

MADAME CARBONEL.

Berthe, tu vas recevoir... nous revenons...

BERTHE.

Oui, maman.

CARBONEL.

Si c'est un monsieur... jeune! tu lui diras : « Pardon, quelques ordres à donner... » et tu viendras nous rejoindre.

BERTHE.

Oui, papa!

M. et madame Carbonel entrent à droite.

SCÈNE II.

BERTHE, DUPLAN père.

BERTHE.

Qui est-ce qui peut venir si tôt?...

DUPLAN, au fond, à la cantonade.

On ne m'annonce pas, moi... je suis un ami... sans cérémonie...

BERTHE.

Tiens, c'est monsieur Duplan.

DUPLAN.

Moi-même... j'arrive de Courbevoie. (Posant sur le coffre à bois un petit panier qu'il tient à la main.) Permettez que je dépose ceci, c'est fragile.

BERTHE.

Ah bien, vous avez joliment fait peur à papa et à maman... ils ont cru que c'était quelqu'un.

DUPLAN.

Vraiment! Et où sont-ils, ces chers amis?

BERTHE.

Quand papa a entendu sonner... il est allé mettre son habit noir.

DUPLAN.

Comment! Carbonel fait des façons pour moi?

BERTHE.

Ce n'est pas pour vous, ah bien, oui! Mais c'est aujourd'hui mercredi et maintenant, tous les mercredis, papa mettra son habit noir.

ACTE PREMIER.

DUPLAN.

Ah! tous les mercredis!... pourquoi?...

BERTHE.

Vous n'avez donc pas reçu la carte de maman ?

DUPLAN.

Non...

BERTHE.

Au fait, je crois qu'on n'en a pas envoyé aux personnes qui habitent la campagne.

DUPLAN.

Je suis venu pour parler à Carbonel d'une affaire importante... qui vous concerne un peu...

BERTHE.

Moi?

DUPLAN.

Voyons, quel âge avez-vous?...

BERTHE.

J'aurai vingt ans dans un mois... Pourquoi?...

DUPLAN.

Parfait!... et... entre nous... est-ce qu'il n'est question de rien?...

BERTHE.

De quoi voulez-vous qu'il soit question?

DUPLAN.

Dame!... une demoiselle qui va avoir vingt ans... dans un mois...

BERTHE, qui a baissé les yeux.

Pardon... quelques ordres à donner...

Elle entre à droite.

SCÈNE III.

DUPLAN, puis M. et MADAME CARBONEL, puis JOSÉPHINE.

DUPLAN, seul.

Il n'est question de rien... j'arrive à temps. (Apercevant Carbonel et sa femme qui entrent.) Ah! Carbonel... Madame...

MADAME CARBONEL, saluant.

Monsieur Duplan...

CARBONEL.

Que le bon Dieu vous bénisse!... vous nous avez fait peur!... Nous avons cru que c'était quelqu'un.

DUPLAN.

On me l'a déjà dit...

CARBONEL, mettant sa cravate devant la glace.

Vous permettez que j'achève ma toilette?

DUPLAN.

Faites donc!... entre nous. (Allant prendre son petit panier.) La belle madame Carbonel voudra-t-elle me faire l'amitié d'accepter...?

MADAME CARBONEL.

Qu'est-ce que c'est que ça?

DUPLAN.

Des œufs frais... de mes poules.

MADAME CARBONEL.

Ah! que c'est aimable!

CARBONEL.

Diable de Duplan! toujours galant.

DUPLAN.

Je garantis la fraîcheur... la date est écrite au crayon sur chaque œuf... Chez moi, dès qu'un œuf paraît, je le guette et je le date... En voici trois du 18... deux du 19... mes poules se sont un peu ralenties le 19... mais elles ont repris le 20... en voilà cinq du 20... bonne journée!

MADAME CARBONEL.

Que de remercîments! (Appelant.) Joséphine!

JOSÉPHINE, paraissant au fond.

Madame!

MADAME CARBONEL.

Mettez ces œufs au frais...

DUPLAN.

Dans un endroit bien sec... Je vous redemanderai le panier.

Joséphine sort.

CARBONEL.

Et vous habitez toujours Courbevoie, papa Duplan?

DUPLAN.

Mon Dieu, oui! le paysage est joli... je m'y plais... voilà quarante ans que j'y suis... C'est là que j'ai fait ma fortune, comme notaire... six mille francs de rente.

MADAME CARBONEL.

Ah bah! pas plus?...

DUPLAN.

Il y a très peu de mutations à Courbevoie, et encore moins de contrats de mariage... la garnison n'épouse pas... ce qui, du reste, n'empêche pas la population d'augmenter tous les ans.

CARBONEL.

Enfin, vous avez là vos petites habitudes, votre maison, vos poules, votre jardin.

DUPLAN.

Et ma collection de rosiers... la plus belle des environs, j'en ai trois cent vingt-sept espèces...

MADAME CARBONEL.

Il y a tant de rosiers que ça!...

DUPLAN.

Et je n'ai pas tout!... il me manque la *chromatella*, la *centifolia cristata*.

CARBONEL, indifférent.

Oh! quel dommage!

DUPLAN.

Mais je me les donnerai au jour de l'an... c'est mon seul luxe... je passe ma vie dans ma serre. (Apercevant la fenêtre ouverte.) Est-ce que c'est exprès que vous laissez votre fenêtre ouverte?

CARBONEL.

Oui; sans cela, la cheminée fume. (Allant fermer la fenêtre.) Vous allez voir... ça va fumer.

DUPLAN.

Pourquoi ne faites-vous pas comme moi? j'avais à Courbevoie une cheminée qui fumait... j'ai fait poser un petit appareil très-ingénieux.

MADAME CARBONEL.

Quoi donc?...

Elle lui fait signe de s'asseoir et s'assied elle-même.

DUPLAN, s'asseyant sur le canapé.

C'est en tôle... ou en zinc... je ne sais pas au juste... ça se place au-dessus de la cheminée... et ça tourne avec le vent... comme un petit moulin... C'est très-gentil... je passe des heures à regarder ça... avec ma bonne... Seulement, quand le vent est trop fort, ça dégringole... mais on le repose. Je vous donnerai l'adresse du fabricant... ça coûte vingt-sept francs.

CARBONEL, s'asseyant près de lui.

Ce n'est pas cher... mais vous comprenez... quand on n'est pas chez soi.

MADAME CARBONEL, assise de l'autre côté de la cheminée.

Nous n'avons pas envie de reconstruire la maison du propriétaire.

CARBONEL.

Mais on ne vous voit presque plus, papa Duplan!

DUPLAN.

Que voulez-vous! je ne viens plus à Paris que tous les six mois, pour toucher mes obligations... Ah! ce n'est pas comme autrefois... je ne mettais pas le pied dans la capitale, sans aller prendre ma demi-tasse dans votre établissement... au café Carbonel.

CARBONEL.

Ce cher Duplan... (A part.) Il a toujours la rage de me parler de mon café!

DUPLAN.

Je commençais par m'approcher du comptoir, pour rendre mes hommages à la belle madame Carbonel... comme nous vous appelions alors...

MADAME CARBONEL, flattée.

Vraiment!...

DUPLAN.

Vous étiez majestueuse... en manches courtes... trônant au milieu de tous vos petits tas de sucre.

CARBONEL.

C'est bien... il est inutile de rappeler...

DUPLAN.

Ah! je ne vous le cache pas... j'ai un peu soupiré pour vous... Du reste, nous soupirions tous... les habitués!...

MADAME CARBONEL.

Taisez-vous, mauvais plaisant!

DUPLAN.

Et papa Carbonel le savait bien!

CARBONEL.

Moi?

DUPLAN.

Car, à partir du jour où il s'en est aperçu, ses demi-tasses n'avaient plus que trois morceaux de sucre au lieu de quatre.

CARBONEL.

Ah! quelle idée... ce n'est pas cela... Mais, si je n'avais pas eu un peu d'ordre, je ne serais jamais parvenu à me retirer avec trente mille livres de rente...

DUPLAN.

Trente mille livres de rente... c'est joli!... surtout quand on n'a qu'une fille... qui est déjà une grande demoiselle.

MADAME CARBONEL.

Vingt ans... ça ne nous rajeunit pas...

DUPLAN.

Ça nous pousse... c'est ce que je me disais hier en regardant Maurice.

M. et MADAME CARBONEL.

Maurice?...

DUPLAN.

Mon fils...

MADAME CARBONEL.

Au fait, c'est vrai, vous avez un fils... vous l'avez amené une fois au café avec vous.

DUPLAN.

Il avait huit ans... je lui ai fait prendre un canard dans mon café. (A Carbonel.) Un de vos trois morceaux... (A madame Carbonel.) Vous l'avez fait entrer dans le comptoir et vous avez daigné l'embrasser... vous-même.

M. CARBONEL.

Je m'en souviens parfaitement... et qu'est-il devenu? qu'est-ce qu'il fait?

DUPLAN.

Il fait ses dents de vingt-sept ans... c'est un grand monsieur aujourd'hui... beau garçon, distingué, instruit, qui a voyagé... c'est ce qui fait que je songe à le marier.

CARBONEL.

Ah!

DUPLAN.

Et, ce matin, en voyant votre fille... il m'est venu une idée...

MADAME CARBONEL, à part.

Ah! mon Dieu! une demande en mariage.

DUPLAN.

Vous ne devinez pas?

CARBONEL, se levant.

Non! (A part.) Un père de six mille francs de rente ne me va pas.

DUPLAN, se levant.

Carbonel, j'irai droit au but.

CARBONEL, détournant.

Tiens! voilà la cheminée qui fume... la fenêtre est fermée... elle fume!

DUPLAN.

Ça ne me fait rien... Carbonel, j'irai droit au but.

JOSÉPHINE, paraissant au fond et annonçant.

Monsieur, madame et mademoiselle Pérugin.

CARBONEL, à part.

Il était temps!

DUPLAN, à part.

Que le diable les emporte!...

SCÈNE IV.

Les Mêmes, M. et MADAME PÉRUGIN, LUCIE.

MADAME CARBONEL, allant au-devant de madame Pérugin.

Ah! que vous êtes aimable, chère belle!... (Embrassant Lucie.) Bonjour, mon enfant!

PÉRUGIN, saluant.

Madame...

MADAME CARBONEL.

Asseyez-vous donc... Carbonel, une bûche... Joséphine, un tabouret.

Carbonel met une bûche dans la cheminée; Joséphine place un tabouret sous les pieds de madame Pérugin et sort.

DUPLAN, à part, s'asseyant à droite.

J'attendrai qu'ils soient partis.

LUCIE.

Est-ce que Berthe est sortie?

MADAME CARBONEL.

Non, elle doit être de l'autre côté, à son piano.

LUCIE.

Je vais la retrouver... j'ai justement apporté un morceau délicieux... *la Rêverie de Rosellenn*... nous allons le déchiffrer ensemble!

MADAME PÉRUGIN.

Va, mon enfant.

SCÈNE V.

LES MÊMES, hors LUCIE.

MADAME PÉRUGIN, assise sur le canapé.

Voyons, avez-vous déjà reçu beaucoup de visites pour votre jour d'inauguration?

CARBONEL, derrière le canapé.

Vous êtes les premiers... nous n'avons vu absolument personne. (Indiquant Duplan, qui est assis à l'écart.) que monsieur... (Le présentant.) M. Duplan de Courbevoie.

Il s'assied près de sa femme, tournant le dos à Duplan.

DUPLAN, s'inclinant.

Madame... monsieur...

MADAME PÉRUGIN, bas à madame Carbonel, qui s'est assise sur le canapé.

Il est sans façon... Il fait ses visites en paletot!...

MADAME CARBONEL, bas.

C'est un homme de la campagne, il va s'en aller!...

PÉRUGIN, qui, depuis quelque temps, s'est frotté les yeux.

Mon cher, votre cheminée fume.

CARBONEL, se levant.

Attendez... je vais ouvrir la fenêtre. (Il l'ouvre.) La... maintenant, ça ne fumera pas.

Il va se rasseoir.

DUPLAN.

Alors, je vous demanderai la permission de mettre mon chapeau.

Il se couvre.

PÉRUGIN.

Pourquoi ne faites-vous pas comme moi? j'avais une cheminée qui fumait...

DUPLAN.

Monsieur a fait poser un petit moulin?...

PÉRUGIN.

Non... j'ai fait construire une espèce de ventilateur à soupape... avec cinq tuyaux, j'en suis très-content.

DUPLAN.

Et ça coûte?...

PÉRUGIN.

Soixante-cinq francs tout posé.

DUPLAN, se levant.

Eh bien, moi, monsieur, à Courbevoie, pour vingt-sept francs...

MADAME CARBONEL.

C'est bien... laissons cela. (A madame pérugin.) Chère amie, que vous êtes donc bonne d'être venue me voir!...

ACTE PREMIER.

MADAME PÉRUGIN.

J'ai reçu votre carte... et je me serais bien gardée de manquer à votre invitation; nous, nous allons prendre le lundi!... c'est un jour distingué...

CARBONEL.

Distingué! pas plus que le mercredi...

MADAME PÉRUGIN.

Oh! certainement!... seulement, le lundi... c'est plus... à la mode...

PÉRUGIN.

C'est le jour où les ministres reçoivent.

CARBONEL, à part.

Très-bien! nous le prendrons.

Il se passe un temps sans parler, Duplan se mouche avec fracas.

MADAME CARBONEL.

Chère amie... que vous êtes donc bonne d'être venue me voir!

DUPLAN, à part.

Elle l'a déjà dit!

MADAME PÉRUGIN.

Nous avons pris une voiture à l'heure... il fait un temps épouvantable.

MADAME CARBONEL.

Oh! épouvantable!

PÉRUGIN.

Épouvantable!

CARBONEL.

É-pou-van-ta-ble!

DUPLAN, à part.

Si c'est pour se dire cela qu'ils prennent un jour!

MADAME PÉRUGIN.

Quel hiver!

CARBONEL.

Affreux!

PÉRUGIN.

Du vent, de la pluie, de la neige...

CARBONEL.

De la neige, de la pluie, du vent!

DUPLAN, à part.

Ah çà! est-ce qu'ils ne vont pas s'en aller?...

Un silence; Duplan se mouche.

MADAME CARBONEL, bas, à son mari.

Dites donc quelque chose... vous me laissez faire tous les frais!...

CARBONEL, bas.

Oui. (Haut.) Qu'est-ce que fait la rente?...

PÉRUGIN.

Je crois que ça baissotte!

CARBONEL, trouvant une idée.

Ah!

TOUS.

Quoi?

CARBONEL

Connaissez-vous l'accident du chemin de fer de Rennes?

PÉRUGIN et MADAME PÉRUGIN.

Non!

ACTE PREMIER.

CARBONEL.

Un accident terrible! (A part.) Quelle chance!

MADAME PÉRUGIN.

Combien de blessés?

CARBONEL.

Personne... Un convoi de marchandises... chargé de beurre de Bretagne... la machine a mis le feu aux wagons... le beurre s'est enflammé... dans la nuit sombre... et le convoi, semblable à un météore... répandait sur sa route des torrents de lampions...

MADAME PÉRUGIN.

Ça devait être magnifique.

PÉRUGIN.

Oui; mais, au lieu de beurre, supposez des voyageurs.

JOSÉPHINE, paraissant et annonçant.

M. et madame Césénas!

Tous se lèvent.

TOUS.

Les Césénas!

CARBONEL, courant à la fenêtre.

Ils sont venus avec leur voiture.

MADAME CARBONEL.

Quel bonheur!

CARBONEL.

Quel honneur! (A Duplan.) Otez donc votre chapeau.

SCÈNE VI.

Les Mêmes, M. et MADAME CÉSÉNAS
paraissant au fond.

MADAME PÉRUGIN.

Les voici!

MADAME CARBONEL.

Carbonel, vite! un tabouret, une bûche! (Courant au-devant de madame Césénas.) Ah! chère belle! que vous êtes bonne d'être venue me voir!

CARBONEL, très-ahuri.

Monsieur... madame... prenez donc la peine de vous asseoir... (Lui offrant la bûche.) Un tabouret... oh! non! pardon!

Il lui place le tabouret sous les pieds et met la bûche dans le feu.

DUPLAN, à part.

Encore du monde!... je vais attendre qu'ils soient partis!

On s'assied.

MADAME CARBONEL, à madame Césénas.

Mais êtes-vous aimable d'être venue par un temps pareil...

CARBONEL, debout, derrière le canapé.

Peut-on vous offrir quelque chose?

CÉSÉNAS.

Merci! Le fait est que nous jouissons d'un temps déplorable.

MADAME PÉRUGIN.

Oh! déplorable!

PÉRUGIN.

Nous le disions tout à l'heure.

CÉSÉNAS.

Du vent, de la pluie, de la neige.

CARBONEL.

De la neige, de la pluie, du vent!

DUPLAN, à part.

Ils vont recommencer!

CARBONEL.

Heureusement que vous avez voiture.

MADAME CÉSÉNAS.

Oh! je ne pourrais vivre sans cela... j'aimerais mieux manger du pain sec.

MADAME CARBONEL.

Oh! du pain sec!

CÉSÉNAS.

C'est une manière de parler!

CARBONEL.

Je le pense bien! je n'ai jamais eu l'honneur de dîner chez vous... mais je suis bien sûr...

CÉSÉNAS, se levant.

J'espère que vous nous ferez ce plaisir-là... un jour.

CARBONEL.

Volontiers... bien volontiers!...

Ils se saluent et se rasseyent.

DUPLAN, à part.

Il se fait inviter à dîner.

MADAME CARBONEL, à part.

Carbonel est d'une indiscrétion! (A madame Césénas.) Que vous avez un joli chapeau!

MADAME CÉSÉNAS.

Il vient de chez Lise Duval...

MADAME PÉRUGIN.

Il n'y a qu'elle pour coiffer.

MADAME CÉSÉNAS.

C'est cher... mais, plutôt que de prendre ailleurs, j'aimerais mieux manger du pain sec...

CARBONEL.

Moi aussi.

CÉSÉNAS.

Quel temps!... mon Dieu, quel temps!

PÉRUGIN.

Affreux! Je plains les gens qui sont en route...

DUPLAN, à part.

Sans parapluie...

CARBONEL, à part.

La conversation languit... (Haut.) Connaissez-vous l'accident du chemin de fer?...

CÉSÉNAS.

Ah! c'est horrible!

MADAME CÉSÉNAS.

J'en suis encore toute malade.....

CÉSÉNAS.

Voyez-vous d'ici cette montagne de beurre enflammée sillonnant l'horizon... C'est très-grave.

CARBONEL.

Il n'en faut pas davantage pour désaffectionner les campagnes!

PÉRUGIN.

Maintenant, monsieur, au lieu de beurre, supposez des voyageurs...

CARBONEL, à part.

Ça s'anime... il est gentil, notre mercredi.

MADAME CÉSÉNAS.

C'est singulier... je sens comme un courant d'air...

DUPLAN, éternuant et croyant qu'on l'a salué.

Merci!... c'est la fenêtre!...

MADAME CARBONEL.

Carbonel, mon ami, ferme donc la fenêtre

CARBONEL, allant fermer.

Je veux bien, moi!... mais ça va fumer!...

CÉSÉNAS.

Votre cheminée fume?... Pourquoi ne faites-vous pas comme moi?... j'avais une cheminée qui fumait...

JOSÉPHINE, annonçant.

M. Edgard Lajonchère...

DUPLAN, à part.

Décidément, c'est une procession!

SCÈNE VII

Les Mêmes, EDGARD LAJONCHERE.

CARBONEL, allant au-devant de lui.

Bonjour, cher ami.

EDGARD, saluant.

Mesdames... Messieurs...

CARBONEL.

Asseyez-vous donc!

EDGARD, s'adossant à la cheminée.

Quel temps! quel temps!

TOUS.

Affreux! affreux!

DUPLAN, à part, se levant brusquement.

Encore!... J'aime mieux revenir. (Haut.) Adieu, Carbonel... Mesdames...

CARBONEL, sans se déranger.

Vous partez?... allons, bonjour... bonjour..

DUPLAN, bas, à Carbonel.

Voulez-vous, sans déranger personne, me faire donner mon parapluie? (Carbonel fait un signe à Pérugin. Le parapluie passe de main en main jusqu'à Carbonel, qui le jette à terre derrière lui. — Le ramassant.) Mesdames!... Messieurs...

Il sort.

CARBONEL, à Edgard.

Eh bien, jeune homme, nous apportez-vous des nouvelles?... Vous un homme lancé, un homme à la mode!...

CÉSÉNAS, à Edgard

Est-ce que vous venez du bois?...

EDGARD.

Non, je viens de faire une visite à mon conseil judiciaire...

MADAME CARBONEL.

Comment! vous avez un conseil judiciaire?...

EDGARD.

Certainement... vous ne le savez pas?... Depuis un an, je suis pourvu...

PÉRUGIN.

Mais pourquoi?

EDGARD.

Des niaiseries!... Que voulez-vous!... moi, je suis d'une nature trop tendre... je ne sais rien refuser aux femmes...

MADAME CÉSÉNAS, riant.

Ah! vraiment!

EDGARD.

Aux jolies femmes... (A part.) Elle m'a lancé un petit coup d'œil... (Haut.) Je suis orphelin... j'ai vingt-neuf mille livres de rente...

CARBONEL

C'est très-joli!

EDGARD.

Et parce que, l'année dernière, j'ai dépensé soixante-cinq mille francs...

PÉRUGIN.

Ah! diable!

EDGARD.

Ils se sont assemblés... des oncles... des burgraves.. et ils m'ont fait interdire... c'est colossal!...

CARBONEL.

Dame! soixante-cinq mille francs...

EDGARD.

Oui... j'ai été un peu vite... mais, comme je leur ai dit « Messieurs, je vais lâcher Clara... l'année prochaine, je n'en dépenserai que quarante... »

CARBONEL.

Mais ça ne fait pas encore le compte...

PÉRUGIN.

Puisque vous n'en avez que vingt-neuf...

EDGARD.

Bah! on fera une moyenne!

CARBONEL, à part, indigné.

C'est un polisson!

EDGARD.

Aujourd'hui, mon conseil était réuni... je me suis présenté pour lui demander de l'augmentation... Croiriez-vous qu'ils ne me donnent que mille francs par mois?.. C'est colossal!

PÉRUGIN.

Dame! un garçon!...

EDGARD.

Alors le président... un marchand de vin en gros... m'a répondu : « Jeune homme, mariez-vous... revenez à une vie régulière... et le conseil avisera. »

CARBONEL.

A la bonne heure!

CÉSÉNAS.

Et qu'avez-vous fait?...

EDGARD.

Je lui ai demandé la main de sa fille... séance tenante!

Tout le monde rit

CARBONEL, à part.

Il a de l'esprit... mais c'est un polisson...

EDGARD, à Carbonel.

On dirait que ça fume chez vous...

CARBONEL.

C'est la fenêtre...

EDGARD.

J'aurais cru que c'était la cheminée.

MADAME CÉSÉNAS, apercevant Berthe et Lucie qui entrent.

Oh! voici ces demoiselles!

SCÈNE VIII.

Les Mêmes, BERTHE, LUCIE, puis UN CHASSEUR, puis JOSÉPHINE.

BERTHE et LUCIE, derrière le canapé.

Henriette!

MADAME CÉSÉNAS, les embrassant.

Berthe, embrasse-moi, et toi, Lucie!...

EDGARD, à part, près de la cheminée.

Elles sont gentilles, ces deux petites... (Regardant Lucie.) La brune surtout!... (Regardant Berthe.) et la blonde principalement!...

BERTHE, à sa mère.

Pourquoi ne nous as-tu pas fait dire qu'Henriette était là?...

MADAME CARBONEL.

Je vous croyais à votre piano.

LUCIE, tenant un journal.

Nous étions en train d'étudier le *Journal des modes*.

BERTHE.

Regardez donc le joli mantelet.

LUCIE.

C'est comme cela que nous en voudrions un.

BERTHE.

Deux.

MADAME PÉRUGIN, prenant le journal.

Voyons!

MADAME CARBONEL.

C'est charmant!

MADAME CÉSÉNAS, examinant aussi.

Tiens! je viens précisément d'en prendre un semblable chez Gagelin; il est en bas, dans ma voiture...

MADAME PÉRUGIN.

Combien cela coûte-t-il?

MADAME CÉSÉNAS.

Cinq cents francs...

CARBONEL, près du guéridon où il a feuilleté un album avec Césénas et Pérugin.

Trop cher!

PÉRUGIN.

Trop cher!

EDGARD, aux dames.

Ils me font l'effet de deux membres de mon conseil judiciaire.

MADAME CARBONEL.

On pourrait peut-être en simplifiant les garnitures.

BERTHE.

Mais non, maman, il ne faut rien simplifier !...

LUCIE.

Si l'on simplifie, il n'y a plus de mantelet.

MADAME PÉRUGIN.

Je ne vois qu'un moyen !... Si madame voulait avoir la bonté de nous prêter le sien...

MADAME CARBONEL.

Nous en prendrions le patron... et nous les ferions à la maison...

HENRIETTE et LUCIE.

Ah ! oui !

MADAME CÉSÉNAS, se levant, ainsi que les autres dames.

Bien volontiers... je vais le faire monter... (A Césénas.) Mon ami, voulez-vous appeler Ludovic.

CÉSÉNAS, remontant.

Ludovic !

Un grand chasseur en livrée paraît au fond; il tient sous le bras le paletot de son maître.

CARBONEL, l'admirant.

Oh ! il est superbe.

MADAME CÉSÉNAS.

Apportez le carton qui est dans la voiture.

LE CHASSEUR.

Oui, madame.

CARBONEL, à Pérugin.

Dire qu'il a pris un homme à l'année, rien que pour tenir son paletot.

CÉSÉNAS, à sa femme.

Quand vous voudrez, chère amie...

MADAME CARBONEL.

Vous nous quittez déjà !

CÉSÉNAS.

Nous allons au Bois... Il y a une partie de crickett à laquelle nous devons assister...

CARBONEL.

De crickett !... qu'est-ce que c'est que ça ?...

EDGARD.

Un jeu anglais qui vous démanche l'épaule...

BERTHE.

Ah ! je serais bien curieuse de voir ça.

LUCIE.

Moi aussi...

MADAME CÉSÉNAS.

Rien de plus facile... venez avec nous... j'ai trois places à offrir dans ma voiture... M. Pérugin vous accompagnera...

PÉRUGIN.

Mais c'est que nous allons bien vous gêner..

CÉSÉNAS.

Du tout !... du tout !... C'est convenu.

ACTE PREMIER.

BERTHE.

Ah ! quel bonheur !... (Appelant.) Joséphine, mon chapeau !

Joséphine entre avec un mantelet et un chapeau ; elle habille Berthe ; les dames remontent.

EDGARD.

J'ai envie d'aller voir ça aussi... je me jette dans un coupé...

CARBONEL.

Un coupé... vous ?... un homme seul... pourquoi ne prenez-vous pas l'omnibus ?...

EDGARD.

Tenez !... vous, à la première vacance, je vous fais nommer de mon conseil.

CARBONEL.

Mais je n'y serais pas plus mal placé qu'un autre... et je vous dirais comme votre président : « Mariez-vous, monsieur Edgard. »

LUCIE, s'approchant.

Ah ! oui ! monsieur Edgard, mariez-vous. (A part.) Ça nous fera un bal !

BERTHE, redescendant.

Ah ! mariez-vous, monsieur Edgard, je vous en prie.

EDGARD, à part.

Ces petites, elles me dévorent des yeux ! (Haut.) J'y songerai, mesdemoiselles. (Les regardant toutes deux avec expression.) J'y songerai.

CÉSÉNAS

Adieu, chère madame.

CARBONEL.

Adieu, chère belle.

Salutations. — M. et madame Césénas, Henriette, Lucie, Pérugin et Edgard sortent par le fond.

SCÈNE IX.

CARBONEL, MADAME CARBONEL, MADAME PÉRUGIN, puis LE CHASSEUR.

CARBONEL.

Est-elle heureuse, cette madame Césénas ! en voilà une qui a eu de la chance.

MADAME PÉRUGIN.

Pourquoi ?

CARBONEL.

Quand je pense que son père... le père Durand, venait tous les matins avec ses échantillons m'offrir ses rhums et ses eaux-de-vie.

MADAME PÉRUGIN.

Ah ! il faisait la commission ?

CARBONEL.

Parfaitement, et à pied ! Il était sur le point de marier sa fille à un commissaire-priseur... lorsque M. Céséna parut avec son million, il en devint épris et, ma foi !... hein ! quel rêve !

MADAME CARBONEL.

Quoi ?

CARBONEL.

Un million !

ACTE PREMIER.

MADAME PÉRUGIN.

Quant à moi, je ne voudrais pas faire faire à ma fille un mariage aussi disproportionné.

MADAME CARBONEL.

Ni moi!

CARBONEL.

Oui, connu! les millions sont trop verts.

MADAME CARBONEL.

Moi, j'appelle ça vendre son enfant!

CARBONEL.

Puisqu'elle est heureuse!

Il remonte.

MADAME PÉRUGIN.

Le bonheur, à ce prix-là, je n'en voudrais pas pour ma fille.

MADAME CARBONEL, lui prenant la main.

Ah! nous sommes des mères, nous... nous nous comprenons.

MADAME PÉRUGIN.

Oh! oui!... j'étais venue pour vous faire une confidence... vous êtes nos meilleurs amis... Il est question d'un parti pour Lucie.

CARBONEL, avançant des siéges et s'asseyant près d'elle.

Ah bah! contez-nous donc ça?

MADAME PÉRUGIN.

Ce n'est encore qu'à l'état de projet... il s'agit d'un jeune architecte, M. Jules Priès...

MADAME CARBONEL.

Je l'ai vu chez vous... il est fort bien.

MADAME PÉRUGIN.

Il a une clientèle... et deux cent mille francs... C'est ce que nous donnons à Lucie.

CARBONEL.

Et nous à Berthe.

MADAME PÉRUGIN.

Ma fille semble ne pas le voir avec déplaisir... moi, je ne suis pas ambitieuse... ce que je désire... c'est le bonheur de mon enfant!

MADAME CARBONEL, à son mari.

Cela vaut mieux qu'un million, monsieur!

CARBONEL.

Quand on peut avoir les deux!

MADAME CARBONEL.

Quand donc les hommes cesseront-ils de sacrifier au veau d'or!... je ne demande pas plus pour Berthe... un bon jeune homme... dans les deux cent mille francs

CARBONEL.

Deux cents et quelques...

LE CHASSEUR, paraissant au fond avec un grand carton.

Madame...

CARBONEL, se levant.

Ah! très-bien... C'est le mantelet. (Il le prend des mains du chasseur, le met sur le guéridon, et, s'approchant des dames, bas.) Dites donc, faut-il lui donner quelque chose?

MADAME PÉRUGIN.

Dame!... je ne sais pas!

MADAME CARBONEL.

Je crois que ce n'est pas l'usage.

CARBONEL.

Un beau monsieur comme cela... on ne peut pas lui offrir moins de cinq francs, et c'est trop ! (Haut, au chasseur.) Mon ami, ces dames vous remercient infiniment... infiniment.

Il reconduit le chasseur, qui sort en le saluant.

MADAME PÉRUGIN, se levant.

Je passe dans votre chambre avec ce carton... je découperai le patron en vous attendant.

MADAME CARBONEL.

Oui, je vous rejoins dans l'instant.

Madame Pérugin entre à droite.

SCÈNE X.

M. et MADAME CARBONEL,
puis JOSÉPHINE, puis DUPLAN,
puis MADAME PÉRUGIN.

MADAME CARBONEL.

Il est cinq heures, il ne viendra plus personne, on peut éteindre le feu.

CARBONEL.

C'est le meilleur moyen d'empêcher de fumer.

MADAME CARBONEL, appelant au fond.

Joséphine, apportez l'étouffoir...

CARBONEL.

Je vais chercher de l'eau.

Il disparaît un moment à gauche

JOSÉPHINE, entrant.

Voilà l'étouffoir, madame !

MADAME CARBONEL.

Très-bien, prenez les pincettes.
_{Elle relève le devant de sa robe qu'elle attache avec des épingles.}

CARBONEL, entrant avec deux carafes.

Attendez... il faut d'abord éteindre la bûche du fond.
_{Tous trois s'accroupissent devant la cheminée.}

DUPLAN, entrant par le fond.

Enfin ! vous voilà seuls... tout le monde est parti.

CARBONEL, à part.

Duplan !

MADAME CARBONEL, à part.

Il va nous faire sa demande ! (Haut.) Joséphine, laissez-nous.
_{Elle sort, emportant l'étouffoir.}

CARBONEL, à Duplan.

Vous venez chercher votre petit panier... Ce n'était pas la peine de vous déranger, je vous l'aurais renvoyé.

DUPLAN.

Oh ! ça ne m'éloigne pas, en retournant au chemin de fer...

CARBONEL.

Vous partez? alors je ne vous offre pas de vous asseoir.

DUPLAN.

Je n'ai qu'un mot à vous dire, j'irai droit au but... J'ai un fils que je désire marier le plus tôt possible... votre fille est jolie, bien élevée...

MADAME CARBONEL.

Permettez !...

ACTE PREMIER.

DUPLAN.

Vous êtes de braves gens, de vieux amis, vous me plaisez.

CARBONEL.

Bien flatté, mais la fortune de M. Maurice...

DUPLAN.

Elle est superbe! vous avez bien connu mon frère Étienne.

CARBONEL.

Non...

DUPLAN.

Le parrain de Maurice... une espèce d'idiot, qui n'a jamais pu être reçu bachelier... alors il est allé en Italie entreprendre des travaux de terrassement pour les chemins de fer... il m'écrivait tous les ans : « Ça va bien, embrasse Maurice pour moi. » J'embrassais Maurice parce que ça me faisait plaisir et je ne pensais plus à sa lettre. Mais voilà qu'il est mort, il y a six mois, en instituant mon fils son héritier.

MONSIEUR et MADAME CARBONEL.

Eh bien ?

DUPLAN.

Eh bien, il lui a laissé cinquante mille livres de rente cet imbécile-là.

MONSIEUR et MADAME CARBONEL.

Un million !

DUPLAN.

Mon Dieu, oui, Maurice a un million de dot.

MADAME PÉRUGIN, paraissant à droite, à part.

Un million ! son fils !

Elle se retire vivement et écoute.

CARBONEL.

Un million ! asseyez-vous donc... je vais rallumer le feu.

MADAME CARBONEL, éperdue.

Une bûche ! un tabouret !

Elle abaisse vivement sa robe.

DUPLAN, qu'on a fait asseoir sur le canapé entre Carbonel et sa femme.

C'est inutile... je m'en vais.

MADAME CARBONEL.

Cher monsieur Duplan... votre proposition nous trouble... nous émeut.

CARBONEL.

Ah ! c'est que nous sommes des amis, de vieux amis !

DUPLAN.

Habitués du café Carbonel ! Ah çà ! pour se marier, il faut que les jeunes gens se connaissent; où pourront-ils se voir ?

CARBONEL.

Voyons !

MADAME CARBONEL.

Cherchons !

CARBONEL.

Au jardin d'Acclimatation !

MADAME CARBONEL.

Non ! chez madame Césénas ! elle est riche... elle aime beaucoup Berthe... nous la prierons de donner une petite soirée.

CARBONEL.

A laquelle nous vous ferons assister.

ACTE PREMIER.

DUPLAN, se levant.

C'est cela, vous m'écrirez... Où est mon panier ?

MADAME CARBONEL.

Nous irons vous le porter nous-mêmes à Courbevoie.

DUPLAN.

C'est convenu... Adieu !...

MADAME PÉRUGIN, se montrant.

Comment ! vous partez déjà, monsieur Duplan ?

DUPLAN.

J'ai tout juste le temps d'arriver au chemin de fer.

MADAME PÉRUGIN.

Je vais de ce côté-là... j'ai une voiture en bas... je vous déposerai à la gare...

CARBONEL.

C'est à merveille !... acceptez.

MADAME PÉRUGIN.

Donnez-moi votre bras, cher monsieur Duplan.

MADAME CARBONEL, à part.

Un million ! quel parti pour Berthe !

MADAME PÉRUGIN, à part.

Quel parti pour Lucie !

<small>Madame Pérugin et Duplan sortent par le fond, reconduits par M. et madame Carbonel.</small>

ACTE DEUXIÈME.

Salon très-brillamment meublé. — Confidents de chaque côté. — Portes au fond, ouvrant sur un autre salon. — Entre les deux portes une cheminée surmontée d'une glace sans tain. — Portes latérales. — Au lever du rideau, aspect animé d'un bal. — On va et vient dans les deux salons. — Musique. — Des cavaliers invitent des dames, d'autres causent.

SCÈNE PREMIÈRE.

EDGARD, Invités, MADAME CÉSÉNAS,
puis CÉSÉNAS, MADAME CARBONEL

EDGARD, assis sur un confident à droite.

Ce bal est délicieux, tout est d'un goût parfait! Les toilettes, les coiffures... c'est colossal!...

CÉSÉNAS, entrant.

Allons, messieurs, vous n'entendez donc pas l'orchestre?... La main aux dames. (Invitations. On sort.) Notre bal commence à s'animer... il sera charmant!...

MADAME CARBONEL, entrant très-agitée.

Comprenez-vous cela?... M. Maurice qui n'est pas arrivé.

CÉSÉNAS.

Un peu de patience, chère madame : il n'est pas dix heures.

ACTE DEUXIÈME.

MADAME CÉSÉNAS.

Nous attendons encore plus de la moitié de nos invités.

MADAME CARBONEL.

S'il allait ne pas venir... si son père était souffrant...

CÉSÉNAS.

Il viendra... tranquillisez-vous et rentrez dans le bal...

MADAME CÉSÉNAS.

Que fait Berthe ?

MADAME CARBONEL.

Elle danse... avec M. Jules Priès, l'architecte.

MADAME CÉSÉNAS.

Allez la rejoindre... Dès que ces messieurs seront arrivés... je vous préviendrai.

MADAME CARBONEL.

Oh ! tout de suite, n'est-ce pas ? je ne vis plus.

Elle entre dans le bal avec Césénas.

SCÈNE II.

MADAME CÉSÉNAS, puis DUPLAN et MAURICE, puis BERTHE et JULES.

MADAME CÉSÉNAS.

Pauvre femme !... Elle a tort de s'inquiéter. Berthe est charmante ce soir, et, pour peu que M. Maurice ait du goût... (Le voyant entrer de la gauche avec Duplan.) Ah ! voici M. Duplan.

DUPLAN et MAURICE, saluant.

Madame.

DUPLAN.

Permettez-moi de vous présenter mon fils.

MADAME CÉSÉNAS.

Monsieur... (A part.) Il est bien !

MAURICE.

J'ai à vous remercier, madame, de l'invitation que vous avez bien voulu me faire l'honneur de m'adresser...

MADAME CÉSÉNAS.

Je devrais vous gronder, car vous êtes en retard...

DUPLAN.

C'est la cravate de Maurice...

MADAME CÉSÉNAS, confidentiellement

Elle est arrivée... elle danse... restez là... (De la porte.) Restez là !

Elle entre dans le bal

MAURICE, étonné.

Qui est-ce qui est arrivé ?... qui est-ce qui danse ?

DUPLAN.

Une demoiselle charmante... La fille de la belle madame Carbonel.

MAURICE.

Eh bien, après ? qu'est-ce que ça me fait ? je ne la connais pas.

DUPLAN.

Non, mais tu vas la connaître... un ange, mon ami, un ange ! je n'ai pas voulu t'en parler avant de partir, parce que tu aurais refusé de venir au bal... il s'agit d'une entrevue.

MAURICE.

Une entrevue ?... vous voulez me marier ?... Oh ! papa,

qu'est-ce que je vous ai fait? M'empailler à vingt-sept ans !

DUPLAN.

Je ne veux pas t'empailler... Je veux seulement t'empêcher de faire des sottises...

MAURICE.

Quelles sottises?...

DUPLAN.

Mon ami, tu es un charmant garçon ; tu es bon, généreux, sobre, instruit.

MAURICE.

Amadouez-moi... je vous vois venir...

DUPLAN.

Mais tu as un défaut... tu es faible, irrésolu... tu te laisses dominer par ceux qui t'entourent... je ne t'en veux pas... je suis de même...

MAURICE.

Moi? ce matin encore, j'ai flanqué mon domestique à la porte... il s'était mis dans mes bottes !

DUPLAN.

Oui, avec les hommes, ça va encore... mais avec les femmes !

MAURICE.

Ah ! les femmes !... elles sont si gentilles.

DUPLAN.

Certainement, elles sont gentilles... du moins, elles étaient gentilles... mais, contre elles, tu n'as pas de défense... Le premier minois chiffonné qui se présente... te voilà pris ! tu tiens de ton père... autrefois...

MAURICE.

Oh ! vous exagérez...

DUPLAN.

Je n'en veux pour preuve que ton voyage en Italie... tu étais parti pour six semaines et tu es resté onze mois.. Tu devais me rapporter des roses, et tu ne m'as rapporté que des mèches de cheveux...

MAURICE.

J'avoue que j'ai perdu un peu de temps à Florence... mais si vous aviez vu la chevelure de Barbara...

DUPLAN.

Qu'est-ce que ça me fait Barbara ? (Avec curiosité.) Elle était donc bien belle sa chevelure ?

MAURICE.

Deux ruisseaux d'ébène qui descendaient jusqu'à terre!

DUPLAN, avec admiration.

Oh !... oh !... allons, passe pour Barbara !... Mais à Venise ! qu'as-tu fait à Venise ? impossible de te faire décamper !

MAURICE.

Ah ! si vous connaissiez Zirzina !

DUPLAN.

Allons !... Zirzina maintenant !

MAURICE.

Quelle taille ! quelle cambrure !... la souplesse du serpent, la rigidité du marbre ! et ses yeux, moitié velours moitié feu !

DUPLAN, avec admiration.

Oh ! oh ! (A part.) Et dire que je n'ai jamais vu l'Italie !.. voilà ce que c'est que de s'acoquiner à Courbevoie !

MAURICE.

Ce n'était qu'une marchande de fleurs... Mais il y avait du sang des doges chez cette femme-là!

DUPLAN.

C'est possible... Mais, à Paris, le sang des doges est extrêmement rare... et, comme avec ton caractère tu finirais par me donner pour belle-fille quelque cabrioleuse de ton choix, je me suis occupé moi-même de te trouver une femme... elle ne descend pas des doges... je ne pense pas que Carbonel élève cette prétention... elle appartient à une excellente famille bourgeoise.

MAURICE

Est-elle jolie?

DUPLAN.

Exceptionnellement jolie!

MAURICE.

Ah!

DUPLAN.

Ça te fait sourire, drôle!

MAURICE.

Un mot... Est-elle brune ou blonde?

DUPLAN.

Adorable blonde!

MAURICE.

Voilà une chance! il y a très-longtemps que je n'ai aimé de blondes... depuis un an, la veine est aux brunes.

DUPLAN.

Mais, cette fois, c'est sérieux... il ne s'agit pas de coqueter, il s'agit d'épouser.

MAURICE.

C'est convenu... mais je demande à voir. (Berthe, valsant avec Jules, traverse le salon du fond de droite à gauche. — Les apercevant.) Tiens! Jules Priès!.. bonjour!.. (Voyant Berthe, à

son père.) Oh! la ravissante personne! l'éblouissante beauté!
Il suit Berthe du regard, jusqu'à ce qu'elle disparaisse.

DUPLAN.

Eh bien, mon ami, c'est elle...

MAURICE.

Comment?

DUPLAN.

Voilà comme je les choisis!

MAURICE.

Mon compliment!... vous vous y connaissez encore, en jolies femmes.

DUPLAN.

L'habitude de cultiver les roses... (Riant.) Eh! eh! eh! Chut! les grands parents!

SCÈNE III.

MAURICE, DUPLAN,
M. et MADAME CARBONEL,
puis BERTHE et JULES.

MADAME CARBONEL, avec empressement.

Ah! monsieur Duplan...

CARBONEL, de même.

Cher ami...

DUPLAN

Madame... permettez-moi de vous présenter Maurice, mon fils... (Présentant.) M. et madame Carbonel...

Salutations.

MADAME CARBONEL.

Enchantée, monsieur, de faire... ou plutôt de renouveler connaissance avec vous...

MAURICE, étonné.

Comment, madame, j'aurais été assez heureux...?

DUPLAN.

Oui... je t'ai déjà présenté une fois à madame; il est vrai que tu avais huit ans.

CARBONEL.

Ma femme vous a fait sauter sur ses genoux et elle vous a embrassé !...

MAURICE.

Alors madame, j'ai dû faire bien des envieux.

M. ET MADAME CARBONEL.

Oh! très-joli, très-joli!...

MAURICE, s'avançant.

Et je serais bien heureux, madame, si monsieur votre mari voulait nous permettre de reprendre nos relations... au point où nous les avons laissées.

M. ET MADAME CARBONEL.

Ah! très-joli!... très-joli!...

MADAME CARBONEL, bas, à son mari

Il a de l'esprit.

CARBONEL, bas.

Je crois bien, il en a pour un million! (A Maurice.) Vous arrivez d'Italie, jeune homme?

MAURICE.

Oui, monsieur, de Venise!

CARBONEL.

Ah! Venise!... vous avez vu la place Saint-Marc, le pont des Soupirs?

MAURICE.

Bien souvent!

DUPLAN, à part.

Zirzina!

CARBONEL.

Et qu'est-ce qui vous a le plus bouleversé à Venise?

MAURICE.

C'est la Douane!

M. ET MADAME CARBONEL.

Ah! très-joli! très-joli!

MAURICE, bas, à Duplan.

Ils ont l'air de bien braves gens.

DUPLAN, bas.

Parbleu! ils rient de tout ce que tu dis!

BERTHE, entrant reconduite par Jules.

Je vous remercie, monsieur!

MAURICE, à part.

C'est elle! Ah! décidément, il n'y a que les blondes.

JULES.

Bonjour, Maurice.

MAURICE.

Bonjour, mon ami...

Ils se serrent la main.

MADAME CARBONEL.

Ah! vous connaissez M. Jules Priès?

MAURICE.

Beaucoup... c'est un ami ! je lui dois mes deux oreilles...

TOUS.

Comment?

<small>Plusieurs dames et messieurs sont entrés et sont près de la cheminée. Un valet apporte un plateau.</small>

MAURICE, <small>offrant des glaces à madame et mademoiselle Carbonel.</small>

Aimez-vous les histoires de brigands, mademoiselle?

BERTHE.

Oh! oui! c'est gentil!

MAURICE.

Je vous préviens que celle-ci est très-corsée.

JULES.

Ne parlons pas de ça...

CARBONEL.

Allez! allez!

MAURICE.

C'était aux environs de Naples... nous étions cinq jeunes gens, dont un médecin sans clientèle, qui s'était ordonné le ciel d'Italie pour cause de santé... Nous voyagions à pied, un âne portait nos bagages, plus une petite pharmacie de voyage qui servait au docteur pour se droguer... et bon nombre de bouteilles de bordeaux, qu'il faisait entrés dans son régime... et que nous nous prescrivions de temps en temps.

CARBONEL.

Mais les brigands!

MADAME CARBONEL.

Chut donc, Carbonel!

MAURICE.

Pendant une halte... l'idée me vint de m'aventurer aux environs, dans la montagne... Je n'avais pas fait quatre cents pas, que je me trouvai entouré, garrotté... j'étais tombé au milieu d'une bande...

BERTHE, effrayée.

Ah! mon Dieu!

CARBONEL, se frottant les mains

Nous y voilà! voilà les brigands!

MAURICE.

Je leur raconte mon histoire... aussitôt ils expédient un des leurs à mes quatre amis, avec une lettre ainsi conçue : « Si, à deux heures, vous n'avez pas déposé cinq mille piastres au pied du grand chêne Della-Grotta, vous y trouverez votre ami attaché avec deux oreilles de moins. »

BERTHE.

C'est affreux!

M. et MADAME CARBONEL.

C'est horrible!

DUPLAN, tranquille.

Moi, je connais l'histoire... ça ne m'émeut pas...

MAURICE.

C'est alors que Jules, n'ayant pas cinq mille piastres... eut un trait de génie!... Il ouvrit la pharmacie du docteur, y prit un flacon de laudanum dont il versa le contenu dans les bouteilles de bordeaux, puis il poussa l'âne, chargé de vin, au pied du grand chêne Della-Grotta... et s'en revint bien vite... A deux heures précises... les brigands arrivèrent, et, trouvant l'âne au lieu des cinq mille piastres, ils se mirent à jurer en italien... ils m'attachèrent à l'arbre et se préparèrent à me découper...

BERTHE.

Vous deviez avoir bien peur?

MAURICE.

Je n'étais pas gai... lorsque le chef... un gros nez rouge... qui caressait de l'œil les bouteilles de bordeaux... proposa de les boire à la santé de mes oreilles avant de les couper.

CARBONEL.

Ah! je devine!

MADAME CARBONEL.

Tais-toi donc, Carbonel!

BERTHE.

Laisse raconter, papa...

MAURICE

A peine en eurent-ils vidé quelques bouteilles, que je les vis tomber sur le gazon, fermer les yeux, et s'endormir d'un sommeil qui ressemblait horriblement à celui de l'innocence...

CARBONEL.

Ah! bravo!

BERTHE.

Chut donc, papa!

MAURICE.

J'ai fini, mademoiselle... un quart d'heure après, mes amis arrivèrent et me ramenèrent en triomphe sur l'âne.

CARBONEL.

Et les voleurs?...

MAURICE.

Au premier poste, nous avertimes les gendarmes, qui

n'eurent d'autre peine que de les cueillir sur la pelouse comme un bouquet de violettes.

MADAME CARBONEL.

C'est palpitant !

CARBONEL.

Il raconte comme Alexandre Dumas !

MAURICE.

Et voilà comment M. Jules Priès est devenu le meilleur de mes amis... et le second père de mes oreilles...

JULES.

Tu es fou de raconter cela en plein bal...

BERTHE.

J'en suis encore tout émue...

On entend l'orchestre.

MADAME CARBONEL.

Ah ! l'orchestre !...

MAURICE, à Berthe.

Mademoiselle, je ne vois qu'une contredanse pour vous faire oublier les terreurs que mon récit vous a causées...

MADAME CARBONEL, bas, à son mari.

Il l'invite !

BERTHE.

Volontiers, monsieur... (Allant à sa mère.) Tiens, maman.. garde mon éventail...

MAURICE, bas, à Duplan.

Ravissante ! ravissante !

DUPLAN, bas.

Alors... je puis aller ?

MAURICE.

Allez! je m'abandonne à vous... (Offrant son bras à Berthe.) Mademoiselle...

> Maurice et Berthe entrent dans le salon suivis de Jules et des invités.

SCÈNE IV.

DUPLAN, M. et MADAME CARBONEL.

MADAME CARBONEL, à Duplan.

Eh bien?

CARBONEL.

Qu'est-ce qu'il vous a dit?

DUPLAN.

Il est subjugué!...

MADAME CARBONEL.

Ah! le charmant garçon!... Je veux les voir danser!

CARBONEL.

Moi aussi. (Prenant le bras de sa femme et sortant.) Ma fille aura son petit million!

MADAME CARBONEL.

Et un château!

CARBONEL.

Et un chasseur! Je lui ferai tenir mon paletot.

> Ils disparaissent.

SCÈNE V.

DUPLAN, M. et MADAME PÉRUGIN, LUCIE,
puis JULES

DUPLAN.

Allons! ça marche!... et, une fois Maurice marié, je pourrai retourner cultiver en paix mes rosiers.

M. et madame Pérugin et Lucie paraissent à gauche.

MADAME PÉRUGIN.

Eh! mais c'est ce cher M. Duplan.

DUPLAN, saluant.

Madame...

MADAME PÉRUGIN, à son mari.

Mon ami, je te présente M. Duplan.

DUPLAN, saluant.

Monsieur...

MADAME PÉRUGIN.

Eh bien, Lucie, tu ne salues pas notre excellent ami M. Duplan?

DUPLAN, saluant Lucie.

Mademoiselle... Oh! la jolie toilette de bal!

PÉRUGIN, à part.

Elle coûte assez cher.

LUCIE, à part.

Je voudrais bien savoir si M. Jules est arrivé.

Elle remonte

MADAME PÉRUGIN.

Et vous êtes venu aujourd'hui de Courbevoie?

DUPLAN.

Par le train de cinq heures... J'ai dîné au restaurant avec mon fils...

MADAME PÉRUGIN.

Oh! c'est mal! Pourquoi n'êtes vous pas venu nous demander à dîner?

DUPLAN.

Vous êtes trop bonne... mais je n'aurais pas osé me permettre...

MADAME PÉRUGIN.

Vous auriez parlé rosiers avec mon mari, qui est très amateur.

DUPLAN.

Ah! vraiment, monsieur?

PÉRUGIN.

Moi? c'est-à-dire... je ne crains pas une jolie rose. (A part.) Qu'a donc ma femme?

MADAME PÉRUGIN.

Est-ce que M. Maurice ne vous a pas accompagné?

DUPLAN.

Si, il danse!

MADAME PÉRUGIN.

Vous nous le présenterez... M. Pérugin brûle de faire sa connaissance.

PÉRUGIN, à part, étonné.

Moi?

DUPLAN, remerciant Pérugin.

Ah! monsieur!

MADAME PÉRUGIN.

Nous étions hier dans une maison où l'on ne tarissait pas en éloges sur son compte.

DUPLAN, avec curiosité.

Ah!

MADAME PÉRUGIN.

Non, je ne dirai pas chez qui... Je me suis permis d'ajouter: « Je ne connais pas M. Maurice, mais je ne lui souhaite qu'une chose, c'est d'être un homme aussi accompli et aussi parfait que l'est son père. »

DUPLAN, confus.

Oh! oh! madame...

MADAME PÉRUGIN.

Je le dis comme je le pense.

DUPLAN, à part.

Elle est vraiment très-aimable!

PÉRUGIN, à part.

Pourquoi donc ma femme flatte-t-elle ce petit rentier?

LUCIE, apercevant Jules qui entre.

Ah! M. Jules...

Elle descend

PÉRUGIN, à part.

Mon futur gendre. (Allant à lui avec empressement.) Bonjour, cher ami ; je suis bien heureux de vous voir!...

JULES, saluant.

Monsieur... madame... mademoiselle... (Bas, à Lucie.) Êtes-vous jolie ce soir!

LUCIE, bas.

Vous trouvez?

MADAME PÉRUGIN, bas, à son mari.

Ne t'avance pas trop avec ce jeune homme.

PÉRUGIN, étonné

Tiens!

MADAME PÉRUGIN.

Je te dirai pourquoi!

JULES, à Lucie.

Mademoiselle, on se place pour la valse... voulez-vous me faire l'honneur...?

LUCIE.

Avec plaisir, monsieur...

Elle prend le bras de Jules.

DUPLAN, à Pérugin.

Entre hommes, ça peut se dire... moi... je vais à la découverte du buffet.

Jules, Lucie et Duplan sortent.

SCÈNE VI.

MADAME et M. PÉRUGIN.

PÉRUGIN, à sa femme.

Eh bien, quoi? qu'est-ce qu'il y a?

MADAME PÉRUGIN.

Il y a que vous ne comprenez rien... Le fils de ce bonhomme qui sort... M. Maurice Duplan... a un million de dot!

PÉRUGIN.

Eh bien?

MADAME PÉRUGIN.

Ce serait un parti superbe pour Lucie...

PÉRUGIN.

Mais l'autre... l'architecte?

MADAME PÉRUGIN.

Il se mariera ailleurs! voilà tout!

PÉRUGIN.

Au fait!

MADAME PÉRUGIN, voyant entrer madame Carbonel.

Pas un mot!

SCÈNE VII.

Les Mêmes, MADAME CARBONEL.

MADAME CARBONEL, entrant radieuse.

Ils valsent ensemble avec une grâce... tout le monde les regarde. (Apercevant madame Pérugin.) Ah! chère bonne, mille pardons, je ne vous avais pas aperçue...

PÉRUGIN, saluant.

Nous arrivons.

Il lui avance un siége. Les dames s'asseyent.

MADAME CARBONEL, avec épanchement.

Ah! mes amis, vous me voyez bien heureuse!

PÉRUGIN.

En effet!

MADAME CARBONEL.

Je puis vous dire cela, je vous dis tout, vous êtes nos meilleurs amis... Je crois que nous allons marier Berthe!

PÉRUGIN.

Vraiment! et avec qui?

MADAME CARBONEL.

Ah! un mariage inespéré... un million de dot... le fils de M. Duplan.

PÉRUGIN, à part.

V'lan!

MADAME PÉRUGIN.

Oh! mes compliments bien sincères, cette nouvelle me cause une joie!...

MADAME CARBONEL, lui serrant la main.

Oh! je le sais... ma bonne madame Pérugin!...

Elles se lèvent.

MADAME PÉRUGIN, à son mari.

Félicitez donc madame...

PÉRUGIN.

Certainement... je suis on ne peut pas plus heureux..

MADAME CARBONEL.

Les deux jeunes gens se sont vus ce soir pour la première fois... mais ils se conviennent déjà!... elle est si jolie, ma fille! une tête de Raphaël!

MADAME PÉRUGIN.

Oh! c'est bien vrai!...

MADAME CARBONEL.

En ce moment, ils valsent ensemble... c'est un plaisir de les voir... Vous permettez?...

Elle remonte pour regarder dans le salon.

PÉRUGIN, bas, s'approchant de sa femme.

Dis donc, puisque le mariage est à peu près conclu... il ne faut plus y penser.

MADAME PÉRUGIN, bas.

Vous êtes fou! tant qu'un mariage n'est pas fait, il peut se défaire!

PÉRUGIN.

Sans doute... mais aller sur les brisées...

MADAME PÉRUGIN.

Les brisées... les brisées... de qui? un jeune homm à marier appartient à tout le monde... il est dans le domaine public...

PÉRUGIN.

Certainement!... mais tu vas nous brouiller avec nos amis...

MADAME PÉRUGIN.

Taisez-vous!... vous n'aimez pas votre fille!

PÉRUGIN, à part.

Je ne la reconnais plus, elle devient féroce!

MADAME CARBONEL, redescendant.

Les voici!... ils reviennent...

MADAME PÉRUGIN, à part.

M. Maurice! (Bas, à son mari.) Envoyez-moi Lucie!

PÉRUGIN.

Je le veux bien, mais je ne m'en mêle pas... ça te regarde...

Il sort.

SCÈNE VIII

MADAME CARBONEL, MADAME PÉRUGIN, MAURICE, BERTHE.

MAURICE.

Vous êtes la reine de ce bal! vous valsez à ravir!
Il la fait asseoir sur le confident à gauche.

BERTHE.

Vous me faites trop de compliments, vous m'embarrassez...

MADAME CARBONEL, à sa fille.

Pauvre enfant! comme tu as chaud.

MAURICE, bas, à madame Carbonel.

Adorable! adorable! belle maman!

MADAME CARBONEL, à part.

Belle maman! (Bas, à madame Pérugin.) Il a dit: « Belle maman! »

MADAME PÉRUGIN, bas.

Présentez-le-moi donc...

MADAME CARBONEL.

Oh! c'est juste. (Présentant.) Monsieur Maurice Duplan, madame Pérugin... la meilleure de mes amies.

MAURICE, saluant.

Madame...

MADAME CARBONEL.

Vous l'aimerez tout de suite, car elle aime bien Berthe...

MADAME PÉRUGIN.

Oh! oui!

MADAME CARBONEL, bas.

Je vous laisse ensemble... parlez-lui de ma fille... ça ne peut pas nuire...

MADAME PÉRUGIN, bas.

Comptez sur moi...

MADAME CARBONEL, à Berthe.

Viens, mon enfant, ton père nous cherche!

<small>Elle sort, après avoir fait des signes d'intelligence à madame Pérugin</small>

SCÈNE IX.

MAURICE, MADAME PÉRUGIN, puis LUCIE.

MADAME PÉRUGIN, à part.

Et Lucie qui ne vient pas! (Haut.) Quelle charmante jeune fille que Berthe!

MAURICE.

Une délicieuse personne, en effet... Madame la connaît depuis longtemps?

MADAME PÉRUGIN.

Oh! depuis son enfance! je l'ai vue naître!... aussi j'ai pour elle une amitié...

MAURICE.

Qu'elle vous rend, j'en suis sûr... car, mademoiselle Berthe paraît avoir un cœur...

MADAME PÉRUGIN.

Un cœur d'or!... ça se voit sur sa figure... En contemplant ces beaux yeux dont l'expression sommeille toujours, cette bouche gracieuse et immobile... on croit voir...

MAURICE.

Une statue?

MADAME PÉRUGIN.

La sérénité d'un beau lac... Et pourtant elle est gaie.

MAURICE.

Ah! tant mieux!

MADAME PÉRUGIN.

Elle sourit continuellement... même de choses qui ne sont pas plaisantes... Avant-hier, son maître de piano est tombé dans l'escalier... elle a souri... Quel heureux caractère!

MAURICE.

Oui. (A part.) Est-ce qu'elle serait bête?

MADAME PÉRUGIN.

Et puis elle a un esprit d'ordre! Croyez-vous qu'elle ne peut jamais parvenir à dépenser l'argent qu'on lui donne pour sa toilette... Elle place, cette chère petite, elle met à la caisse d'épargne...

MAURICE, à part.

Elle est intéressée!

MADAME PÉRUGIN.

Ah! c'est une adorable enfant!

MAURICE.

Oui... adorable...

MADAME PÉRUGIN.

Je donnerais tout au monde pour que ma fille lui ressemblât!...

MAURICE.

Ah! madame a une fille?

MADAME PÉRUGIN.

Oui... du même âge que Berthe, elles ont été élevées dans la même pension.

MAURICE.

Est-ce qu'elles se ressemblent?

MADAME PÉRUGIN.

Oh! du tout!... le jour et la nuit... D'abord Lucie n'est pas jolie... elle est brune

MAURICE.

Mais je vous assure qu'il y a des brunes...

MADAME PÉRUGIN.

Elle a de l'expression... voilà tout!

MAURICE, à part.

Connu! c'est une petite laideron!

LUCIE, entrant.

Tu m'as fait demander, maman?

MADAME PÉRUGIN, à part.

Enfin!... (Haut.) Oui, mon enfant.

MAURICE, poussant un cri de surprise en apercevant Lucie.

Ah!

MADAME PÉRUGIN, présentant.

Ma fille... M. Maurice Duplan... le fils d'un de nos bons mais...

MAURICE, saluant.

Mademoiselle... (A part.) Les yeux de Barbara! et elle dit qu'elle n'est pas jolie!

LUCIE.

Papa vient de me gronder parce qu'en valsant avec M. Jules j'ai déchiré mon volant de dentelles..

MADAME PÉRUGIN.

Il a raison, tu ne fais attention à rien.

MAURICE.

Le mal n'est pas bien grand...

MADAME PÉRUGIN, l'embrassant.

Tu n'es qu'une petite gaspilleuse.

LUCIE.

Je ne le ferai plus, maman.

MAURICE, à part.

Pauvre enfant! est-elle gentille!

LUCIE, changeant de ton.

Avec tout ça, j'ai perdu mon danseur!

MAURICE, riant.

Oh! charmant! Mademoiselle voulez-vous me permettre de le remplacer?

LUCIE.

Volontiers, monsieur; mais vous prendrez bien garde de marcher sur ma robe...

MAURICE, à madame Pérugin.

Et vous dites qu'elle n'a pas de soin!... Soyez tranquille, mademoiselle, je resterai en l'air le plus que je pourrai.

Il sort avec Lucie.

SCÈNE X.

MADAME PÉRUGIN, puis MADAME CARBONEL.

MADAME PÉRUGIN, les regardant s'éloigner.

Je le tiens!

MADAME CARBONEL, entrant et cherchant par la gauche.

Mais où peut-il être?

MADAME PÉRUGIN.

Qui cherchez-vous donc?

MADAME CARBONEL.

M. Maurice a invité ma fille... et il ne se présente pas...

MADAME PÉRUGIN.

Il vient de rentrer dans le salon à l'instant.

MADAME CARBONEL.

Eh bien, lui avez-vous parlé?

MADAME PÉRUGIN.

Sans l'orchestre, il serait encore là... A mon tour, j'ai un petit service à vous demander.

MADAME CARBONEL.

Parlez.

MADAME PÉRUGIN.

Il s'agit de l'avenir de Lucie...

MADAME CARBONEL.

Chère enfant!

MADAME PÉRUGIN.

Il se présente un parti brillant pour elle... ceci est entre nous... un jeune homme qui nous plaît beaucoup.

ACTE DEUXIEME.

MADAME CARBONEL.

M. Jules Priès... vous m'en avez déjà parlé.

MADAME PÉRUGIN.

Non, c'est rompu.

MADAME CARBONEL.

Ah!

MADAME PÉRUGIN.

Il est question d'un ingénieur qui a quatre cent mille francs.

MADAME CARBONEL.

C'est très-joli pour vous...

MADAME PÉRUGIN.

Ce jeune homme est ami intime de M. Maurice... il ne fait rien sans le consulter... et vous me donneriez une grande preuve d'amitié en faisant un peu l'éloge de ma fille devant votre futur gendre.

MADAME CARBONEL.

Je comprends... Maurice le répétera à son ami... et...

MADAME PÉRUGIN.

C'est cela!

MADAME CARBONEL.

Du reste, pour louer Lucie, je n'aurai qu'à dire ce que je pense.

MADAME PÉRUGIN.

Que vous êtes bonne!

MADAME CARBONEL

Et comme nous nous entendons!

MADAME PÉRUGIN.

Ah! j'oubliais! le jeune homme est un peu artiste... il

est inutile de poser Lucie en femme de ménage, ne craignez pas de lui donner des goûts un peu exaltés...

MADAME CARBONEL.

Parfait!... je dirai qu'elle a horreur de l'aiguille...

MADAME PÉRUGIN.

La danse finit, je vous laisse avec votre gendre.

Elle sort.

SCÈNE XI.

MADAME CARBONEL, MAURICE.

MADAME CARBONEL, à part.

Mon gendre, que ce mot est doux à prononcer!

MAURICE, entrant à part.

Quelle grâce! quel esprit! Ah! décidément il n'y a que les brunes!... Oh! madame Carbonel!

MADAME CARBONEL.

Monsieur Maurice, je vous croyais avec Berthe?

MAURICE.

Je l'ai laissée dans le grand salon... avec son amie mademoiselle Lucie...

MADAME CARBONEL.

Ah! vous avez vu Lucie? comment la trouvez-vous?

MAURICE, embarrassé.

Mais...

MADAME CARBONEL.

Charmante! n'est-ce pas? Oh! vous pouvez le dire, nous ne sommes pas jalouses...

MAURICE.

Eh bien, franchement, elle est ravissante, des yeux! une tournure! un entrain! une gaieté!

MADAME CARBONEL.

Et un esprit! elle en a autant que ma fille, pas plus, mais autant!...

MAURICE.

Oui... c'est un autre genre...

MADAME CARBONEL.

Et puis elle est artiste...

MAURICE.

Ah!

MADAME CARBONEL.

Elle peint, elle chante, elle danse... enfin, elle connaît tout son Lamartine!

MAURICE.

Vraiment?

MADAME CARBONEL.

Et deux cent mille francs de dot; par exemple, elle n'aime pas l'aiguille...

MAURICE.

Oh! ça..

MADAME CARBONEL.

Il ne faut pas venir lui dire: « Mon enfant, voilà un bouton qui tombe, veux-tu me le raccommoder? » Non, non, ça ne lui va pas!

MAURICE.

Il faut des tailleurs pour cela!

MADAME CARBONEL.

Ce qui ne l'empêchera pas d'être une excellente petite femme.

MAURICE.

Vous croyez?

MADAME CARBONEL.

J'en suis sûre! Je n'ai qu'une chose à vous dire. Si j'avais un fils... ne pouvant pas le donner à Berthe... je ne lui souhaiterais pas une autre femme que Lucie!... vous pouvez le répéter à qui vous voudrez!...

MAURICE, avec feu.

Oh! je vous comprends, madame!

MADAME CARBONEL, à part.

Il a compris!

L'orchestre se fait entendre

MAURICE.

Pardon! j'entends l'orchestre...

MADAME CARBONEL.

Et vous avez invité quelqu'un?

MAURICE.

Oui, madame...

MADAME CARBONEL.

Allez, monsieur Maurice... ne faites pas attendre votre danseuse... comme tout à l'heure.

MAURICE.

Oh! non. chère petite... je cours bien vite...

Il sort vivement.

SCÈNE XII.

MADAME CARBONEL, PÉRUGIN.

MADAME CARBONEL, seule.

Est-il amoureux! Ah! je crois que Berthe sera heureuse!

PÉRUGIN, entrant par la gauche.

Vous n'avez pas vu ma femme?

MADAME CARBONEL.

Monsieur Pérugin, je viens de travailler pour vous... j'ai vu Maurice... cela marche à merveille

PÉRUGIN.

Quoi donc?

MADAME CARBONEL.

Le mariage de Lucie...

PÉRUGIN.

Avec l'architecte?

MADAME CARBONEL

Mais non! avec l'autre!

PÉRUGIN, s'oubliant

Avec M. Maurice...

MADAME CARBONEL.

Hein?

PÉRUGIN.

Vous y renoncez?... ah! madame, que vous êtes bonne!

MADAME CARBONEL, avec énergie et marchant sur lui.

Mais qui vous parle de M. Maurice? voyons, répondez!

PÉRUGIN, très-ahuri.

Moi?... Je ne sais pas... c'est ma femme qui a eu l'idée... mais je n'y suis pour rien... ça ne me regarde pas.

Il disparaît.

SCÈNE XIII.

MADAME CARBONEL, puis CARBONEL.

MADAME CARBONEL, seule, très-agitée.

Je suis jouée!... et elle m'a fait faire l'éloge de sa fille! et, comme une sotte, j'ai donné dans le piége!... oh! elle me le payera... (Apercevant son mari qui entre.) Carbonel... sais-tu ce qui se passe?

CARBONEL.

Non... je viens de jouer aux dominos...

MADAME CARBONEL.

On veut nous voler notre gendre!

CARBONEL.

Ah bah! qui ça?

MADAME CARBONEL.

Les Pérugin.

CARBONEL.

Allons donc! c'est impossible... des amis!

MADAME CARBONEL.

Quand on a une fille à marier, il n'y a pas d'amis..., je l'apprends trop tard.

CARBONEL.

Je me disais aussi, voilà deux fois de suite que Maurice
ait danser Lucie.

MADAME CARBONEL.

Comment...

CARBONEL.

Ah! mais, ça ne se passera pas comme ça... je vais aller
trouver Pérugin.

MADAME CARBONEL.

Eh bien, après?

CARBONEL.

Je lui reprocherai sa conduite, je le provoquerai, s'il le
faut...

MADAME CARBONEL.

Non, reste là!... pas de bruit, pas d'éclats, . c'est un
duel de femmes... un duel de ruses... tu n'y comprendrais
rien... (Apercevant Maurice qui entre.) Maurice!... laisse-moi
faire... Dis comme moi...

SCÈNE XIV.

Les Mêmes, MAURICE

MAURICE, entrant, à part.

Après tout, ce mariage n'est pas tellement avancé...
Justement les voici. (Haut.) Monsieur et vous, madame... je
suis bien aise de vous rencontrer seuls dans ce salon...

CARBONEL, bas, à sa femme.

Il va retirer sa demande!

MADAME CARBONEL, bas.

Oui, mais je suis là! (Haut.) Nous aussi, nous vous cherchions monsieur Maurice.

MAURICE.

Moi?

MADAME CARBONEL.

Nous sommes chargés près de vous d'une commission délicate...

MAURICE, à part.

Est-ce qu'ils voudraient rompre? (Haut.) Parlez, madame...

MADAME CARBONEL.

Votre ami nous quitte à l'instant.

MAURICE, cherchant.

Mon ami...

MADAME CARBONEL.

Ce jeune architecte qui vous a sauvé la vie avec un dévouement...

MAURICE.

Jules?... brave garçon!

MADAME CARBONEL.

Je ne sais s'il vous a fait la confidence d'un amour...

MAURICE.

En effet... il m'a dit qu'il désirait se marier... mais il n'a pas nommé la personne...

MADAME CARBONEL.

Elle est charmante, je vous parlais d'elle ici, tout à l'heure...

MAURICE.

Lucie! est-il possible?

MADAME CARBONEL

Entre nous, ces enfants s'aiment...

MAURICE.

Ah! mademoiselle Lucie...?

MADAME CARBONEL.

M'a confié qu'elle serait heureuse d'accorder sa main à un aussi galant homme.

CARBONEL, à part.

Très-fort!

MADAME CARBONEL.

Du reste, le père et la mère ont depuis longtemps autorisé ses assiduités.

MAURICE.

Je comprends...

MADAME CARBONEL.

Mais, comme, en se prolongeant, elles pourraient devenir compromettantes... M. Jules a été mis en demeure de faire sa demande aujourd'hui même.

MAURICE.

Mais ce sont des affaires de famille, et je ne vois pas en quoi...

MADAME CARBONEL.

Vous savez que M. Jules n'a pas de parents à Paris... et, pour faire cette demande, il a pensé à vous, son meilleur ami.

MAURICE.

Moi? permettez, c'est impossible!

MADAME CARBONEL.

Impossible, dites-vous?

CARBONEL.

Après le service qu'il vous a rendu.

MAURICE.

Vous avez raison... refuser, serait de l'ingratitude... (A part.) Allons, du courage, puisque c'est lui qu'elle aime... (Haut.) Comptez sur moi... je rentre dans le bal.

MADAME CARBONEL.

Inutile... voici cette bonne madame Pérugin...

CARBONEL, à part.

Ah! je suis bien aise de voir ça!

SCÈNE XV.

Les Mêmes, MADAME PÉRUGIN.

MADAME CARBONEL, à madame Pérugin.

Vous arrivez à propos, chère amie... Voici M. Maurice qui désire vous parler.

MADAME PÉRUGIN.

A moi?

MAURICE, avec émotion.

Oui, madame... j'ai vu ce soir mademoiselle Lucie pour la première fois... et l'impression qu'elle a produite sur moi... (Se reprenant.) comme sur tous ceux qui la connaissent... justifiera, je l'espère, la démarche que je fais auprès de vous...

MADAME PÉRUGIN, à part, désignant les Carbonel.

Devant eux!... c'est cruel!

ACTE DEUXIÈME

MAURICE.

J'ai l'honneur, madame, de vous demander la main de mademoiselle votre fille...

MADAME PÉRUGIN, lui tend la main.

Ah! monsieur Maurice...

MAURICE.

Pour mon ami M. Jules Priès.

MADAME PÉRUGIN, regardant madame Carbonel.

Ah!

CARBONEL, à part.

Attrape!

MADAME CARBONEL.

Oui, chère bonne, c'est moi qui ai eu cette heureuse pensée...

CARBONEL.

Oui, chère bonne madame, c'est nous.

MADAME PÉRUGIN, sèchement

Merci!

MADAME CARBONEL.

Vous nous avez parlé du désir que vous aviez de voir se réaliser cette union... modeste mais sortable... et j'espère recevoir vos remerciements.

Elle salue et sort.

CARBONEL.

Nous l'espérons!

Il salue et sort.

SCÈNE XVI

MADAME PÉRUGIN, MAURICE

MAURICE, avec effort.

Quelle réponse dois-je porter à mon ami, madame?

MADAME PÉRUGIN.

Mais vous paraissez souffrir?

MAURICE.

Oh! ce n'est rien! un peu de contrariété... la chaleur du bal.

MADAME PÉRUGIN, à part.

Il l'aime!. (Haut, lui montrant un siége, et s'asseyant sur le confident de droite.) Monsieur Maurice, je vais vous parler avec la plus entière franchise... Il est vrai, qu'un moment, nous avons pensé à ce mariage... mais, s'il faut vous l'avouer, l'état d'architecte ne nous flattait que médiocrement... vous comprenez... le plâtre... les maçons... Il nous semblait, à tort, peut-être, que Lucie, avec son esprit, ses grâces, son éducation, pouvait prétendre à devenir une femme du monde...

MAURICE.

Et du meilleur monde!

MADAME PÉRUGIN.

Certainement, M. Jules Priès est un excellent jeune homme... mais ses goûts sont simples et bourgeois... il ferait un excellent mari pour Berthe...

MAURICE.

Tiens... c'est une idée! mais, au point où en sont les choses...

MADAME PÉRUGIN.

Oh! personne n'est lié, ce mariage n'est encore qu'à 'état de projet... comme le vôtre, n'est-ce pas?

MAURICE.

Certainement!

MADAME PÉRUGIN.

Et puis... j'ai peut-être tort de vous dire cela... Lucie, qui acceptait d'abord cette union, je ne dirai pas avec plaisir, mais sans répugnance... vient de me déclarer tout à coup... tenez, après votre valse... qu'elle n'épouserait jamais M. Jules.

MAURICE, avec joie.

Est-il possible?

MADAME PÉRUGIN.

Oui, ses idées ont changé... Je ne sais, en vérité, à quelle cause attribuer ce revirement... mais ce qu'il y a de certain, c'est que, M. Pérugin ni moi, nous ne violenterons jamais les inclinations de notre enfant.

Elle se lève ainsi que Maurice.

MAURICE.

Oh! vous avez raison, madame! (A part.) L'excellente femme! (Haut.) Ainsi mademoiselle Lucie n'aime pas Jules?

MADAME PÉRUGIN.

Oh! du tout!

MAURICE.

Oh! madame! je ne puis vous exprimer le plaisir que vous me faites...

MADAME PÉRUGIN, jouant l'étonnement.

Comment?

MAURICE.

Oui... vous saurez tout, j'ai besoin de vous voir., de vous parler... mais ici... au milieu d'un bal... et dans la position où je me trouve avec la famille Carbonel... Madame, voulez-vous me permettre de me présenter demain chez vous?

MADAME PÉRUGIN.

Demain... (Voyant entrer tout le monde.) Chut! on vient!

SCÈNE XVII.

Les Mêmes, M. et MADAME CARBONEL, JULES, BERTHE, LUCIE, EDGARD, DUPLAN, M. et MADAME CÉSÉNAS.

M. CÉSÉNAS, aux invités.

Comment! vous partez déjà?

MADAME CÉSÉNAS.

C'est trop tôt, il n'est que quatre heures...

BERTHE.

Mais je ne demande qu'à rester.

LUCIE.

Moi aussi.

MADAME CARBONEL, à sa fille.

Non, ton père dort debout... va prendre ton manteau Monsieur Jules!

JULES, s'approchant.

Madame?

MADAME CARBONEL.

Allez remercier madame Pérugin, qui consent à votre mariage

ACTE DEUXIÈME.

JULES.

Il serait possible? (Allant à madame Pérugin.) Ah! madame, je viens d'apprendre une nouvelle qui me comble de joie.

MADAME PÉRUGIN, bas.

Vous me ferez plaisir, monsieur, en cessant désormais vos visites comme architecte... et comme prétendu.

JULES, stupéfait.

Comment! madame, moi qui espérais...

MADAME PÉRUGIN.

Je vous salue, monsieur.

JULES.

Ah!

Il remonte.

MADAME PÉRUGIN, bas, à Maurice à gauche.

Nous partons demain pour notre campagne de Montmorency, et nous serons heureux de recevoir votre visite...

MAURICE, bas.

Ah! madame, que de remerciements!

Elle remonte.

MADAME CARBONEL, bas, à Maurice à droite.

Nous partons demain pour notre campagne de Ville-d'Avray... et nous serons heureux de recevoir votre visite.

Elle le quitte.

MAURICE, à part.

Oh! diable, ceci tourne à la bigamie... laquelle?... Montmorency ou Ville-d'Avray?

DUPLAN, quittant Carbonel et descendant près de Maurice.

Mon ami, c'est arrangé! je te prends demain matin de bonne heure et nous allons déjeuner à Ville-d'Avray.

MAURICE.

Demain?... Permettez...

DUPLAN.

C'est convenu avec Carbonel... il y aura un pâté et des huîtres!

MAURICE, à part.

Est-ce que le ciel serait pour les blondes? mais, alors, pourquoi a-t-il créé les brunes?

Tableau du départ.

ACTE TROISIÈME.

Chez Pérugin à Montmorency. Le théâtre représente un salon ouvrant au fond sur la campagne. — A droite, et à gauche portes latérales. — Dans le pan coupé à droite, une fenêtre auprès de laquelle est braquée une longue-vue. — A gauche, une table, à droite, un piano.

SCÈNE PREMIÈRE.

PÉRUGIN, MADAME PÉRUGIN, LUCIE.

PÉRUGIN, regardant par la longue-vue.

Je ne vois personne... C'est inouï!...

MADAME PÉRUGIN.

Je n'y comprends rien... laisse-moi regarder.

Elle se met à regarder à son tour.

LUCIE, travaillant près de la table et à part.

Qu'est-ce qu'ils ont donc? depuis cinq jours, il ne font que regarder sur la route par cette longue-vue... (Haut.) Est-ce que vous attendez quelqu'un?

PÉRUGIN.

Non, personne.

MADAME PÉRUGIN.

Nous nous amusons, ton père et moi, à regarder passer le chemin de fer dans le lointain.

PÉRUGIN.

A la campagne, ça égaye. (Bas, à sa femme.) Tu n'aperçois rien?

MADAME PÉRUGIN.

Rien...

PÉRUGIN.

Laisse-moi voir.

Il se place devant la longue-vue.

MADAME PÉRUGIN, à son mari.

C'est inconcevable... M. Maurice, au bal de madame Césénas, m'avait pourtant bien annoncé sa visite.

PÉRUGIN.

Il ne viendra pas... il se sera décidé pour Berthe... (Tout à coup:) Ah!

LUCIE.

Hein?

MADAME PÉRUGIN.

Rien! (A Pérugin.) Qu'est-ce que c'est?

PÉRUGIN.

Une voiture.

MADAME PÉRUGIN.

Voyons?

PÉRUGIN.

Non, c'est un bœuf!

MADAME PÉRUGIN.

Que le bon Dieu te bénisse! comment peux-tu prendre un bœuf pour une voiture?

PÉRUGIN.

Ce sont les cornes... de loin... Oh! un nuage de poussière!... il y a un cheval dedans... et un homme dessus.

MADAME PÉRUGIN.

Un jeune homme?

PÉRUGIN.

Il approche... il s'arrête à la grille.

MADAME PÉRUGIN, vivement.

Ah! mon Dieu!

On entend un bruit de cloche

PÉRUGIN.

Il sonne, c'est lui!

MADAME PÉRUGIN.

Tu l'as reconnu.

PÉRUGIN.

Parfaitement... dans la poussière.

SCÈNE II.

Les Mêmes, EDGARD.

EDGARD, paraissant à la porte du fond.

C'est moi... je viens vous surprendre!

PÉRUGIN.

Monsieur Edgard!

MADAME PÉRUGIN, à part.

Quel ennui!

EDGARD.

Je me suis dit : « Ces pauvres Pérugin, ils doivent s'ennüyer là-bas, dans leur Montmorency... je vais aller le demander à dîner... »

MADAME PÉRUGIN.

Trop aimable!

EDGARD.

Et comment se porte la charmante mademoiselle Lucie?

LUCIE.

Très-bien, monsieur Edgard... je vous remercie.

EDGARD, à part.

Je ne sais pas si je me trompe... mais, depuis que je suis entré, il me semble que ses petites joues ont pris des couleurs. (Haut, à Pérugin.) Tout à l'heure je vous parlerai sérieusement.

PÉRUGIN.

A moi?...

EDGARD.

Oui... (Lorgnant le salon.) Mais c'est très-gentil, ici: il n'y a pas de luxe, c'est meublé simplement.

MADAME PÉRUGIN.

Nos vieux meubles de Paris.

EDGARD.

Du bric-à-brac, ça se voit.

MADAME PÉRUGIN, à part

Eh bien, il est poli...

EDGARD.

Je ne vous demande pas si vous avez une écurie pour mon cheval?

PÉRUGIN

C'est que j'y mets mon bois.

EDGARD.

On ôtera le bois. (A Lucie, qui travaille.) Très-gentil ce que vous faites là. (A Pérugin.) Je vous demanderai aussi quelques litres d'avoine.

MADAME PÉRUGIN, à part.

Comment! l'avoine de mes poules?

EDGARD, à Lucie.

C'est un bonnet grec pour papa?

LUCIE.

Non, monsieur, c'est un fauteuil.

EDGARD.

Ah! c'est un fauteuil? (A part.) Elle rougit chaque fois que je lui adresse la parole... (A Pérugin.) Tout à l'heure je vous parlerai sérieusement.

LUCIE.

Maman, je n'ai plus de laine bleue.

MADAME PÉRUGIN.

Tu en trouveras dans ma chambre.

Lucie sort.

EDGARD, à part.

Prétexte pour me laisser seul avec ses parents... c'est colossal!

MADAME PÉRUGIN, à son mari, bas.

Il pourrait peut-être nous donner des renseignements sur M. Maurice.

PÉRUGIN, bas.

Oui, c'est une bonne idée... je vais l'interroger. (Haut.) Ce brave Edgard!... je suis bien content de vous voir, je vous aime beaucoup, moi!

EDGARD, à part.

Des avances! des avances!

PÉRUGIN.

Y a-t-il longtemps que vous n'avez vu M. Maurice ?

EDGARD.

Je l'ai vu avant-hier... chez les Carbonel, à Ville-d'Avray..

MADAME PÉRUGIN.

Ah! il était à Ville-d'Avray?...

PÉRUGIN.

Chez les Carbonel?

EDGARD.

Oui, il y va tous les jours... il apporte des bouquets.

MADAME PÉRUGIN, à part

Déjà!

EDGARD.

Entre nous, je crois qu'il en tient pour la petite.

PÉRUGIN, à part.

J'en étais sûr!...

EDGARD.

Alors je me suis décidé à venir vous voir pour ce que vous savez.

MADAME PÉRUGIN.

Pour quoi?

EDGARD.

Ah! d'abord, il faut que je m'occupe de mon cheval... une bête de cinq mille francs!

PÉRUGIN.

Vous avez acheté un cheval de cinq mille francs?

EDGARD.

Oh! non! et mon conseil judiciaire!... Le président prétend que le cheval est une machine perfectionnée par les Anglais pour faire du mal aux Français.

PÉRUGIN.

Alors, comment faites-vous?...

EDGARD.

Je vais tous les matins chez un marchand de chevaux.. je marchande un animal... je le demande à l'essai... et je le ramène le soir en disant : « Décidément, il ne me convient pas... il fauche. »

MADAME PÉRUGIN.

Ce n'est pas cher!

EDGARD.

Il ne peut pas se plaindre : je le nourris, son cheval.

MADAME PÉRUGIN, à part.

Avec l'avoine des autres!

EDGARD.

Nous disons que votre écurie est située?...

PÉRUGIN.

A gauche... dans la cour... Mais vous vouliez me parler.

EDGARD.

Oui. je vous parlerai sérieusement tout à l'heure.

Il sort.

SCÈNE III

PÉRUGIN, MADAME PÉRUGIN.

MADAME PÉRUGIN.

Eh bien, il est à Ville-d'Avray !

PÉRUGIN

Les Carbonel l'emportent.

MADAME PÉRUGIN.

Ils sont si intrigants! la femme surtout! Quant à votre M. Maurice, je ne le regrette pas, c'est un sauteur !

PÉRUGIN.

Un drôle !

MADAME PÉRUGIN.

Ah! qu'il y revienne!... je le recevrai bien.

PÉRUGIN.

J'aurais du plaisir à lui flanquer ma porte au nez.

MADAME PÉRUGIN.

Et c'est pour lui que vous avez congédié M. Jules Priès... un charmant garçon...

PÉRUGIN.

Ce n'est pas moi... c'est toi... Mais je t'ai ménagé une surprise, il va venir.

MADAME PÉRUGIN.

Qui ça?

PÉRUGIN.

L'architecte... Voyant que l'autre nous abandonnait... je me suis décidé à écrire hier soir à Jules.

MADAME PÉRUGIN.

Oh! quelle bonne idée!

PÉRUGIN.

Je ne lui ai pas parlé de mariage!... j'ai pris le prétexte d'un kiosque à construire dans le jardin. (Bruit de cloche.) On sonne, c'est lui.

MADAME PÉRUGIN.

Si c'était Maurice.

PÉRUGIN.

Ah! diable! (Apercevant Jules au fond.) C'est Jules.

SCÈNE IV.

Les Mêmes, JULES, puis LUCIE, puis EDGARD.

PÉRUGIN, à Jules, qui entre avec hésitation un rouleau à la main.

Entrez donc, mon cher ami, entrez donc!

MADAME PÉRUGIN, très-aimable.

Monsieur Jules Priès!... soyez le bienvenu.

JULES, saluant froidement.

Madame... monsieur...

PÉRUGIN.

Vous avez reçu ma lettre... et vous êtes venu tout de suite.

MADAME PÉRUGIN.

C'est bien aimable à vous...

JULES.

Je ne vous cache pas que j'ai hésité un instant... après l'accueil qui m'avait été fait au bal de M. Césénas.

MADAME PÉRUGIN.

En vérité, je ne sais plus ce que je vous ai dit... j'avais ma migraine...

PÉRUGIN

Caroline était souffrante... ne parlons plus de ça... (Désignant le rouleau.) Ah! vous vous êtes occupé de nous... pour le kiosque?

JULES.

Oui, j'ai essayé un petit plan. (Le développant sur la table à gauche.) Je ne sais s'il aura votre approbation... et surtout celle de madame.

MADAME PÉRUGIN, bas, à son mari.

Il est encore piqué... Envoyez-moi Lucie!

PÉRUGIN.

Tout de suite!

Il disparaît un instant.

MADAME PÉRUGIN.

Oh! c'est charmant!... mais vous savez, Pérugin et moi, nous n'entendons pas grand'chose à toutes ces petites lignes grises et rouges.

JULES.

Je vais vous les expliquer.

MADAME PÉRUGIN.

Non... ma fille va venir... elle connaît le dessin... et vous examinerez ensemble.

JULES.

Oh! bien volontiers.

Lucie entre, suivie de Pérugin.

LUCIE.

Tu me demandes, maman?

ACTE TROISIÈME.

MADAME PÉRUGIN.

Oui, mon enfant.

LUCIE.

Ah! monsieur Jules!

JULES, saluant.

Mademoiselle...

LUCIE, à part.

Je comprends!... c'est lui qu'on attendait dans la lorgnette!

MADAME PÉRUGIN.

Regarde donc ce plan avec M. Jules... et dis-nous ce que tu en penses...

LUCIE, s'asseyant.

Ah! c'est un kiosque!

PÉRUGIN.

Pour le jardin!... elle a vu ça tout de suite.

LUCIE, à Jules.

A quelle échelle?

JULES.

Deux millimètres par mètre.

LUCIE.

Avez-vous votre compas?

JULES.

Le voici, mademoiselle.

LUCIE.

Votre toit ne tombe pas assez...

JULES.

On l'avancera, mademoiselle.. Pour vous être agréable... tout est possible.

PÉRUGIN, bas, à sa femme.

Dis donc... nous ferons bien de hâter ce mariage-là

MADAME PÉRUGIN, bas.

Je veux qu'il soit fait avant celui de Berthe.

EDGARD, entrant par le fond.

Je viens de faire donner de l'avoine... Tiens, M. Priès. (S'approchant de la table.) Qu'est-ce que vous faites donc là?

LUCIE, le compas à la main et mesurant.

Ne nous dérangez pas... nous travaillons! (A Jules.) Vos fenêtres sont bien petites.

JULES.

On peut les agrandir.

EDGARD, à part.

Une jeune fille architecte... c'est très-commode si je veux faire bâtir. (Bas à Pérugin.) J'ai à vous parler sérieusement.

LUCIE, se levant.

Maintenant, allons au jardin choisir l'emplacement.

PÉRUGIN.

Oui, c'est une bonne idée!

MADAME PÉRUGIN.

Moi, je voudrais le kiosque près du bassin.

EDGARD, à part.

Il ne m'a pas entendu. (Bas, à Pérugin.) J'ai à vous parler

PÉRUGIN.

Oui... plus tard... tout à l'heure. (A part.) Il m'ennuie, ce petit jeune homme!

M. et madame Pérugin, Lucie, Jules sortent par le fond.

SCÈNE V.

EDGARD, puis DUPLAN et MAURICE.

EDGARD, seul.

Mon parti est pris... je me suis décidé pour la brune... j'avais d'abord songé à la blonde... Mais Maurice était installé... c'est un ami... je n'ai pas voulu le désobliger... Et puis ça m'est égal... je les aime autant l'une que l'autre... je crois même, si c'était permis, que je les épouserais toutes les deux... c'est colossal!

MAURICE, paraissant au fond avec Duplan.

Entrez, mon père, entrez!

EDGARD, l'apercevant, à part.

Lui!... qu'est-ce qu'il vient faire ici?

MAURICE.

Tiens! Edgard.

EDGARD.

Peut-on savoir, messieurs, ce qui nous procure le plaisir?

MAURICE.

Ces dames sont-elles ici?

EDGARD.

Tout le monde est au jardin.

MAURICE.

Vous me paraissez être un peu de la maison... voulez-vous prier un domestique de prévenir M. et madame Pérugin de notre arrivée.

EDGARD.

Mais...

MAURICE.

Vous m'obligerez.

EDGARD

J'y vais. (A part.) Mais qu'est-ce qu'il vient faire ici?

SCÈNE VI.

DUPLAN, MAURICE

DUPLAN, éclatant tout à coup.

Je proteste! ta conduite est indigne, révoltante! ça n'a pas de nom!

MAURICE.

Voyons, papa... calmez-vous.

DUPLAN.

Jamais!... je crierai jusqu'à la dernière goutte de mon sang!... je croyais ton mariage lancé... j'étais retourné tranquillement à Courbevoie... j'étais dans ma serre, je greffais... tout à coup tu me tombes sur le dos en disant: « Ce n'est pas celle-là... c'est l'autre! »

MAURICE.

Eh bien?

DUPLAN.

Faire une pareille injure à la belle madame Caillonel c'est monstrueux.

MAURICE.

D'abord, il n'y a là aucune injure... tous les jours un mariage se rompt... surtout quand il n'est pas plus avancé que le mien... quatre ou cinq visites n'engagent pas.

ACTE TROISIÈME.

DUPLAN.

Tu appelles ça des visites... après y avoir déjeuné deux fois et dîné trois! Parasite!... pique-assiette!

MAURICE.

Mais ce n'est pas une question d'estomac, c'est une question de cœur.

DUPLAN.

Mais qu'est-ce que tu as à lui reprocher, à cette demoiselle?

MAURICE.

Moi?... je ne lui reproche rien... Seulement, elle est bien blonde.

DUPLAN.

C'est là ce qui te plaisait.

MAURICE.

Et puis elle manque d'expression, de vivacité... elle n'a pas de sang.

DUPLAN.

Comment, elle n'a pas de sang?

MAURICE.

Ses yeux sont calmes, son front est calme, sa bouche est calme.

DUPLAN.

Mais elle n'a pas de raison pour se mettre en colère!

MAURICE.

Non... mais elle pourrait au moins parler... elle ne sait que répondre : « Oui, monsieur; non, monsieur; » enfin, s'il faut vous le dire... je la trouve gnan-gnan!

DUPLAN.

Gnan-gnan! qu'est-ce que c'est que ça?

MAURICE.

Elle me fait l'effet d'une jolie petite salade de laitue dans laquelle on aurait oublié le vinaigre

DUPLAN.

Elle est pourtant musicienne.

MAURICE.

Ah! oui, parlons-en!

DUPLAN.

Il m'a semblé qu'elle touchait du piano.

MAURICE.

Trop!

DUPLAN.

Quoi?

MAURICE.

Trop de piano! Le matin de sept à neuf... après déjeuner de deux à quatre... et le soir de huit à dix... six heures de piano, aux applaudissements de sa famille... et toujours le même air... *la Rêverie*, de Rosellenn. (Il fredonne l'air en grinçant.) Cela prenait les proportions d'une scie... c'était à vous rendre enragé.

DUPLAN.

Que tu es bête!... on fait comme moi, on n'écoute pas... (A part.) On dort.

MAURICE.

Ma foi, je me suis sauvé... C'est alors que le souvenir de Lucie m'est revenu! oh! les brunes! voilà les vraies femmes! c'est gai, c'est vif, ça parle!

DUPLAN.

Quelquefois ça crie!

MAURICE.

Après tout, qu'est-ce que vous voulez? que je me marie?

DUPLAN.

Oui.

MAURICE.

Eh bien, qu'est-ce que ça vous fait que j'épouse l'une ou l'autre?

DUPLAN.

Sans doute... ça ne me fait rien... cependant...

MAURICE.

Vous ne voudriez pas me voir malheureux, n'est-ce pas?

DUPLAN.

Non... mais, sapristi! qu'est-ce que je vais dire à la belle madame Carbonel?

MAURICE.

Rien... c'est fait.

DUPLAN.

Quoi?

MAURICE.

Je lui ai écrit une petite lettre... charmante... dans laquelle je lui annonce qu'une affaire imprévue m'oblige d'interrompre mes visites pendant quelque temps... je lui parle d'un voyage.

DUPLAN.

Eh bien... elle attendra ton retour.

MAURICE.

Mais non!... elle comprendra à demi-mot: dans le monde, ça ne se passe jamais autrement.

DUPLAN.

Et moi... je n'aurai rien à lui dire? bien sûr, bien sûr?

MAURICE.

Absolument rien.

DUPLAN, mélancolique.

C'est égal... si quelqu'un m'avait dit, il y a vingt-cinq ans : « Vous causerez un gros chagrin à la belle femme qui est là dans ce comptoir, (S'attendrissant.) en manches courtes.. au milieu de ses petits tas de sucre... »

MAURICE.

Voyons, papa !... ne pensez pas à cela.

DUPLAN.

Maurice... si tu revoyais la demoiselle?

MAURICE.

Tenez, je vous déclare une chose... j'épouserai Lucie.. ou je resterai garçon toute ma vie!

DUPLAN.

Garçon! malheureux!

SCÈNE VII.

Les Mêmes, puis M. et MADAME PÉRUGIN, puis LUCIE.

M. et madame Pérugin arrivent en courant, très-essoufflés.

MADAME PÉRUGIN.

Ah! messieurs... on nous prévient à l'instant de votre visite.

PÉRUGIN.

Nous étions... au fond du jardin...

ACTE TROISIÈME.

MADAME PÉRUGIN.

Nous avons couru.

PÉRUGIN.

Et comment vous portez vous?

DUPLAN.

Très-bien... il ne fallait pas tant vous presser.

MADAME PÉRUGIN.

Monsieur Maurice... Nous ne comptions plus sur le plaisir de vous voir.

MAURICE.

Je ne voulais pas venir seul... et, depuis quelques jours... mon père a été souffrant.

DUPLAN.

Moi?

PÉRUGIN.

Ah! pauvre ami!

MADAME PÉRUGIN.

Qu'aviez-vous donc?

DUPLAN.

Je ne sais pas...

MAURICE.

Oh! rien de grave... des rhumatismes!...

DUPLAN, bas, à Maurice.

Tais-toi donc!... Ça les fait venir!

MADAME PÉRUGIN, bas, à son mari.

Vite! envoyez-moi Lucie.

PÉRUGIN, bas, se retournant.

La voilà!

LUCIE, entrant avec un bouquet à la main.

Ah! messieurs... quelle charmante surprise!..

MAURICE, saluant.

Mademoiselle!... (Bas, à son père.) Regardez-la donc!

DUPLAN, qui était occupé à se moucher.

Laisse-moi donc me moucher!

MAURICE.

Vous aimez les fleurs, mademoiselle?

LUCIE.

Je les adore... celles-là surtout. (A part.) C'est M. Jules qui me les a cueillies!

MAURICE, madrigalant.

Je ne suis pas surpris, mademoiselle, de vous voir aimer les fleurs, car...

LUCIE.

Ah! non!... ne vous donnez pas la peine, à la campagne...

MAURICE.

Quoi?...

LUCIE.

Vous allez chercher une comparaison entre mon bouquet et ma personne.

MAURICE, un peu démonté.

Mais... la comparaison... se présente d'elle-même, mademoiselle...

LUCIE.

Allons... faites-la, puisque vous y tenez... mais dépêchez-vous!

ACTE TROISIÈME.

DUPLAN, à part.

Elle se moque de lui! (A Maurice.) Allons!... Fais ta comparaison!... (Aux autres.) Asseyons-nous.

MAURICE.

Non, mademoiselle, je passe la parole à mon père... un horticulteur des plus distingués.

LUCIE, l'imitant.

« Mais il n'a rien dans sa collection, mademoiselle, qui puisse égaler l'éclat de vos yeux, la fraîcheur de votre teint... » Et cœtera et cœtera!... »

Elle rit aux éclats.

MADAME PÉRUGIN.

Folle!

MAURICE, à part.

A la bonne heure! elle parle celle-là!... (Vivement, à Duplan.) Papa, faites la demande!...

DUPLAN, bas.

Comment!... comme ça?... tout de suite?

MAURICE, bas, à madame Pérugin.

Madame, mon père vous demande une minute d'entretien.

DUPLAN.

Réfléchis!

MADAME PÉRUGIN

Lucie!

LUCIE.

Maman?

MADAME PÉRUGIN.

Accompagne M. Maurice dans la salle à manger

DUPLAN.

Oui, il a besoin de se rafraichir.

LUCIE, indiquant à droite une porte à Maurice.

Monsieur...

MAURICE, bas, à son père.

Allez... dépêchez-vous! Sinon... je reste garçon! (A Lucie.) Mademoiselle.

DUPLAN, à part.

Est-il ardent!... on voit qu'il a mordu dans le Vésuve

Lucie et Maurice sortent par la droite.

SCÈNE VIII.

PÉRUGIN, MADAME PÉRUGIN, DUPLAN, puis JULES.

PÉRUGIN.

Si M. Duplan veut accepter un verre de sirop... ou de bière?

DUPLAN.

Merci; je ne prends jamais rien entre mes repas... (A part.) Il m'embarrasse avec ses demandes... je ne sais par où commencer. (Haut.) Vous avez une fille charmante, madame.

PÉRUGIN.

Ce n'est pas pour me vanter, mais tout le monde dit qu'elle a une tête de Murillo.

MADAME PÉRUGIN.

Elle est encore bien enfant.

ACTE TROISIÈME.

DUPLAN.

Quel âge a-t-elle?

PÉRUGIN.

Vingt ans... bientôt.

DUPLAN.

Eh bien, mais voilà le moment de songer à son établissement, (A part.) J'ai trouvé un biais. (Haut.) Et s'il était dans vos intentions de la marier... Je pourrais peut-être vous proposer...

JULES, entrant par le fond.

Je viens de planter les piquets; demain, nous commencerons les travaux... Ah! monsieur Duplan.

Il lui serre la main.

PÉRUGIN, à part.

L'architecte!

MADAME PÉRUGIN, bas, à son mari.

Si Maurice le voit... tout est perdu!

PÉRUGIN, bas.

Il faut le cacher! attends! (Haut, à Jules.) Mon ami... j'ai réfléchi... au lieu d'un kiosque ordinaire, je voudrais un kiosque chinois.

JULES.

Ah diable! ça va modifier mon plan.

PÉRUGIN.

Entrez là, dans mon cabinet... Personne ne vous dérangera.

Il le pousse à gauche.

JULES.

Un kiosque chinois!

PÉRUGIN, le faisant entrer.

Oui... avec des clochettes... (Jules disparaît.) C'est fait!

MADAME PÉRUGIN, bas.

Très-bien! (Haut.) Que disions-nous donc quand ce jeune homme est entré?

DUPLAN.

Nous parlions mariage... et je songeais à un parti pour mademoiselle Lucie.

MADAME PÉRUGIN

Un parti...

DUPLAN.

Tenez... avec vous... je n'irai pas par quatre chemins .. il s'agit de Maurice. Il a vu votre fille... elle lui plaît... et j'ai l'honneur de vous demander sa main.

PÉRUGIN, bondissant de joie.

Ah!

MADAME PÉRUGIN, bas

Du calme!

DUPLAN.

La fortune de Maurice...

MADAME PÉRUGIN, l'arrêtant.

Nous ne voulons pas la connaître!..

PÉRUGIN.

C'est inutile.

DUPLAN.

Ah! (A part.) Ils sont très-larges!

MADAME PÉRUGIN.

Cher monsieur Duplan, votre demande nous flatte.

ACTE TROISIÈME.

PÉRUGIN.

Autant qu'elle nous honore... et je puis vous dire avec toute l'effusion de mon cœur...

MADAME PÉRUGIN, bas, à son mari.

Pas si vite! (Haut, à Duplan.) Nous vous demanderons quelques minutes avant de vous faire connaître notre réponse.

PÉRUGIN, étonné, à part.

Tiens!

MADAME PÉRUGIN

J'ai besoin de consulter mon mari... qui est le maître ici.

PÉRUGIN, se rengorgeant.

C'est vrai!

MADAME PÉRUGIN.

Je dois aussi consulter ma fille... car pour rien au monde... je ne voudrais violenter les inclinations de mon enfant.

DUPLAN.

C'est trop juste... Elle est là... voulez-vous me permettre de vous l'envoyer ?

PÉRUGIN.

Ah! c'est trop de bonté.

DUPLAN, à part, près de la porte.

Que dira la belle madame Carbonel?

Il disparaît à droite

SCÈNE IX.

MADAME PÉRUGIN, PÉRUGIN, puis LUCIE.

MADAME PÉRUGIN, d'une voix émue, s'essuyant les yeux.

Théophile!

PÉRUGIN.

Caroline!

MADAME PÉRUGIN, avec explosion.

Embrasse-moi.

Ils se jettent dans les bras l'un de l'autre.

LUCIE, entrant par la droite.

Tiens, papa et maman qui embrassent.

MADAME PÉRUGIN, émue.

Oui, ma fille. Tu nous vois bien heureux.

PÉRUGIN.

Un grand bonheur nous arrive.

LUCIE.

Quoi donc?

MADAME PÉRUGIN.

On vient de nous demander ta main.

LUCIE, avec joie.

Ah!

MADAME PÉRUGIN.

Nous ne voulons pas te contraindre... tu es libre

LUCIE, les embrassant.

Ah! maman!... ah! papa

ACTE TROISIÈME.

PÉRUGIN.

Tu devines qui?...

LUCIE.

Je crois que oui... M. Jules.

MADAME PÉRUGIN.

Il s'agit bien de M. Jules!... M. Maurice.

LUCIE.

M. Maurice, je n'en veux pas!

PÉRUGIN.

Comment?

MADAME PÉRUGIN.

Et pourquoi?

LUCIE.

Dame, moi, je ne sais pas... j'ai commencé à aimer l'autre... laissez-moi continuer.

PÉRUGIN.

Mais il a un million, malheureuse... un million de dot!

LUCIE.

Ça m'est bien égal!... Alors, s'il s'en présente un second avec deux millions, il faudra encore que je change... C'est ennuyeux de déménager son cœur tous les jours!

PÉRUGIN.

Assez, fille rebelle.

MADAME PÉRUGIN.

Le devoir d'une jeune fille est d'obéir à ses parents M. Maurice Duplan nous a fait l'honneur de demander ta main... nous la lui avons accordée, et... (Voyant entrer Maurice.) le voici... Souris!...

Elle remonte.

PÉRUGIN, menaçant.

Souris!...

LUCIE, à part.

Oh! certainement non, je ne l'épouserai pas.

SCÈNE X.

Les Mêmes, DUPLAN, MAURICE.

DUPLAN, bas, à madame Pérugin.

Eh bien, quelle réponse?

MADAME PÉRUGIN, bas.

Elle accepte!... elle est enchantée!

DUPLAN, bas, à Maurice.

Elle accepte!... elle est enchantée!

MAURICE.

Ah! madame, que de remerciements. (A Lucie.) Mademoiselle, je ne puis vous exprimer combien je suis heureux.

LUCIE, s'éloignant.

Pardon... j'ai à travailler.

<small>Elle va s'asseoir près de la table et prend une tapisserie.</small>

MAURICE, à part.

Qu'est-ce qu'elle a donc? (Il la suit.) Mademoiselle, me permettez-vous de vous tenir compagnie... si toutefois ma présence ne vous gêne pas?

<small>Il s'assied près d'elle.</small>

DUPLAN, aux Pérugin, bas.

Le voyez-vous?... le voilà qui se lance!...

ACTE TROISIÈME.

MAURICE, à Lucie.

Ce travail paraît vous absorber beaucoup?

LUCIE.

Oui, monsieur.

MAURICE.

C'est pour une fête?

LUCIE.

Non, monsieur.

MAURICE.

Oh! le charmant dessin! C'est un fauteuil que vous faites?

LUCIE.

Oui, monsieur...

MAURICE.

Un fauteuil-bergère?

LUCIE.

Non, monsieur!

MAURICE, à part.

« Oui, monsieur!... non, monsieur »... est-ce qu'elle serait comme l'autre?

MADAME PÉRUGIN, bas, à son mari.

Lucie fait la moue.

PÉRUGIN, bas.

Il faut la camper au piano!

MADAME PÉRUGIN, à Duplan.

M. Maurice est-il musicien?...

DUPLAN.

Oh! comme Rossini.

MADAME PÉRUGIN.

Lucie!...

LUCIE.

Maman?

MADAME PÉRUGIN.

Joue-nous donc quelque chose sur ton piano.

LUCIE, se levant et allant au piano.

Je veux bien...

MAURICE, à part.

La douceur du mouton.

PÉRUGIN, à Maurice.

Elle a un très-joli talent... vous allez voir.

Tout le monde s'asseoit. Lucie prélude et commence à jouer la *Rêverie* de Rosellenn.

MADAME PÉRUGIN.

La Rêverie de Rosellenn!

MAURICE, crispé.

Oh! je la connais...

DUPLAN.

On ne s'en lasse jamais.

On entend un bruit de cloche au dehors.

PÉRUGIN.

Tiens! une visite.

Il se lève et va à la fenêtre

MADAME PÉRUGIN.

Oh! quel ennui!

PÉRUGIN, redescendant effaré.

C'est la famille Carbonel! (A Lucie, qui joue toujours.) Tais-toi donc! ne joue pas. Les Carbonel!

Le piano s'arrête, on se lève.

ACTE TROISIÈME.

MAURICE.

Diable!

DUPLAN.

Saperlotte!

MADAME PÉRUGIN

Ils vont vous trouver ici.

MAURICE.

Et ils me croient en voyage!

DUPLAN.

Nous aimerions autant ne pas les rencontrer... Vous ne pourriez pas nous cacher quelque part?

Il se dirige vers la porte de gauche.

MADAME PÉRUGIN, vivement.

Non, pas par là!

PÉRUGIN, à part.

L'architecte!

MADAME PÉRUGIN, indiquant la droite.

Par ici... dans la salle à manger.

PÉRUGIN, les accompagnant jusqu'à la porte.

Soyez tranquilles, nous allons les congédier promptement.

Duplan et Maurice rentrent à droite.

SCÈNE XI.

PÉRUGIN, MADAME PÉRUGIN, LUCIE, CARBONEL, MADAME CARBONEL, BERTHE, puis JULES, puis EDGARD.

La famille Carbonel paraît.

PÉRUGIN.

Les voici.

MADAME PÉRUGIN, bas.

Du sang-froid. (A madame Carbonel.) Ah! chère amie! quelle délicieuse surprise!

MADAME CARBONEL.

Vous ne vous attendiez pas à notre visite, chère bonne?

MADAME PÉRUGIN.

Non... et cependant, j'en avais comme un pressentiment. Nous parlions de vous ce matin avec Pérugin.

PÉRUGIN.

C'est vrai... nous nous disions: « Ces bons Carbonel mais ils ne viendront donc pas nous voir! »

CARBONEL.

Et nous voilà!

PÉRUGIN.

Cher ami!

Ils se serrent la main.

LUCIE, bas, à Berthe

J'ai à te parler.

ACTE TROISIÈME.

BERTHE, bas.

Moi aussi...

LUCIE, bas.

De choses très-graves....

BERTHE.

Moi aussi... Allons au jardin.

LUCIE.

Maman, veux-tu que j'aille faire un bouquet pour Berthe?

MADAME PÉRUGIN.

Certainement... allez, mes enfants.

<small>Elle remonte, ainsi que Pérugin; Berthe et Lucie sortent.</small>

CARBONEL, bas, à sa femme.

Nous nous sommes trompés, je ne vois personne.

MADAME CARBONEL.

J'ai entendu piaffer un cheval dans l'écurie... Maurice est ici.

CARBONEL, bas.

Je vais fureter dans tous les coins.

MADAME PÉRUGIN, faisant asseoir madame Carbonel.

Asseyez-vous, chère amie... Prenez donc un siège onsieur Carbonel.

CARBONEL.

Merci, je préfère circuler.

<small>Il furète dans l'appartement et écoute à toutes les portes.</small>

MADAME CARBONEL, à madame Pérugin.

Avez-vous vu M. Maurice depuis peu?...

MADAME PÉRUGIN, s'asseyant

Quel Maurice?

MADAME CARBONEL.

M. Maurice Duplan.

MADAME PÉRUGIN.

Ah! ce jeune homme?... Non... pas depuis le bal.

MADAME CARBONEL, à part.

Elle l'a vu...

MADAME PÉRUGIN.

Je ne sais plus qui nous a dit qu'il était en voyage.

PÉRUGIN.

Oui... en Dauphiné.

CARBONEL, qui a trouvé sur le piano la canne et le chapeau de Maurice.

Je ne sais si je me trompe... mais voici une canne qui ressemble terriblement à la sienne.

PÉRUGIN, à part.

Aïe!

MADAME PÉRUGIN, à part.

Maladroit! (Haut.) Cette canne est à mon mari...

PÉRUGIN, troublé, prenant la canne.

Oui... un cadeau de Caroline... Elle a acheté ça, passage des Panoramas... le jour de la fête de Montmorency.

Il la met sur la table

CARBONEL.

Et ce chapeau?... vous n'avez pas la tête si forte que cela.

PÉRUGIN.

Ce chapeau?...

ACTE TROISIÈME.

MADAME PÉRUGIN, se levant et prenant le chapeau.

C'est celui de M. Jules!... Jules Priès!

MADAME CARBONEL.

Comment! il est ici?...

MADAME PÉRUGIN, portant le chapeau sur une chaise au fond

Oui... il vient tous les jours...

MADAME CARBONEL.

Vous avez donc renoué?

PÉRUGIN.

Oh! complétement!...

MADAME PÉRUGIN.

C'est un si excellent jeune homme!...

MADAME CARBONEL, à part.

Je n'en crois pas un mot!

MADAME PÉRUGIN, bas, à son mari

Montrez Jules.

PÉRUGIN, bas.

Plaît-il?...

MADAME PÉRUGIN, bas.

Montrez Jules!!!

PÉRUGIN.

Tout de suite... (Haut.) Il est là, ce brave garçon.. il travaille dans mon cabinet.

MADAME CARBONEL, incrédule.

Oui... et vous ne voulez pas le déranger?

CARBONEL, à part.

Parbleu!...

PÉRUGIN.

Au contraire... j'ai une recommandation à lui faire... (Allant à la porte gauche et appelant.) Monsieur Jules! monsieur Jules!

JULES, paraissant sur le seuil.

J'ai presque fini... Ah! M. et madame Carbonel...

CARBONEL, à part.

Il y est!...

MADAME CARBONEL, qui s'est levée à la voix de Jules.

Réinstallé!

PÉRUGIN, à Jules.

Mon ami j'ai réfléchi... Ce n'est plus un kiosque chinois, avec les clochettes... que je voudrais, c'est quelque chose dans le genre turc... avec des croissants en l'air.

JULES.

Style oriental... Diable! ça va modifier mon plan.

PÉRUGIN.

Oui, ma fille l'aime mieux comme ça.

JULES.

Alors, c'est très-facile.

PÉRUGIN.

Piochez-moi ça dans le genre de Constantinople...

Il le fait rentrer dans le cabinet

MADAME CARBONEL, bas, à son mari.

Nous nous étions trompés...

CARBONEL, de même.

Complétement!...

MADAME CARBONEL, se levant.

Chère amie... nous allons vous dire adieu..

ACTE TROISIÈME.

MADAME PÉRUGIN.

Comment! déjà?

CARBONEL.

Ville-d'Avray est loin.

PÉRUGIN.

Faites au moins le tour du jardin.

MADAME CARBONEL.

Volontiers... nous prendrons Berthe en passant...

Ils remontent.

EDGARD, entrant

Tiens! M. et madame Carbonel... je ne m'étonne plus si Maurice est ici...

M. et MADAME CARBONEL.

Maurice!

MADAME PÉRUGIN, à part.

L'imbécile!

PÉRUGIN, de même.

L'animal!...

EDGARD.

Est-ce qu'il est parti?...

MADAME PÉRUGIN, lui faisant des signes.

Mais vous savez bien que nous ne l'avons pas vu.

PÉRUGIN, faisant des signes.

Depuis cinq jours.

EDGARD

Ah! c'est colossal... Je lui ai serré la main tout à l'heure.

MADAME CARBONEL.

Il suffit, madame... nous savons ce que nous voulions

savoir... (Bas, à son mari.) Si tu souffres ça... tu n'as pas de sang dans les veines.

CARBONEL, boutonnant son habit.

Sois tranquille !

MADAME PÉRUGIN, à madame Carbonel.

Mais je vous assure...

MADAME CARBONEL.

Je vais chercher ma fille...

PÉRUGIN.

Madame...

MADAME CARBONEL.

Vous n'avez pas, je pense, la prétention de retenir ma fille !

Elle sort par le fond.

EDGARD, à madame Pérugin.

Qu'est-ce qu'il y a donc?

MADAME PÉRUGIN.

C'est vous qui êtes cause de tout !

Elle sort vivement.

EDGARD, étonné.

Cause de quoi?...

SCÈNE XII.

CARBONEL, PÉRUGIN, EDGARD.

CARBONEL, à Pérugin.

A nous deux, monsieur !

ACTE TROISIÈME.

PÉRUGIN.

Quoi?...

CARBONEL.

Ceci demande une explication... Dès le premier jour où ce jeune homme a manifesté l'intention de se marier...

EDGARD.

Moi?

CARBONEL.

Je me suis aperçu de vos manœuvres déloyales.

PÉRUGIN.

Monsieur!...

CARBONEL.

A vos ordres.

EDGARD, descendant et s'interposant.

Voyons, messieurs!... messieurs!

PÉRUGIN.

Si vous croyez me faire peur! Après tout, il n'est pas défendu de chercher à marier sa fille...

CARBONEL.

C'est à la mienne qu'il a songé d'abord. Il est venu à Ville-d'Avray!

EDGARD, à part.

C'est exact... j'ai commencé par Ville-d'Avray!

PÉRUGIN.

Eh bien... après, il est venu à Montmorency... ce n'est pas défendu...

EDGARD, à part.

Ça, j'ai eu tort!

CARBONEL.

C'est-à-dire que vous l'y avez attiré par vos intrigues.

PÉRUGIN.

Il y est venu de lui-même.

EDGARD.

Permettez!...

CARBONEL.

C'est faux!

PÉRUGIN.

Un démenti?

CARBONEL.

A vos ordres.

EDGARD.

Voyons, messieurs!... de vieux amis!

PÉRUGIN, le repoussant.

Laissez-nous.

CARBONEL, le repoussant.

Mêlez-vous de vos affaires. (A Pérugin.) Renoncez-vous au jeune homme?

PÉRUGIN.

Non!...

EDGARD.

Permettez... cela me regarde un peu!...

CARBONEL, l'écartant.

Mais taisez-vous donc, vous! (A Pérugin.) Demain, monsieur, je vous enverrai mes témoins!

PÉRUGIN.

Demain, monsieur, vous recevrez les miens...

Ils sortent, Carbonel par le fond. Pérugin par la gauche.

SCÈNE XIII.

EDGARD, puis BERTHE.

EDGARD, seul.

Comment! un duel?... ils vont se battre pour moi?... C'est colossal!... comment empêcher?

BERTHE, entrant par le fond, très-animée, à part.

Ah! c'est indigne!... Lucie m'a tout raconté... Ce M. Maurice... Je crois que l'aimais déjà... oh! je ne resterai pas une minute de plus!... (Apercevant Edgard.) Ah! monsieur Edgard!

EDGARD.

Mademoiselle Berthe!

BERTHE.

Vous ne savez pas où est ma mère?

EDGARD.

Écoutez-moi!... il s'agit d'empêcher un grand malheur!

BERTHE.

Un grand malheur?

EDGARD.

Votre père et M. Pérugin veulent se battre.

BERTHE.

Se battre!... Et pourquoi?...

EDGARD, avec une modestie embarrassée.

Mon Dieu... puisqu'il faut vous le dire... c'est colossal!... à cause d'un prétendu... qu'ils ont la bonté de se disputer.

BERTHE.

Un prétendu?... (A part.) Je comprends...

EDGARD.

Mais le brave garçon n'y est pour rien... il n'est coupable tout au plus que d'un peu de fluctuation.

BERTHE.

Un duel!... c'est affreux!

EDGARD.

Calmez-vous!... Je vais les retrouver... je vais tâcher de leur faire entendre raison...

BERTHE.

Oh! allez... je vous en prie... je vous en serai reconnaissante toute ma vie...

EDGARD, lui prenant la main

Berthe... ce mot me décide!... Comptez sur moi... j'empêcherai l'effusion du sang...

Il sort par le fond à gauche.

SCÈNE XIV.

BERTHE, puis MAURICE.

BERTHE, seule.

Oh! ce M. Maurice... je le hais maintenant...

MAURICE, entrant avec précaution par la droite.

Je n'entends plus personne... ils sont partis sans doute... (Apercevant Berthe.) Mademoiselle Berthe!

BERTHE.

Vous, monsieur?... (Voulant s'éloigner.) Excusez-moi...

ACTE TROISIÈME.

MAURICE.

Un mot, mademoiselle... permettez-moi de me justifier...

BERTHE.

Vous justifier! de quoi, monsieur?

MAURICE.

De n'avoir pu donner suite à des projets...

BERTHE.

Mais c'est à moi de vous remercier, monsieur... car ces projets n'avaient pas reçu mon assentiment...

MAURICE, étonné.

Ah!...

BERTHE.

Et puisque vous avez l'audace de m'interroger, j'aurai la franchise de vous répondre... Non, monsieur, vous ne me plaisez pas, vous ne m'avez jamais plu...

MAURICE.

Mais, mademoiselle...

BERTHE, s'animant.

On dit que vous avez un million... tant mieux pour vous!... allez le promener de famille en famille.

MAURICE.

Permettez...

BERTHE.

Quant à moi, je n'y prétends nullement... ce serait le payer trop cher; et, si jamais je me marie, je ferai choix d'un homme qui ne jette pas son cœur à tous les vents...

MAURICE.

Écoutez-moi...

BERTHE, s'animant.

Je rechercherai, par-dessus tout, l'esprit, le tact, le goût, la bonne éducation... toutes choses que ne donne pas la fortune.

MAURICE.

Mais...

BERTHE.

Enfin, monsieur, je remercie le ciel qui m'a permis de vous connaître et n'a pas voulu que je devinsse votre femme.

Elle le salue et sort.

SCÈNE XV.

MAURICE, seul.

Mais elle parle!... elle s'anime!... elle déchire!... elle mord!... Et moi qui la croyais gnan-gnan!... quelle vivacité!... Je ne l'ai jamais vue comme ça!... Ah!... il n'y a rien de joli comme une blonde en ébullition. (Se calmant.) Allons! est-ce que je vais encore tourner?... non!... j'aime Lucie!... il faut que j'aime Lucie!... Tiens!... voilà son album... (Il s'assied près de la table et ouvre l'album sans le regarder.) Était-elle jolie, quand elle m'a dit : « Vous ne me plaisez pas!... vous ne m'avez jamais plu!... » Ça, ce n'est pas bien sûr!... Car, sans fatuité, j'ai cru remarquer... mais j'aime Lucie. Il faut que j'aime Lucie! (Regardant l'album.) Voyons ses petites galettes... (Lisant.) Portrait de fantaisie... mais, je reconnais ce bonhomme-là .. C'est le portrait de Jules!... Tiens!... tiens!... tiens!... (Tournant la page.) Autre portrait de fantaisie!... autre portrait de Jules!... en Romain ou en pompier... il porte un casque!... (Rejetant l'album et se levant.) Oh! oh! oh! trop de fantaisie...

impossible de me loger dans ce cœur-là... il y a un locataire... (Souriant.) Je pense à cette petite Berthe.. comme elle a bien dit : « Allez promener votre million de famille en famille... » elle avait des couleurs... ses yeux brillaient... elle est charmante... elle est... (Tout à coup.) Où est papa?...

SCÈNE XVI.

MAURICE, PÉRUGIN, MADAME PÉRUGIN,
puis DUPLAN, puis LUCIE, puis JULES

PÉRUGIN.

Enfin, ils sont partis !

MADAME PÉRUGIN.

Nous voilà maîtres de la place...

MAURICE, à part.

Trop tard !

DUPLAN, passant sa tête à droite.

Peut-on entrer?

MADAME PÉRUGIN.

Mais certainement.

DUPLAN.

Est-ce que la belle madame Carbonel?...

PÉRUGIN.

Elle va reprendre le chemin de fer...

MADAME PÉRUGIN.

Nous sommes en famille maintenant.

PÉRUGIN, présentant l'album à Maurice.

Avez-vous jeté un coup d'œil sur l'album de ma fille?

MAURICE, s'approchant.

Oui...

PÉRUGIN, le lui faisant admirer.

Tenez... il est bien fait, ce Romain-là... M. Jules trouve qu'il a beaucoup de chic...

MADAME PÉRUGIN, bas, à son mari.

Ne parle donc pas de Jules! (Haut.) Lucie!

LUCIE, qui vient d'entrer de la gauche.

Maman?...

MADAME PÉRUGIN.

Si tu reprenais l'air que tu as commencé... *la Rêverie* de Rosellenn.

MAURICE, à part.

Oh! les dents m'en claquent!...

LUCIE.

Comme tu voudras, maman.

MADAME PÉRUGIN.

Asseyez-vous, messieurs...

Les personnages prennent place.

PÉRUGIN, à Duplan.

Vous allez voir, la coda est charmante

DUPLAN.

Je la connais... (A part.) Je l'ai assez entendue à Ville-d'Avray...

Lucie joue.

PÉRUGIN, après quelques mesures, à Maurice.

Très-bien! charmant!

ACTE TROISIÈME.

MAURICE.

Délicieux! (A part.) C'est à dévorer son mouchoir. (Regardant sa montre.) J'ai le temps d'arriver pour le train.

Il se lève doucement, prend sa canne et gagne sur la pointe du pied la porte du fond, près de laquelle se trouve son chapeau. Il disparaît pendant que Pérugin s'est levé pour aller au piano tourner le feuillet.

JULES, entrant par la gauche charmé par la musique; à part.

Elle est au piano!...

Il vient sans bruit prendre la place laissée vide par Maurice. Pérugin et sa femme écoutent avec extase. Duplan s'est endormi.

PÉRUGIN, qui a repris sa place.

Charmant! charmant! n'est-ce pas? (Il se retourne vers la chaise de Maurice.) Jules! Eh bien, et l'autre?

MADAME PÉRUGIN, se levant vivement.

M. Maurice?

JULES.

Je n'ai vu personne...

PÉRUGIN, qui s'est précipité vers la fenêtre.

Le voilà... il court sur la grande route!

MADAME PÉRUGIN.

Parti!...

PÉRUGIN et SA FEMME, secouant Duplan.

Monsieur Duplan! monsieur Duplan!

DUPLAN, se réveillant et applaudissant.

Bravo!... bravo!...

PÉRUGIN.

Votre fils est parti!

DUPLAN.

Ah! bah!

ACTE QUATRIÈME.

Le théâtre représente une serre avec des gradins garnis de fleurs, chaises et bancs de campagne. — Portes latérales et porte au fond.

SCÈNE PREMIÈRE.

DUPLAN, UN JARDINIER.

Au lever du rideau, Duplan taille des rosiers et le jardinier arrose.

DUPLAN.

Tu as beau dire... je ne suis pas content...

LE JARDINIER.

Mais, monsieur...

DUPLAN.

Comment! je m'absente deux jours à peine.. et, quand reviens, tout souffre... tout languit...

LE JARDINIER.

Il fait si chaud...

DUPLAN.

Il fallait arroser...

LE JARDINIER.

J'ai arrosé, monsieur...

DUPLAN.

Oui... tu as arrosé ton gosier.

LE JARDINIER.

Oh! si on peut dire...

DUPLAN, prenant un pot de fleurs et l'examinant, à lui-même.

Bon! voilà les pucerons qui mangent mes roses... pour les tuer, il n'y a rien comme la fumée de tabac... (Au jardinier.) Dis donc... tu peux fumer ta pipe, ça ne me gêne pas.

LE JARDINIER.

Oh! pas devant monsieur!

DUPLAN.

Si!... moi, je ne suis pas fier... va! va!

LE JARDINIER, tirant sa pipe.

Alors, puisque monsieur le permet... Ah! bon! je n'ai plus de tabac! Si monsieur veut prendre l'arrosoir... je vais aller en acheter...

DUPLAN.

C'est ça!... et moi, je ferai ton ouvrage!... Garde tes arrosoirs... tu achèteras du tabac plus tard... A midi, je suis obligé d'aller à la mairie pour l'élection du conseil municipal... c'est un devoir!... qu'à mon retour tout soit mouillé à fond.

LE JARDINIER.

Soyez tranquille... je vais vider le bassin... (En sortant avec les deux arrosoirs.) Ah! voilà M. Maurice... (Le saluant.) Monsieur Maurice...

Il disparaît.

SCÈNE II.

DUPLAN, MAURICE.

MAURICE, entrant de la gauche.

Bonjour, papa.

DUPLAN.

Ah! te voilà!... Ah çà, d'où viens-tu?... qu'es-tu devenu depuis hier au soir?...

MAURICE.

Moi? j'arrive de Paris...

DUPLAN.

Tu es un joli garçon! tu es parti de Montmorency sans dire adieu à personne... tu nous as tous plantés là...

MAURICE.

J'ai eu tort, c'est vrai... Mais que voulez-vous, je n'y tenais plus...

DUPLAN.

Le piano t'ennuyait?... il fallait faire comme moi... te recueillir... Madame Pérugin était très-mécontente... heureusement, j'ai réussi à la calmer...

MAURICE

Ah! vraiment...

DUPLAN.

J'ai été très-adroit... je lui ai dit que tu avais un rendez-vous important... chez un homme d'affaires... que tu m'avais prévenu...

MAURICE.

Très-bien!

DUPLAN.

Enfin, je t'ai excusé!... Seulement j'ai été obligé de redoubler d'amabilité pour faire oublier ton impolitesse.. Du reste, ils ont été charmants pour moi... le père a cherché à causer roses... mais c'est un âne.

MAURICE.

Hein?...

DUPLAN, se reprenant.

Un profane! il n'y entend rien! ils m'ont retenu à dîner... un dîner excellent!... puis à coucher...

MAURICE.

Bah!... vous y avez couché?...

DUPLAN.

Dans la chambre bleue... la plus belle de la maison... et un lit!... ils vous ont des lits qui sont d'un moelleux!... tu verras ça... je ne me suis réveillé qu'à neuf heures... pour déjeuner...

MAURICE.

Vous y avez aussi déjeuné?... Vous allez bien, papa!

DUPLAN.

Il fallait bien te faire excuser!... (Regardant son pot de fleurs.) A propos, si tu as envie de fumer un cigare, ne te gêne pas...

MAURICE.

Merci... j'ai jeté le mien avant d'entrer

DUPLAN.

Il ne fallait pas le jeter... une autre fois, je te prie de ne pas le jeter... Le soir, nous avons fait un whist... et, quand la jeune fille est montée dans sa chambre, nous avons causé du contrat.

ACTE QUATRIÈME

MAURICE.

Quel contrat?...

DUPLAN.

Le tien, parbleu!

MAURICE.

Comment?...

DUPLAN.

Hier, ne m'as-tu pas fait demander la main de la demoiselle?...

MAURICE, embarrassé.

Oui... mais...

DUPLAN.

J'ai pris des notes... et, en ma qualité d'ancien notaire, je l'ai rédigé ce matin... (Tirant un papier de sa poche.) Tiens, le voici...

MAURICE.

Allons, bon!... mais vous allez trop vite! qu'est-ce qui nous presse?

DUPLAN.

Mais l'amour...

MAURICE.

Non... c'est changé!...

DUPLAN, bondissant.

Hein?... qu'est-ce que tu dis là?...

MAURICE.

Hier, en vous quittant, j'ai été assez heureux pour rejoindre la famille Carbonel au chemin de fer...

DUPLAN.

Oui...

MAURICE.

Je suis monté dans leur wagon... presque de force... ils étaient furieux, ils ne voulaient rien entendre.. Berthe surtout... mais j'ai prié... supplié... pleuré même... Enfin, j'ai été si éloquent que j'ai fini par les attendrir...

DUPLAN.

Eh bien, après?...

MAURICE.

Arrivé à Paris, j'étais pardonné... le mariage était convenu!

DUPLAN, effrayé.

Le mariage... avec qui?...

MAURICE.

Avec Berthe... car c'est elle que j'aime...

DUPLAN, éclatant.

Ah çà! vas-tu me laisser tranquille, à la fin!

MAURICE.

Quel esprit! quelle vivacité!... Ah! j'étais injuste avec elle!...

DUPLAN.

Mais, malheureux, la famille Pérugin compte sur toi!

MAURICE.

Vous m'excuserez auprès d'elle...

DUPLAN.

Jamais! tu me fais passer pour une girouette, un tonton! Je refuse mon consentement!

MAURICE.

Oh! vous ne voudriez pas faire ce chagrin-là à la belle madame Carbonel?...

DUPLAN, faiblissant.

Maurice, tais-toi!

MAURICE.

Elle a été si bonne pour moi... elle m'a aussi retenu à dîner... un dîner excellent!

DUPLAN.

Ah!

MAURICE.

Et, le soir, nous avons causé du contrat avec son mari... il va le faire rédiger par son notaire... et toute la famille Carbonel doit venir vous voir et l'apporter aujourd'hui même... avec votre petit panier...

DUPLAN.

Ah! nous voilà bien! Et la famille Pérugin qui doit venir aussi aujourd'hui pour prendre connaissance du contrat que j'ai là!

MAURICE.

Ah diable!

DUPLAN.

Qu'est-ce que je vais leur dire?... C'est ta faute aussi!... Tu tournes comme un écureuil!... Tu veux la blonde, je demande la blonde... bien, on te l'accorde!... Le lendemain, ce n'est plus ça... Tu veux la brune, je demande la brune... bien, on te l'accorde!... et voilà que tu retournes à la blonde... et les parents de la brune vont venir.. avec ceux de la blonde! quelle journée!... et mon jardinier qui n'arrose pas!... et les pucerons qui mangent mes roses! Mon Dieu! quelle journée! quelle journée!...

MAURICE.

Voyons... calmez-vous... Cette fois-ci, c'est sérieux... j'épouserai Berthe ou je resterai garçon!

DUPLAN.

Eh ! tu m'as déjà dit la même chose pour l'autre ! Elle est pourtant bien gentille, cette petite Pérugin... elle est vive... pétulante... et elle a des yeux !...

MAURICE.

C'est vrai... elle a des yeux !...

DUPLAN.

Ah ! tu en conviens... et puis songe que j'ai engagé ma parole... la parole de ton père...

MAURICE.

Oh ! un détail !

DUPLAN.

Ah ! un autre détail que j'oubliais... le père Pérugin donne deux cent cinquante mille francs... cinquante mille francs de plus que l'autre... j'ai obtenu ça... en prenant le thé...

MAURICE.

Oh ! qu'importe l'argent ! je suis assez riche !...

DUPLAN.

Enfin, pèse tout cela... les yeux... les cinquante mille francs... la parole de ton père... et décide-toi... (Regardant à sa montre.) Il est midi... je vais déposer mon bulletin à la mairie... je reviens dans cinq minutes... tâche d'avoir pris un parti... A mon retour, j'écrirai ! (Se reprenant.) nous écrirons à l'une des deux familles de ne pas se déranger.

MAURICE.

C'est cela... allez voter...

DUPLAN.

En m'attendant, tu peux fumer... ça ne me gêne pas... fume, mon garçon, fume !

Il sort par la gauche.

SCÈNE III.

MAURICE, puis JULES.

MAURICE, seul.

Ah! je suis bien en train de fumer!... me voilà avec deux futures et deux familles sur les bras! Que diable aussi, mon père s'est trop pressé... (Voyant entrer Jules par le fond.) Tiens! c'est Jules!

JULES.

Je te cherche depuis ce matin... je viens de chez toi... on m'a dit que je te trouverais ici...

MAURICE.

Quelle figure renversée! qu'y a-t-il?

JULES.

Mon ami, je viens t'adresser une question à laquelle je te prie de répondre franchement.

MAURICE.

Parle...

JULES.

Est-il vrai que tu épouses mademoiselle Pérugin?

MAURICE

Pourquoi?

JULES.

C'est qu'hier, au moment où je me croyais au mieux dans la famille... madame Pérugin m'a tout à coup signifié, pour la seconde fois, d'avoir à cesser mes visites comme prétendu et comme architecte... J'ai voulu réclamer, elle m'a fermé la bouche en me disant : « Ma fille est fiancée à M. Maurice Duplan. »

MAURICE.

Rassure-toi... ce mariage ne se fera pas, pour deux raisons : la première, c'est que tu es mon ami... la seconde, c'est que mademoiselle Lucie a pour moi un défaut impardonnable...

JULES.

Lucie...

MAURICE.

C'est son album...

JULES.

Son album?...

MAURICE.

Elle y dépose des petits portraits de fantaisie qui ressemblent terriblement à un architecte de ma connaissance...

JULES.

Il serait possible! j'aurais le bonheur de figurer...

MAURICE.

Tu figures! avec un casque!... Elle t'aime, mon cher... c'est pourquoi elle sera ta femme et non la mienne...

JULES.

Oh! c'est impossible!

MAURICE.

Pourquoi?

JULES.

Non, vois-tu, c'est un rêve!... jamais madame Pérugin ne voudra entendre parler de moi... Je suis un parti trop modeste...

MAURICE.

Allons donc!

JULES.

Ton million lui a porté à la tête... c'est de l'ivresse, de la folie... et, si tu n'épouses pas sa fille, elle se mettra en quête d'un autre millionnaire...

MAURICE.

Diable! comment lui extirper cette idée-là de la cervelle?... (Réfléchissant.) Attends... oui... oui... ce serait admirable de faire tomber ces bourgeois dans le piége... (A Jules.) J'ai besoin de toi... Peux-tu me donner une heure?...

JULES.

Deux... trois... ma journée si tu veux...

MAURICE, tirant un calepin de sa poche et écrivant.

Laisse-moi écrire un mot à mon père... oui... je pourrai revenir par le train de trois heures... (Pliant sa lettre et appelant.) Félix!... Félix!...

LE JARDINIER, entrant.

Monsieur?...

MAURICE.

Dès que mon père rentrera, tu lui remettras ce billet

LE JARDINIER.

Oui, monsieur...

MAURICE, à Jules.

Viens, je t'expliquerai tout en route.

Maurice et Jules sortent par le fond

SCÈNE IV.

LE JARDINIER, puis DUPLAN.

LE JARDINIER, seul.

Dieu! que c'est ennuyeux d'arroser! Ils ont fait des petits trous au fond des pots... on a beau y mettre de l'eau... ça s'en va toujours.

DUPLAN, venant de la gauche.

Ça y est! J'ai voté pour Frangibar... c'est mon charcutier... on ne sait pas ce qui peut arriver... Eh bien, où est donc Maurice?...

LE JARDINIER.

Il vient de partir avec un autre monsieur... mais v'là ce qu'il m'a dit de vous remettre.

Il donne le billet à Duplan et sort.

DUPLAN, seul.

Un billet?... (Lisant:) « Tranquillisez-vous, j'ai trouvé un moyen splendide de tout arranger... je reviendrai par le train de trois heures. » (Parlé.) Mais je ne suis pas plus avancé que tout à l'heure... il ne me dit pas laquelle il épouse... et les deux familles qui vont arriver... J'ai envie de m'en aller! je reviendrai par le train de trois heures

Il remonte.

VOIX DU JARDINIER, dans la coulisse.

Dans la serre!... il y est!

DUPLAN, effrayé.

Une visite!

SCÈNE V.

DUPLAN, EDGARD, puis LE JARDINIER.

EDGARD, paraissant au fond, à la cantonade.

Donnez-lui deux litres d'avoine... ça suffit!

DUPLAN

Monsieur Edgard!

EDGARD.

Bonjour, cher monsieur Duplan.

DUPLAN.

Qu'est-ce qui me procure l'honneur...?

ÉDGARD.

J'espérais trouver Maurice... on m'apprend qu'il vient de repartir pour Paris...

DUPLAN.

Il ne tardera pas à revenir... si vous voulez l'attendre... en fumant un cigare.

EDGARD.

Au fait, vous pouvez me donner le renseignement que je venais lui demander...

DUPLAN, le faisant asseoir près des rosiers.

Asseyez-vous!... et fumez... ne vous gênez pas!

JULES.

Non, merci...

DUPLAN.

Pourquoi?... (Allumant une allumette.) Tenez, voilà du feu...

JULES.

Vous êtes trop bon... mais aujourd'hui, j'ai l'estomac fatigué...

Il se lève.

DUPLAN, à part.

Il faudra que je fasse venir quelqu'un de la caserne

EDGARD.

Monsieur, c'est une démarche toute de courtoisie que je viens faire auprès de vous... je sais qu'on ne s'adresse pas en vain à votre franchise et à votre loyauté...

DUPLAN, saluant.

Monsieur... (A part.) Qu'est-ce qu'il me veut?...

EDGARD.

Je me suis bien rendu compte de l'état de mon cœur... et je ne vous le cache pas, j'aime ces demoiselles...

DUPLAN.

Lesquelles?

EDGARD.

Berthe et Lucie...

DUPLAN.

Comment!... toutes les deux?

EDGARD.

Cela vous étonne?...

DUPLAN.

Oh! non! (A part.) Absolument comme Maurice!..

EDGARD.

Et je désire en épouser une... n'importe laquelle...

DUPLAN.

Ah! permettez, mon fils...

EDGARD.

Je sais qu'il est en pourparlers avec une des deux familles... et comme il m'est parfaitement indifférent d'épouser l'une ou l'autre de ces demoiselles... je viens vous prier de me dire, cher monsieur, laquelle il a choisie... afin de demander la vacante.

DUPLAN, embarrassé.

Laquelle?... vous me demandez laquelle?

EDGARD.

Je vous répète que je fais appel à votre franchise et à votre loyauté.

DUPLAN.

J'entends bien... mais c'est que je n'en sais rien du tout.

EDGARD.

Comment! vous ne savez pas qui votre fils épouse? vous! le père!

DUPLAN.

Ma foi, non!

EDGARD.

C'est colossal!

DUPLAN.

Je ne vous en remercie pas moins de la démarche...

EDGARD.

Toute de courtoisie...

DUPLAN.

Toute de courtoisie!... que vous voulez bien faire; mais, dans ce moment, je ne puis vous dire qu'une chose: attendez le train de trois heures!

EDGARD, étonné.

Pourquoi le train de trois heures?

LE JARDINIER, entrant.

Monsieur... il y a un monsieur, une dame et une demoiselle qui vous demandent...

DUPLAN, à part.

Ah! mon Dieu! ce sont eux! mais lesquels?... les Pérugin ou les Carbonel?... que leur dire?... Enfin!... faites entrer!

EDGARD.

Vous êtes en affaires?...

DUPLAN.

Oui... une visite... très-gênante...

EDGARD, que Duplan reconduit vers la gauche.

Je vous laisse... Nous reprendrons cette conversation!

Les Carbonel paraissent au fond.

DUPLAN, à part.

Les Carbonel!

EDGARD, à part, les apercevant.

Eux!... je veux savoir à quoi m'en tenir.

Il se cache derrière un gradin.

SCÈNE VI.

DUPLAN, M. ET MADAME CARBONEL, BERTHE, EDGARD, caché.

MADAME CARBONEL, entrant.

Ah! le voilà! ce cher monsieur Duplan...

DUPLAN, saluant.

Madame...

ACTE QUATRIÈME.

CARBONEL.

Bonjour, mon vieil ami...

DUPLAN, apercevant Berthe qui porte un rosier.

Mademoiselle... ah! le beau rosier!...

CARBONEL, bas, à sa fille.

Va!... c'est le moment!...

BERTHE.

Monsieur Duplan... permettez-moi de vous l'offrir...

DUPLAN, le prenant.

Comment! c'est pour moi?... mais je le reconnais... c'est la *chromatella*.

CARBONEL.

Elle manquait à votre collection...

MADAME CARBONEL.

Et Berthe a eu l'idée de vous l'apporter...

DUPLAN.

Vraiment!... ah! chère petite... c'est trop de bonté!

MADAME CARBONEL.

Elle vous aime déjà comme un père...

CARBONEL, bas, à sa fille.

Embrasse-le, c'est le moment!...

BERTHE, s'approchant de Duplan.

Monsieur...

DUPLAN, l'embrassant.

Ah! volontiers!... (A part.) Elle est charmante! Pourvu que Maurice choisisse celle-ci! (Haut.) Asseyez-vous... (Montrant le rosier.) Je vais lui donner la place d'honneur... et je l'arroserai moi-même.

Il le porte sur un gradin, on s'assied.

MADAME CARBONEL.

Vous avez reçu la visite de Maurice, ce matin?

DUPLAN.

Oui... oui...

CARBONEL.

Il vous a dit que nous avions passé la soirée ensemble hier... que nous avions causé.

DUPLAN.

Oui... oui... (A part.) Nous y voilà!

MADAME CARBONEL.

Tout est pardonné... Les enfants se conviennent... les mêmes idées... les mêmes goûts...

BERTHE.

Maurice s'est excusé... et je puis vous le dire à vous... je suis bien heureuse!

DUPLAN.

Allons! tant mieux! tant mieux! (A part.) Et les Pérugin qui vont venir!

CARBONEL.

Il a été convenu que je ferais rédiger le contrat... (Lui remettant un papier.) Le voici...

DUPLAN.

Très-bien... (A part.) Ça m'en fait deux!

Il le met dans sa poche.

CARBONEL.

Vous le lirez à votre aise...

DUPLAN.

Oui... ça ne presse pas.

ACTE QUATRIÈME.

MADAME CARBONEL.

Nous avons une petite visite à faire à Puteaux... nous reviendrons dans quelques minutes...

On se lève.

DUPLAN.

Très-bien! (A part.) Ils s'en vont!

CARBONEL.

Ah! j'oubliais... il y a dans le contrat une clause... que vous trouverez peut-être un peu dure... mais nous n'y tenons pas...

DUPLAN.

Moi non plus...

MADAME CARBONEL.

Et, cette fois, j'espère que rien ne s'opposera plus à nos projets...

DUPLAN.

Dame!... attendez le train de trois heures...

M. ET MADAME CARBONEL.

Comment?

DUPLAN.

Je veux dire le retour de Maurice... Tenez, passez par là... vous prendrez la petite porte du jardin... (A part.) Comme ça, ils ne se rencontreront pas avec les autres..

CARBONEL, bas, à Berthe.

Embrasse-le! c'est encore le moment!

BERTHE.

Monsieur Duplan...

DUPLAN, l'embrassant.

Chère enfant! (A part.) Je n'ose pas me livrer!...

M. et madame Carbonel et Berthe sortent par la gauche.

SCÈNE VII.

DUPLAN, puis EDGARD.

DUPLAN.

Elle est vraiment très-gentille!... et, malgré moi, je me sentais... Mais si par hasard ce n'était pas celle-là.

EDGARD, sortant de sa cachette, à part.

Comme on a raison d'écouter! (Haut.) Dites donc, papa Duplan... vous êtes un farceur!

DUPLAN.

Tiens! je vous croyais parti!

EDGARD.

Non, j'étais là... j'ai tout entendu... sans le vouloir... Le contrat est prêt... et vous me dites que vous ne savez pas celle que Maurice épouse!

DUPLAN.

Mon ami... je vous jure... Attendez le train...

EDGARD.

A quoi bon?... Puisqu'il a choisi Berthe, je choisis Lucie... je cours à Paris... chez les Pérugin... (Les apercevant qui arrivent par le fond.) Justement, les voici.

DUPLAN, à part.

Allons, bien! et les autres qui vont revenir dans cinq minutes!

SCÈNE VIII.

Les Mêmes, M. ET MADAME PÉRUGIN, LUCIE,
portant un rosier.

MADAME PÉRUGIN, entrant.

Ah! le voilà!... ce cher monsieur Duplan...

DUPLAN, saluant.

Madame...

PÉRUGIN.

Bonjour, mon bon ami!...

DUPLAN, saluant Lucie.

Mademoiselle... (A part.) Encore un rosier!

MADAME PÉRUGIN.

Lucie... offre ton petit souvenir à ce bon monsieur Duplan...

EDGARD, à part.

Est-ce que c'est sa fête?

DUPLAN.

Comment!... c'est pour moi?... mais je ne sais si je dois...

PÉRUGIN.

C'est le *centifolia cristata*.

DUPLAN, prenant le rosier.

Mais oui!... c'est lui!... il manquait à ma collection...

MADAME PÉRUGIN.

Lucie vous l'avait entendu dire... et elle a eu la bonne pensée...

DUPLAN.

Ah! mademoiselle... que de bonté !

PÉRUGIN, bas, à Lucie

Embrasse! c'est le moment!...

LUCIE, hésitant.

Mais, papa...

PÉRUGIN, menaçant.

Embrasse!...

LUCIE, à part.

Le pauvre homme... ce n'est pas sa faute! (Haut.) Monsieur Duplan...

DUPLAN.

Avec plaisir, chère enfant... (Il l'embrasse. A part.) Elle est charmante!... pourvu que Maurice choisisse celle-là. (Montrant le rosier.) Je vais lui donner la place d'honneur... et je l'arroserai moi-même. (Il va le placer sur le gradin à côté de celui de Berthe.) Mais vous me gâtez... vous n'êtes pas raisonnables.

MADAME PÉRUGIN.

Ne parlons pas de ça... au point où nous sommes...

On s'assied.

PÉRUGIN.

A la veille de la signature du contrat.

EDGARD, intervenant.

Comment! mademoiselle se marie?

M. ET MADAME PÉRUGIN.

Encore là, monsieur Edgard!

MADAME PÉRUGIN.

Au fait, on peut en parler devant lui... la chose est presque publique... oui, monsieur, Lucie va se marier.

ACTE QUATRIÈME.

EDGARD.

Et avec qui?

PÉRUGIN.

Avec Maurice!

EDGARD.

Maurice!

LUCIE, qui est restée debout.

Mais, maman...

MADAME PÉRUGIN, bas, à sa fille.

Taisez-vous...

LUCIE, à part.

Je proteste!

MADAME PÉRUGIN.

Le mariage est convenu, n'est-ce pas, monsieur Duplan?...

DUPLAN, embarrassé, se levant.

Oui... oui...

EDGARD, à Duplan.

C'est colossal!... M'expliquerez-vous...?

DUPLAN, bas, à Edgard.

Je ne sais rien... attendez le train!

EDGARD.

Eh! le train!...

PÉRUGIN, se levant, à Duplan.

Avez-vous eu le temps de rédiger notre petit projet de contrat?...

DUPLAN, ahuri.

Oui... oui... certainement... Je l'ai là! (A part.) Ah! mon Dieu! j'entends les Carbonel!..

PÉRUGIN, prenant le contrat.

Si vous le permettez, nous allons en prendre connaissance.

DUPLAN, à Pérugin qui se dispose à ouvrir le contrat.

Pas ici !

PÉRUGIN.

Quoi?...

DUPLAN.

Sous le marronnier... vous serez mieux... personne ne vous dérangera...

PÉRUGIN, à sa femme.

Viens, ma bonne... (A Lucie.) Embrasse encore... c'est ton bonheur.

LUCIE.

Mais, papa...

PÉRUGIN, avec menace.

C'est ton bonheur!!!

LUCIE, à M. Duplan.

Monsieur Duplan... (Elle l'embrasse; à part.) Oh! je rage.

M. et madame Pérugin et Lucie sortent par la droite.

DUPLAN.

Je n'ose pas me livrer...

SCÈNE IX.

DUPLAN, EDGARD.

DUPLAN.

Voyons si les Carbonel...

ACTE QUATRIÈME.

EDGARD, l'arrêtant.

Un instant, monsieur... à nous deux!

DUPLAN.

Pardon... Je n'ai pas le temps...

EDGARD.

Et voilà le métier que vous faites... à votre âge!

DUPLAN.

Quoi?...

EDGARD.

Un ancien notaire! berner deux familles honorables, entretenir leurs espérances... et tout cela pour se faire donner des rosiers!

DUPLAN.

Moi?

EDGARD.

C'est ignoble et colossal!

DUPLAN.

Oh! mais vous m'ennuyez, vous!

EDGARD.

Il suffit...

DUPLAN.

Hein!

EDGARD.

Je respecte votre âge... Et moi qui me présentais en gentilhomme, qui venais faire appel à votre loyauté...

DUPLAN.

Attendez le train...

EDGARD, avec dignité.

Non, monsieur, je n'attendrai pas le train... dès que

mon cheval aura mangé votre avoine... je quitterai ces lieux...

DUPLAN.

Très-bien!

EDGARD.

Mais vous trouverez bon que je consulte maintenant mes propres sentiments... et non les convenances de monsieur votre fils... je suivrai droit mon chemin, dussé-je briser en passant certaines spéculations horticoles...

DUPLAN.

Mais je vous répète...

EDGARD.

J'ai l'honneur de vous saluer avec toute la considération... que vous méritez...

DUPLAN.

Bon voyage!

Edgard sort par le fond.

SCÈNE X.

DUPLAN, M. et MADAME CARBONEL,
puis M. et MADAME PÉRUGIN, puis BERTHE
et LUCIE.

DUPLAN, *tirant sa montre.*

Trois heures moins un quart! Maurice va arriver... et tout s'éclaircira... Dieu! que j'ai chaud!

Il tombe sur un banc à droite. M. et madame Carbonel entrent par la gauche.

ACTE QUATRIÈME.

MADAME CARBONEL.

Notre visite s'est un peu prolongée... Vous nous attendiez?...

DUPLAN.

Moi? oui... ardemment!

CARBONEL.

Vous cherchez Berthe?... La petite folle s'est arrêtée devant vos fraisiers...

DUPLAN.

Elle a bien fait...

On s'assied.

MADAME CARBONEL.

D'ailleurs, ils sont presque à elle...

DUPLAN.

Oui... (A part.) Attendons le train.

CARBONEL.

Eh bien, qu'est-ce que vous pensez de la clause?...

DUPLAN.

Quelle clause?...

CARBONEL.

L'article 8...

DUPLAN.

Je n'ai pas encore lu...

MADAME CARBONEL.

Tant mieux! nous avons réfléchi... nous biffons la clause...

CARBONEL.

Nous préférons nous en rapporter, pour le douaire, au

bon plaisir de monsieur votre fils... Donnez-moi le contrat, je vais biffer...

DUPLAN, tirant le contrat de sa poche et le lui donnant.

C'est ça... biffez!... (A part.) Ça nous fera gagner du temps!...

Il se lève et remonte.

CARBONEL, ouvrant le contrat.

Nous disons, article 8...

MADAME CARBONEL, près de lui.

Le voilà!

CARBONEL, lisant.

« M. Maurice Duplan... »

MADAME CARBONEL.

Biffe...

CARBONEL.

« En témoignage de son affection... »

MADAME CARBONEL.

Biffe...

CARBONEL.

« Pour mademoiselle Lucie Pérugin... » Hein!...

MADAME CARBONEL.

Pérugin!

DUPLAN, à part.

Ah! saprelotte! je me suis trompé de contrat!

CARBONEL, feuilletant le contrat.

Partout le nom de Pérugin!... Monsieur, qu'est-ce que cela signifie?...

Pérugin entre suivi de sa femme et tient un contrat à la main.
— Ils ont l'air furieux.

ACTE QUATRIÈME.

PÉRUGIN.

C'est une indignité!...

MADAME PÉRUGIN.

Une mystification!

PÉRUGIN.

Partout le nom de Carbonel!

DUPLAN, à part.

Bien! les autres! voilà le choc!

M. et MADAME CARBONEL.

Les Pérugin ici!

M. et MADAME PÉRUGIN.

Les Carbonel!

CARBONEL, à Pérugin.

J'ai attendu vos témoins, monsieur...

PÉRUGIN.

Et moi les vôtres, monsieur...

BERTHE, entrant suivie de Lucie et d'Edgard.

Qu'est-ce qu'il y a donc?...

LUCIE.

On se dispute...

EDGARD.

Il faut les séparer!

CARBONEL, à Duplan

Il est temps de s'expliquer, monsieur... on ne se moque pas comme ça d'une famille...

PÉRUGIN.

De deux familles!

EDGARD.

De trois !

CARBONEL.

Vous plairait-il de nous dire enfin lequel de ces contrats est le bon ?

TOUS.

Oui... oui... parlez...

DUPLAN.

Mon Dieu, c'est bien simple !... moi, je suis un ancien notaire... je ne demande qu'à vivre tranquille... et à cultiver mes rosiers... Maurice est parti pour Paris, et attendez...

TOUS, furieux.

Oh !...

SCÈNE XI.

Les Mêmes, MAURICE.

MAURICE, entrant.

Eh bien, qu'y a-t-il donc ?...

TOUS.

Maurice !

DUPLAN.

Enfin ! le train est arrivé !... Cinq minutes de plus je devenais fou !

MAURICE.

Calmez-vous, mon père...

ACTE QUATRIÈME.

DUPLAN.

Tu vas en finir, je pense, avec tes hésitations?...

MAURICE.

Oui, mon père...

TOUS.

Ah!...

MAURICE, bas, à Berthe.

Quoi que je dise, ne vous étonnez de rien... ayez confiance! (Haut.) Vous avez raison, mon père... mes hésitations n'ont que trop duré... et je prie ces dames de me les pardonner... Mais mon excuse est dans la grâce et dans la beauté de ces deux demoiselles...

EDGARD, à part.

C'est vrai! moi-même je ne suis pas encore fixé.

MAURICE.

Il faut cependant se décider... (Il regarde un moment Berthe et Lucie puis s'approche de madame Pérugin.) Madame Pérugin, voulez-vous me faire l'honneur de m'accorder la main de mademoiselle votre fille?

M. et MADAME CARBONEL, bondissant.

Comment! Lucie?

BERTHE, bas, à sa mère.

Ayez donc confiance!

DUPLAN, à part.

Voilà une affaire terminée!

Il remonte.

LUCIE, pleurant, et à sa mère.

Ah! je n'ai pas de chance!

MAURICE.

Plait-il?...

MADAME PÉRUGIN, vivement.

Rien! un peu d'émotion!...

PÉRUGIN, à Maurice.

Monsieur...

MAURICE.

Monsieur, avant de vous engager définitivement, il est un fait dont je dois vous donner connaissance...

PÉRUGIN.

Parlez, mon gendre...

MAURICE.

J'ai un ami... un ami qui m'a sauvé la vie en Italie...

BERTHE.

M. Jules...

MAURICE.

Je m'étais juré, si jamais je devenais riche, de ne pas oublier le service qu'il m'avait rendu...

TOUS.

Très-bien.

MAURICE, tirant un papier de sa poche.

Je viens de faire un acte de donation entre vifs, par lequel je déclare lui donner dès à présent une somme de cinq cent mille francs.

TOUS.

Hein?...

PÉRUGIN.

Combien dites-vous?...

MAURICE.

Cinq cent mille francs!... Nous avons partagé en frères

ACTE QUATRIÈME.

MADAME PÉRUGIN.

C'est insensé !

DUPLAN

C'est trop !

EDGARD.

C'est colossal !

MAURICE, à madame Pérugin très-gracieusement.

Je ne suis plus qu'une moitié de million, madame...

MADAME CARBONEL, à part.

Attrape !... c'est bien fait !

MAURICE.

Mais, comme vous me l'avez fort bien dit, c'est moins pour ma fortune...

MADAME PÉRUGIN, froidement.

Certainement...

PÉRUGIN.

Sans doute... sans doute... (A part.) Il est stupide !

LUCIE, à son père et à sa mère.

C'est drôle ! c'est M. Jules qui est le plus riche maintenant.

PÉRUGIN, bas, à sa femme.

Mais elle a raison !... Cinq cent mille francs de la donation...

MADAME PÉRUGIN.

Et deux cents qu'il a...

PÉRUGIN.

Ça fait sept...

MADAME PÉRUGIN.

Et deux cent cinquante mille que nous donnons.

PÉRUGIN.

Ça fait neuf cent cinquante!

MADAME PÉRUGIN.

Il a son million!

PÉRUGIN.

Caroline, nous ne devons pas sacrifier notre fille!

MADAME PÉRUGIN.

J'allais te le dire...

PÉRUGIN, à Maurice, en prenant sa fille à son bras.

Monsieur, je serai franc... ma fille a disposé de son cœur depuis longtemps...

MADAME PÉRUGIN.

Elle vient de m'en faire l'aveu à l'instant...

PÉRUGIN.

Et, au moment suprême... une voix nous crie que nous ne devons pas sacrifier notre enfant... Lucie épousera le noble jeune homme auquel vous devez la vie!

LUCIE et BERTHE

Oh! quel bonheur!

M. et MADAME CARBONEL

Ils le refusent!

LUCIE bas, à Maurice.

Merci, monsieur Maurice...

MAURICE, bas.

J'avais consulté votre album! (Haut.) Maintenant, mon cher monsieur Carbonel, je suis libre... et mon cœur est d'accord avec mes paroles pour vous demander la main de mademoiselle Berthe.

TOUS.

Comment!

ACTE QUATRIÈME.

EDGARD, à part.

Eh bien, et moi?... il ne fait que tourner!

CARBONEL.

Permettez, mon cher.. c'est que la position n'est plus la même...

BERTHE.

Oh! papa!

MADAME CARBONEL, bas, à son mari.

Bah! acceptons-le...

CARBONEL.

Une donation de cinq cent mille francs... ça change la thèse.

MAURICE. bas, à Carbonel.

Chut!... elle est révocable.

CARBONEL, étonné.

Comment?

MAURICE.

Demandez à papa... un vieux notaire!

DUPLAN, bas.

Pour cause de survenance d'enfants... article 953 et suivants... (A Maurice.) Tu es un fier gueux!

CARBONEL, pouffant de rire.

Ah! bah! ah! bah!

MADAME CARBONEL.

Quoi donc?...

CARBONEL, bas.

La donation est révocable pour cause de survenance d'enfants...

MADAME CARBONEL, pouffant de rire

Ah! ah! ah!

BERTHE.

Quoi donc?...

MADAME CARBONEL, bas, à sa fille.

La donation est révocable pour cause de... (S'arrêtant.) Rien.

CARBONEL, à Duplan en désignant les Pérugin.

Je voudrais voir leur figure le jour du baptême.. (Avec inquiétude.) Ah! mais, dites donc... (Désignant Berthe et Maurice.) si le ciel allait ne pas bénir leur union!

DUPLAN.

Soyez tranquille... je réponds de mon fils!

FIN DU NEUVIÈME VOLUME.

TABLE

DOIT-ON LE DIRE?   1
LES NOCES DE BOUCHENCŒUR   131
LA STATION CHAMPBAUDET. 231
LE POINT DE MIRE. 343

ÉMILE COLIN. — IMPRIMERIE DE LAGNY.

www.ingramcontent.com/pod-product-compliance
Lightning Source LLC
Chambersburg PA
CBHW071705230426
43670CB00008B/915